Peralta Barnuevo and the
Art of Propaganda

Peralta Barnuevo and the Art of Propaganda: Politics, Poetry, and Religion in Eighteenth-Century Lima.

Five Texts Edited, Annotated, and Introduced by

JERRY M. WILLIAMS

West Chester University

Juan de la Cuesta
Newark, Delaware

Table of Contents

To D. Dretsch,
for eighteenth-century walls.

List of Illustrations

Sketch of Peralta Barnuevo.
Courtesy of the Biblioteca Nacional del Perú.

Figure 1: Two portraits of Peralta Barnuevo.
(See next page also)

Don Pedro de Peralta Barnuevo Rocha y Benavides
(26 November 1664-30 April 1743).
1791 portrait from the Pinacoteca of the Casona of San Marcos University.

FIGURE 2: Emblem of San Marcos University.

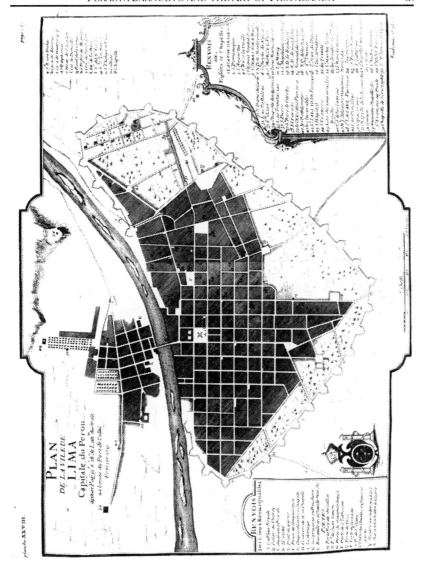

FIGURE 3: Map of Lima, 1713. (Louis Adémée Frézier, *Relation du voyage
de la Mer du Sud aux côtes de Chily et du Perou*, 1717).
Photo courtesy of Edward E. Ayer Collection, The Newberry Library, Chicago.

FIGURE 4: Francesco Farnese, duke of Parma and Piacenza.

FIGURE 5: Don José de Armendáriz, Marquis of Castelfuerte, viceroy of Peru
(1724-1736).

Ceremonie de l'Inquisition.

FIGURE 6: Inquisition Procession (Lima).

FIGURE 7 (See next page also): The two-part engraving plate reproduces a lost monument to Philip V which was erected in 1738 on the bridge over the Rimac River in Lima. *No prints* are known of the present image. An earthquake in 1746 partially destroyed the monument. It was designed by the most important sculptor of the eighteenth century, Francisco Gavilán, and is cited in several sources.* This may be the first equestrian monument made for the New World, predating the bronze equestrian figure of Charles IV by Manuel Tolsá in Mexico City by 65 years. It depicts an equestrian figure of Philip V on a platform, the coat-of-arms of Castile and León and the Golden Fleece below that, then a railing and the top part of an arch. This was the upper part of the engraving plate. Below the ruler,** in a cartouche, is the following inscription:

> El Exmo. Sr. Marqués de Villa García,
> siendo virrey, mandó coronar este arco, poner en
> él la estatua del rey nuestro Señor Don Phelipe Quinto
>   (que Dios guarde)
> Cometió la obra al Sr. Marqués de Casaconcha
> Oydor decano desta Real Audiencia de
> Lima, año 1739

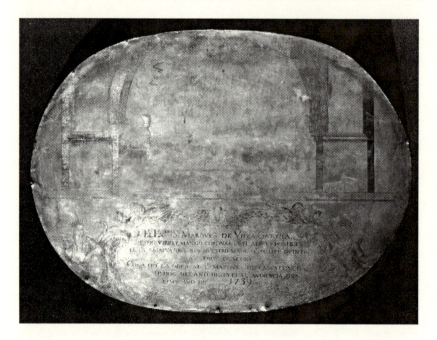

*Pál Kelemen, *Baroque and Rococo in Latin America* V.I, second ed., New York: Dover, p. 119; Rafael Ramos Sosa, *Arte festivo en Lima virreinal* (siglos XVI-XVII), published by the Junta de Andalucía, 1992, p. 66; *Seminario Erudito*, Tomo XVI, Madrid 1788, p. 235.

An incised ruler with the measurements of the width of the monument "20 baras" (20 **varas; each *vara* is about 33 inches), so approx. 60 ft. across.

Provenance:
Courtesy of Marilyn Thoma, and the Valery Taylor Gallery. Discovered on a pair of oval paintings on 2 parts of a copper engraving plate, incised and inscribed on backs, by the painter José Sánchez.

Introduction

HAD IT BEEN PEDRO PERALTA BARNUEVO'S fortune to live during the
Renaissance, his talents and erudition might have mainstreamed him among so
many quality men and women of letters during that period. As it were, his brand
of humanism during the eighteenth century benefitted from the legacy
bequeathed by a considerable number of scholars, scientists, philosophers, and
academicians who preceded him and allowed him to flourish, rising to
international heights during Peru's viceregency under the Bourbon monarchy.
It was, however, Peralta's good fortune to render service during his extended
career as a publicist and chronicler to viceroys Castelldosríos, Ladrón de
Guevara, Morcillo, Santo Buono, and Castelfuerte, and to a limited extent to
viceroys Monclova and Villagarcía. As the author of over 60 works, Peralta
(1664-1743), twice rector of the University of San Marcos, was known in Europe
for his scientific treatises on medicine and astronomy, his yearly almanac
Conocimiento de los tiempos, and for two singular works, the epic poem on the
history of Peru, *Lima fundada*, and his monumental and well documented tome
Historia de España vindicada — all accomplished without ever having traveled
beyond the confines of his native Peru. Through vigorous correspondence with
leading thinkers in Europe, such as the founder of the Royal Academy in Spain,
the Marquis of Villena, and Benito Jerónimo Feijoo, who lauded Peralta's
intellect in his *Teatro crítico universal*, Peralta kept abreast of scientific and
literary currents in the world. He wrote the preface to medical tomes by Paul
Petit and Federico Bottoni, was quoted by the French Academy of Sciences, and
often served as host to foreign visitors such as Amadeus Frezier, Charles Marie
La Condamine, Juan and Ulloa, and Louis Feuillée, who spoke of Peralta's
biophilosophic pronunciations in his *Journal des observations physiques*. Yet this
polyglot, mathematician, poet, military and civil engineer was also a renown
dramatist whose works contributed to defining the stage in Lima during
successive viceregencies through his penchant for French, Spanish, and Italian

1

drama. Not only did he write acclaimed plays, including an adaptation of Corneille's *Rodogune*, but he also sponsored literary contests to celebrate religious and secular occasions and to observe the appointment of viceroys and other dignitaries.

Although Peralta worked within the strictures and structure of the prevailing governments, he was by no means without a voice of his own and often reflected on his conflicted status as a *criollo*. Twice menaced by the Inquisition, he was no stranger to controversy nor to the ever-present influence of censorship. As was his custom, Peralta saw himself as a humble servant of the Crown, his self-effacement suspect in having undertaken the politically charged tasks of rendering favorable accounts of matters of state, such as Lima's formal expression of grief over the death of king Luis Fernando I (the subject of *Loa para la comedia*) and duke Francesco Farnese (the subject of *Fúnebre pompa*). Peralta's devotion to the royal family and to the viceroyalty, whose praises he sang effortlessly and chronicled in verse and prose, is evidenced in the catalog he published of his works in 1732 in the preface to *Lima fundada*.

Part of the task of rescuing Peralta from relative obscurity during the past two centuries and reintroducing him to today's reading public of critics and students alike has been that of reframing his work through the use of detailed footnotes that attempt to elucidate the profound scholarship that Peralta employed in citing the most recondite of Latin and Greek authors whom he quoted from memory, with near accuracy, and annotating his references to theology and Church doctrine, of which he was a faithful student. The writings of antiquity were his source of inspiration and he used them to complement the magnitude of his subject matter. Peralta was fond of quoting from authors such as Horace, Plutarch, Eumenius, Suetonius, and Dion Chrysostom, all of whom, like himself, enjoyed royal patronage.

Students and scholars alike will appreciate the textual annotations that serve as a guide to Peralta's often dense and obfuscated prose, his encyclopedic memory, his fondness for classical antiquity, and his knowledge of history and religion. Peralta was equally comfortable whether citing the deeds of Visigoth rulers such as Sisebutus, Gundomar, Sisenando, and Hermenegild, arguing the merits of emperors Maxentius, Valerius Licinianus, and Maximin, extolling the deeds of illustrious generals such as Miltiades, Perdiccas, and Timeleon, or deriding religious movements from Manichaeism, Priscillianism, and Apollinarianism to Montanism, Eutychianism, Zoroastrianism, and Nestorianism. He discoursed without effort on the merits of historians and poets such as Gaius Pollio, Herodotus, and Apollinaris Sidonius, the philosophers Diagoras of Milos and Protagoras of Abdera, and rulers such as Pisistratus and Scribonianus. He brought into play for the sake of argument the teachings of Athanasius, Saint Cyril, and Cerinthus, lauded the examples set by Spaniards such as Saint Isidore of Spain, Minaya, El Cid, and Alfonso IX, quoted ancient historians who chronicled the greatness of Spain such as Joannes Vasaeus and Marineus Sicullus, praised in the same breath the writings of Góngora, Calderón de la Barca, and the Inca Garcilaso de la Vega along with Ovid, Pliny, and Claudian, and even reached back into ancient mythology to invoke the name of Jupiter's wetnurse or to recall Skaldic poetry.

Of equal challenge has been the task of reinterpreting Peralta's legacy to Peruvian letters. Throughout the centuries Peralta has met his share of detractors both amongst his fellow countrymen of his day, as well as amongst critics of the past two centuries. For example, in his native land Peralta merited mixed reviews from his contemporary Alonso Carrió de la Vandera, commonly known by his sobriquet Concolorcorvo. In *El Lazarillo de ciegos caminantes*, which was written some thirty years after Peralta's death, Concolorcorvo regarded Peralta the historian as misguided, and his reverence of the past and composition of complex historical tomes as an indulgence. In the face of Lima's growing sociopolitical problems and mounting cultural tensions, Concolorcorvo mused that Peralta's prowess would have been better served had he focused exclusively on problems unique to Lima and excluded more universal themes.

> Si el tiempo y erudición que gastó el gran Peralta en su *Lima fundada* y *España vindicada* lo hubiera aplicado a escribir la historia civil y natural de este reino, no dudo que hubiera adquirido más fama, dando lustre y esplendor a toda la monarquía; pero la mayor parte de los hombres se inclinan a saber con antelación los sucesos de los países más distantes, descuidándose enteramente de lo que pasa en los suyos. No por esto quiero decir que Peralta ni supiese la historia de este reino, y sólo culpo su elección por lo que oí a hombres sabios.... Los ingenios de Lima parecen los más sobresalientes de todo el reino,... y no encuentro diferencia, comparados en general, con los de la península. Cualquier ciudad de las de España comparable a ésta [Lima] la igualaba en ingenios, juicio y literatura, sin traer a consideración a varios monstruos de aquellos tan raros que apenas en un siglo se ven dos, como el gran Peralta, limeño bien

conocido en toda Europa, a quien celebró tanto la más hermosa y crítica pluma [Feijoo] que produjo Galicia en el presente siglo… (1973, 117-18)

Where Lope de Vega, owing to his exceptional dramatic and poetic talent had merited the nickname "fénix de los ingenios" and "monstruo de naturaleza," Peralta—born almost to the date one hundred years after Lope—came to be known as "el gran Peralta," "monstruo de erudición," "fénix americano," and the "Pico della Mirandola peruano." Other flattering titles and phrases applied to Peralta by fellow poets and Peru's literati included "sublime excelso Peralta," "numen heróico," "el que todo lo sabe," "el dios olímpico," "la honra del Perú," "el primer poeta de América," "Virgilio español," "una enciclopedia viviente," and "una animada biblioteca." Yet centuries later, Peralta would be adjudged disparagingly by Marcelino Menéndez y Pelayo as a decadent *criollo* who belonged to the tradition of bad taste cultivated by eighteenth-century poets who solemnized events of their time in extravagant and ridiculous verses written in ostentatious meters in a host of languages. Accordingly, he concluded that Peralta's writings had but a marginal position in Hispanic letters:

> ¿Qué es lo que la posteridad ha dejado en pie de la fama casi mitológica de Peralta Barnuevo, atestiguada por hombre de tan independiente y severo juicio como el P. Feijóo, tan mal avenido con los errores de la opinión vulgar? Su erudición era estupenda sin duda, pero indigesta y de mal gusto;… su estilo en prosa y en verso enfático, retorcido y con todos los vicios de la decadencia literaria, que… no eran ya tolerables, ni aun en una remota colonia. (Menéndez Pelayo 1948, 2:135-36)

No less severe in his estimation was Ricardo Palma, who faulted Peralta for his pedantry and characterized him as a victim of his age and unrivaled faculties.

> Peralta aparece siempre como oportuno repetidor de máximas y doctrinas ajenas; nunca supo asimilarse el fruto de sus vastas lecturas; y cuando, por casualidad, expresa una idea propia, no se encuentra satisfecho sino después de haber rebuscado y exhibido autoridades que la vigoricen. Parece como que el literato desconfiara de su cerebro y de la verdad y fuerza de sus raciocinios. Y he aquí el porqué su prosa es oscura y falta de sobriedad, y lánguida y sin brillo su frase. (Palma 1899, xix)

Even the most balanced, early critical treatment of Peralta to date (Sánchez 1967) once echoed the sentiment voiced by Menéndez y Pelayo: "Rebusca conceptos, forja retruécanos inconcebibles, alambica palabras, enmaraña ideas. Es terrible con su afán de erudición; en una palabra: es universitario. Jamás se pudo emancipar del ambiente del claustro. Allí lo aprendió todo, hasta el mal gusto"(Sánchez 1921, 251). Yet other critics (Riva Agüero and Leonard) have tempered their assessment of Peralta's talents by insisting that his affectation should not overshadow the historical importance of his diverse publications—historical, literary, and scientific.

Where Peralta failed his critics and met with unflattering and often scathing attacks on his prose was in his affectation, indecipherable metaphors, "rhetorical flatulence"(Leonard 1937b, 13), and flagrant abuse of *gongorismos*, all of which seemed a perverse aberration of his exceptional talent. For several modern critics, Peralta has been difficult to read because he cultivated a style that embraced *culteranismo*, followed courtly trends, produced on demand formulaic compositions, mixing sober scientific prose and poetic fancies into a package that allowed little of his personality and individuality to triumph. Yet it was in just such compositions where his muse was most evident in the service of elegance and style. In that respect, Peralta represented the nadir and zenith of what was possible for talents of his era. Perhaps less a genius than a prolific, experienced scholar, he embodied the synthesis of the *criollo* writer in transition between scholasticism and the Enlightenment.

Notwithstanding the æsthetic license that Peralta exercised, the uninitiated reader of today will profit from the five annotated and transcribed texts studied in this volume. They span the years 1716 to 1733, a highly productive period in Peralta's career when he enjoyed the protection and patronage of four viceroys and was undisputedly at the height of his fame. Collectively these works are representative of the manner in which he engaged Enlightenment influences and responded to the sociopolitical and cultural trends of his time. Given that the bulk of his writings remain to a large extent obscure and unknown to students and scholars alike, the texts offered in this volume will serve a dual purpose: to introduce Peralta to an audience that is less than familiar with eighteenth-century Peruvian letters, and to interpret the context in which Peralta's writings are to be read and understood.

In *Censorship and Art in Pre-Enlightenment Lima, Pedro de Peralta Barnuevo's 'Diálogo de los muertos: la causa académica'* (1994) and in *Peralta Barnuevo and the Discourse of Loyalty* (1996) I provided an introduction to the life and times of Peralta and to the social and political atmosphere in which he prospered. This present volume brings to light differing aspects of Peralta's career within the realm of viceregal politics, religion, and letters. It assumes varying degrees of familiarity on the readership's part with Peralta's status as an unequaled spokesperson for eighteenth-century Peru and his defense of both the viceregal system and his love for the Bourbon monarchy.

Where the *Oración* was Peralta's tribute to the glory of the University of San Marcos and the educational and material reforms he had instituted as rector under viceroy Ladrón de Guevara's largesse, the panegyric *Júpiter Olímpico* celebrated the arrival of archbishop and viceroy Morcillo to San Marcos and was typical of the academic, poetic contests that assumed much of the literary life of Lima's poets during the first quarter of the eighteenth century. Both works relied on models supplied by antiquity and are flush with classical citations, references to Greek and Roman civilizations, and contain copious marginal notes. The *Loa* unveiled the fanciful, dramatic side of Peralta's talent as a new-world successor to Calderón de la Barca's operatic legacy and, set against the backdrop of Felipe V's abdication and the tragic, unfulfilled succession that ensued, confirmed Peralta's popularity and ability to convene history and literature in the service of art. His discourse of loyalty to the Bourbon monarchy was the theme of *Fúnebre pompa*. In it he brought to bear not only his knowledge of the history of Spain but also published the only known poetry from his Academia de Matemáticas y Elocuencia over which he presided at the time of the death of the duke of Parma and Piacenza, Francesco Farnese. When Peralta was commissioned to write an account of a controversial auto-da-fe in 1733, he could not have foreseen that his descriptive narrative would be criticized by the Inquisition and that he himself would become the focus of an investigation. Yet his analysis of how the accused were treated provided an intimate look into the tribunal process and reinforced the viceroy's assigned role and authority in checking matters of church and state. Thus, the five transcribed and annotated texts evoke the ethos of achievement to which Peralta aspired and which helped to define his career. Likewise they are representative of the unique voice that he provided in helping to shape the sociopolitical landscape of Lima before 1750.

Numerous cases of misspellings or alternate spellings, such as Rodulpho and Rodolfo in the same paragraph, as well as inconsistencies, have been resolved in the present edition. Internal parenthetical explanatory notes marked in the original text with an asterisk (*) retain the symbol in the transcription and are footnoted at the end of the text. I have incorporated capped marginal titles or subheadings where they occur and have placed them before the sentence or paragraph they reference. In most instances I have modernized spellings (Febo for Phebo, Pirene for Pyrene, Alfonso for Alphonso, Enrique for Henrique, Bartolomé for Bartholome, etc.) and let stand proper historic names such as Filippo, Philippo, Joseph, and Rodulpho Primero. Likewise I have placed most upper-cased nouns in the original text in lower case, and have either corrected numerous typographical errors (Bercinthiæ for Berecynthiæ) or drawn the reader's attention to their occurrence. I have retained all abbreviations and instances of VS. for *Vueseñoría* and its plural VV.SS., as well as the common neoplasm US. *[Useñoría]* for the same as it appears in the *Oración*. Peralta's idiosyncratic practice of marking marginal notes by both an asterisk and a letter of the alphabet has been preserved, but alphabetized marginal notes have been separated from editorial notes and those indicated by an asterisk.

In the initial and final stages of this project, I was encouraged by exchanges with colleagues such as Pilar Saenz, Maureen Ahern, Beatriz Alba-Koch, Nicholas Mulcahy, Alvin Powell, George Cunningham, and Daniel J. Reedy. Others who contributed support in meaningful ways included Anne-Marie Moscatelli, who proofed French and Italian sources, and Erminio Braidotti, who corrected and translated selected Italian and Latin transcriptions and verified the accuracy of classical sources. Translations from the Latin, unless otherwise attributed, are courtesy of Erminio Braidotti. As well I acknowledge and thank both Teodoro Hampe Martínez and Pedro Guibovich Pérez for their critical assessment of my work on Peralta. Other colleagues who were helpful included David T. Gies and the readership of *Dieciocho: Hispanic Enlightenment*, and Paola Nogueras Tagliamonte, whose enthusiasm and editorial assistance with the transcription of and research related to the *Relación del auto* contributed to fruitful discussions.

I am grateful to two institutions for their financial assistance, research grants, and for underwriting library and archival research in Peru: the West Chester University College of Arts and Sciences Support and Development Awards program, and the Program for Cultural Cooperation Between Spain's Ministry of Culture and United States Universities.

In particular I wish to acknowledge the staff at the Biblioteca Nacional del Perú's Salón de Investigaciones for locating the only extant copy of *El Júpiter Olímpico* and for photocopy and duplication services. I thank Fernando Ayllón Dulanto and the staff of Lima's Museo de la Inquisición for their support and encouragement, and Todd McKay and the Newbery Library for photographic services. I am especially thankful to John Pollack of the University of Pennsylvania's Van Pelt Rare Book and Manuscript Collection for his help in locating, copying, and microfilming obscure materials from the Henry Charles Lea Collection, and to Elizabeth Fuller, director of the Rosenbach Museum and Library, for facilitating access to eighteenth-century Peruvian imprints in that collection. I thank as well the Beinecke Library of Yale University for making available *Loa para la comedia*, and the John Carter Brown Library for access to *Relación del auto de fe*, *Fúnebre pompa*, and the *Oración*.

JERRY M. WILLIAMS
March 2000
Philadelphia

Oración
que dijo el doctor D. Pedro de Peralta Barnuevo y Rocha
... a su ilustre claustro... el día 30 de julio de 1716.

PROLOGUE

> In my opinion, Your Excellency, this case should be divided into two parts, that I discuss first how rebuilding that monument to its former grandeur is both useful and obligatory, then how it can proceed without public expenditure, by the generosity indeed of the greatest rulers, but nevertheless along with some of my own devotion and love for my native city.
>
> EUMENIUS, *Pro instaurandis scholis oratio*

WHEN PERALTA ASSUMED THE RECTORSHIP of the University of San Marcos for the first time in 1715, he was already an accomplished scholar. By 1716, the year he was reinstated, he had published some sixteen works and had to his credit several unpublished poems and manuscripts in progress. Peralta's education and scholarly career well prepared him to assume the post, particularly after his initial assignment in 1709 as the chair in Mathematics and in 1712 as Chief Engineer of Peru. He was a product of the same university (1680-86) where he had studied chemistry, botany, medicine, and astronomy, although he centered his degree efforts in the humanities and law and received a doctorate in both canonical and civil law. At the time of his appointment, San Marcos was in an undeniable state of economic and moral decline. Decades before Peralta took over, there were some 1500 students enrolled and a small faculty with nine vacancies. That situation changed when San Marcos was forced to compete for students with numerous religious institutions. With fewer students and a large faculty, the university became an instrument of the aristocracy, less concerned with exercising its mandate than with performing ceremonial tasks and organizing secular and religious celebrations. In catering to the mercantile interests of the wealthy and given its adherence to meritocracy, as well as its curriculum that stressed Peripateticism and Aristotelian thought over European scientific advances, San Marcos became for Peralta an obvious project to which to direct his attention.[1]

Peralta wished for the university the same prestige and royal protection that it had once enjoyed. In his estimation San Marcos was not only greater in stature than Plato's academy but also was on a par with the premier academies of antiquity directed by Crantor, Arcesilaus, Carneades, and rivaled the teachings provided by Aristotle, Pythogoras, and Zeno. Despite the university's deterioration, Peralta invoked the glories of San Marcos of old. This point he made the nucleus of his argument in the *Oración* of 1716. San Marcos, he believed, was the most celebrated institution that Spain had in the New World, a university worthy of continued monarchical support: "Es esta Real Universidad la primera de todas las de este Nuevo Mundo, mayor que las que celebró la antigüedad, e iguala a las que se veneran mayores en la Europa" (*Oración* 1715, fol. 6). The "Salamanca of America," founded in 1551 by royal decree, was an institution devoted to serving the interests of the Church and the Crown, hence its title as the Royal and Pontifical University of San Marcos. Within Peralta's discourse of loyalty lay the sentiment that Spain had a sizable investment in Peru and that, by enthroning science and letters in San Marcos, Spain profited from the university's reputation and from monies Peru returned annually to Spain.

Peralta prided himself on having been a competent administrator who brought about reforms that signaled new directions for the university. He devised plans to target more funds for curricular matters, advocated employing European teachers, merged professorships, favored the study of Theology and Law and, in the ancient tradition, sponsored literary competitions. In the 1715 *Oración* he related the tangible results of a labor-intensive project of instituting stringent accounting procedures for university expenditures and restoring classrooms. By 1716 he had continued to streamline accounts and expenditures and had reorganized the poorly kept archives, and sponsored funeral rites for

---

[1]Students were instructed in canonical law and theology, Latin and the memorization of classical texts, rhetoric, the arts, and philosophy while the sciences and even mathematics (a chair was not officially created until 1678) were viewed at a distance. See Lanning (1940).

deceased faculty. In *Lima fundada* (Canto VII, note 261 to stanza 279) he boasted of having ordered built a new set of benches in the gallery and refurbished another existing gallery for a more commodious space in which faculty could assemble, construction of which was overdue by some 100 years.

CCLXXIX

En él se admirará su aula primera
Parnaso de dos cumbres elegante,[2]
De zodíacos dos labrada esfera,
De esferas dos maravilloso Atlante.
Pensiles cedros, que envidiar pudiera
El cincel diestro que animó al Tonante;
Donde serán sus sillas suspendidas
No asientos, sino ciencias esculpidas.

Likewise he purchased a large imposing clock, new tables, and a secretary covered in rich cloth—all at the cost of 7500 pesos. The price tag he saw as modest compared to the 82,000 pesos the treasury had spent between 1684 and 1714 on non-instructional goods and services. Peralta declared that the expenses were more than justified and that the money, originally destined for underwriting three days of festivities, served a better and longer-lasting good. Peralta saw his accomplishments as a labor of love, born out of duty, pride, and zeal. Despite the fatigue and weariness that resulted from undertaking such a demanding project, he felt that he had served the twenty-fifth viceroy, Diego Ladrón de Guevara (1641-1718), and the realm well. Hence his bid for recognition at the end of the *Oración* for services rendered.

Peralta triumphed his material achievements for San Marcos and built on the success he first realized as rector in 1715, when he was appointed to fill the term of Juan Cavero. In both the 1715 and 1716 *Oraciones* Peralta drew on

---

[2]The footnote reads: "Aula general de la Universidad, adornada de dos magníficas galerías u órdenes de asientos doctorales, alto y bajo, labrado el primero con las más artificiosa talla de precioso cedro, en que se procuró que cada silla pareciese en su respaldo y coronación, una obra prima de escultura. Debióse ésta a la destreza del más insigne artífice, y al cuidado de mi celo, por haber logrado, siendo rector, discurrir la idea y delinear el plan y perfil, después de cien años en que no se había hallado forma de dar mayor número de asientos al general sin deshacerlo."

Eumenius' famous *Pro instaurandis scholis oratio* (Oration for the Restoration
of the Schools, A.D. 296) in which the Latin rhetorician and orator paid an
obsequious tribute to his former employer, emperor Constantinus Chlorus,
whom he served as private secretary.[3] The emperor had appointed Eumenius
rector of the college at Augustodonum (Autun) in Gau. Eumenius praised
Constantinus for backing morally and financially restoration efforts and thanked
him for his protection and generosity. He pointed out that as the schools would
prosper over the years and rise in importance, so too would the public's
estimation of the emperor's deed. What stands out in the *Oratio* is Eunemius'
unabashed affection for Constantinus and the attempt to have the *Oratio* itself
serve as monument to the emperor for the youth of tomorrow.

> But I cannot sufficiently wonder at our lord Constantinus' extraordinary
> solicitude and kindness toward the youth of his Gauls. He is truly the
> prince of youth, as he increased the esteem in which literature is held... By
> my love for my country I prove myself worthy of the eternal rulers'
> excellent opinion of me... It is particularly right and proper, therefore, to
> train young intellectuals where deities friendly to learning are so near.
> Here let the best young men learn . . . to praise the deeds of the greatest
> leaders (for what better employment of eloquence is there?) (Nixon 1964,
> 157-62)

With the intention of increasing and improving the quality of students, Peralta
strived for the same end in both his *Oraciones*.

It is the viceroy's attitude toward educational reform, not his largesse, that
Peralta honors. The themes of loyalty and sacrifice lie at the heart of the 1716
Oración. Peralta saw himself as a modern-day Eumenius, dedicated to the
education of Peru's youth and equally devoted to the monarchy and viceroyalty.
In the same way that Eumenius paid tribute to emperor Constantinus, so too did
Peralta to Ladrón de Guevara in his *Oraciones*. Peralta established several
parallels between himself and Eumenius: both served their respective employers
as secretaries or spokespersons, Peralta most directly through his writings; both
served as rectors; both displayed immense affection for their patrons and wrote

---

[3]Eguiguren Escudero (1964) published a facsimile of Peralta's 1716 reelection speech,
*Oración que dijo el doctor D. Pedro de Peralta... a su ilustre claustro en razón del cargo
de rector*. The unedited facsimile did not include a preliminary study.

treatises to stand as monuments to their employers; both campaigned for the
financial restoration of their institutions, and both assumed a self-effacing
posture in the face of their official task.

[Eumenius] I am sure, Your Excellency, that... most of those present are
amazed that I... have preferred the private exercise to the public display of
whatever little it is that I have achieved through hard work and attention
to duty, now at last in a late initiation aspire to the platform unfamiliar to
me. I confess that although this seat of justice seems to me to be
distinguished both for action and for speaking, nevertheless, distrustful of
my talent I have not up to now appeared before it, and on this very
occasion, although I am about to deliver a form of address far removed
from a contest at law, I am inhibited by self-conscious anxiety. (Nixon
1964, 151)

[Peralta] Pero conozco que lo que en mí ha sido sólo pretensión de
agradar nunca pudiera ser mérito capaz de agradecerse. Nada queda en mí
sino aquella materia que V. S. elevó a mérito y aquella resignación que
hizo subir a ministerio. . . Luego que V. S. se sirvió de elevarme a este
puesto, conocí la grande arduidad de sus obligaciones. Poco es lo que he
ejecutado, si se mide con lo que deseo y con lo que se debe a V. S. y sin
embargo espero que a quien V. S. favoreció antes con sus honras, conceda
su aprobación, después de haber servido. (*Oración* 1716)

    Cuando me considero por la benignidad de V. S. colocado en la
cumbre de este   puesto y que, ajeno de las cualidades que requiere, ha
podido V. S. vencer mi inutilidad con su favor... ¡Cuánto, pues, debe
crecer el beneficio que debo a V. S. si a vista de grandezas tan sublimes he
merecido a su benignidad que me haya puesto en esta silla! Este alto
aprecio de su dignidad, sin servirme para la ambición al pretenderla, le he
guardado para el júbilo justo de ocuparla. ¿No advierto, que es V.S. de
quien he pretendido hablar, y delante de V. S.? Dos empeños de igual
dificultad y en que no hubiera entrado si la costumbre no me hiciera la
misma temeridad obligación. Pero habiendo de agradecer a V. S. la
merced con que ha querido honrarme, no ha podido contener mi
desconfianza este esparcimiento de mi voluntad en que lo que faltare de
arte y elocuencia quedará compensado con el celo y la sinceridad de mis
afectos. (*Oración* 1715)

Both writers as humble servants viewed themselves as ennobled by the favors that their patrons granted them and felt that their spirit was raised to greater heights by the encouragement they received and by the fact that they worked within a tradition inspired by past rulers. As Eumenius confessed: "Even if I had lacked complete understanding before, I would be moved and led by these inducements of divine benevolence to truly any degree of intelligence, since to have such great leaders honor one man with so much praise is not to incite an orator but to make one" (Nixon 1994, 167). Yet the two orators differ in one striking aspect. Where Peralta stressed his diligence as a manager, Eumenius donated his double salary to restoration of the college's buildings: "I wish to set the payment down under my native city, and to designate it for the rebuilding of this edifice, as long as necessity requires" (Nixon 1994, 163).[4] Throughout the *Oratio* Eumenius stressed the importance of rejecting his wages of 600,000 sesterces.

In addition to using Eumenius as a source of inspiration and as a model, Peralta drew on the renowned academies and schools of antiquity, to which he compared San Marcos.

> En Atenas la célebre escuela de Platón, primogénita de las academias, no fue más que un jardín de Academo, que aquel filósofo ennobleció con su enseñanza. El liceo, solar de los peripatéticos, no fue otra cosa que las ruinas de un templo de Apolo, que paseándose ilustró Aristó[te]les con su filosofía. La Estoica, o Pórtico, alcuña de la doctrina estoica, sólo fue un portal que honró Zenón con sus discursos. . . Mejor que en Atenas famosos maestros se admiran en sus generales, no en sus desiertos jardínes, ni entre ruinas de templos ni de pórticos sino en este magnífico palacio de la sabiduría, adornado de numerosas regias aulas que forman su autorizada venerable estructura: jardín de floridísimos ingenios, templo de doctísimos Apolos, y pórtico de insignes sabios. Y, así de V. S. con mejor título que de Atenas debe decirse, que sobresale tanto en sabiduría y elocuencia que sus discípulos pueden ser maestros de otros. Y que por esto esta grande ciudad ha florecido de suerte en todas letras, que los cuerpos de sus ilustres hijos

---

[4]Peralta's financial woes are the subject of my *Feijoo and Peralta Barnuevo: Two Letters* (1998). In rejecting his annual salary Eumenius declared: "Then let those funds, Your Excellency, alloted to me by the best masters of all virtues, be given to this institution devoted to learning and eloquence" (Nixon 1994, 171).

pueden bien salir de ella, pero que sus ingenios quedan sólo encerrados en sus muros. (*Oración* 1715, fols. 6-9)

In essence, Peru was a gold mine of intellects whose actual and potential contributions in the sciences, literature, law, and the arts had served the Crown well, having already produced distinguished citizens.

CCLXXX

Dará así tu ciudad tantos sagrados
De sus rediles ínclitos pastores,[5]
De los doseles aun más encumbrados
Présides claros, sabios senadores.
[De sus Liceos partos celebrados,
De sus Alcuñas nobles esplendores]
Que parezcan fundados sus decoros,
Mas para dar Apolos que tesoros. (Canto 7)

One of Peralta's undertakings in particular stood out: that of reorganizing the university archives and visiting them twice a year. That led him to compose a catalog of the various regents of the University of San Marcos, as well as a painting that listed their names. *Fasti Academici seu illustrum huius regiae Limanae Universitatis Rectorum series, ipsiusque Academiae Cronologia* (7 leaves) spans the years 1552 to 1736. It appeared at the end of *Constituciones y ordenanzas antiguas, añadidas, y modernas y recogidas de mandato del Excmo. S. Marqués de Castelfuerte* by Alfonso Eduardo de Salazar y Cevallos (1735).[6] Speculation has surrounded this work because Peralta referred to it in 1716 although it was not published until some 18 years later. He predated his chronology in anticipation of the soon-to-expire term of the then current regent and updated it at the time of its publication. Of Peralta's contribution, Salazar wrote:

---

[5]Marginal note: "Ha producido Lima y el reino diez arzobispos, sesenta y un obispos, siete consejeros, diez presidentes, diez inquisidores, cerca de cien oidores; y en lo político y militar, cinco virreyes, siete generales y entre ellos dos capitanes generales, un teniente general, fuera de otros generales del Callao y de este mar; y lo que es más glorioso, tiene tres santos canonizados y cinco para canonizarse, como queda insinuado."

[6]All folios are unnumbered.

Y en cuanto a la más individual noticia de la historia de este real estudio, se remate mi celo a la que, compensando lo breve con lo exacto, ministrarán a V.S. los Faustos Académicos, que asimismo me ha perecido que acompañen impresos esta nueva edición, trabajados (a semejanza de los que hicieron Idacio Casiodoro, y otros sobre sus asuntos, como extractos de anales y archivos de inmortalidad) por el doct. D. Pedro Peralta y Barnuevo, catedrático de prima de matemáticas y cosmógrafo mayor de este reino, hijo de esta Real Universidad con quien, aun cuando no hubiese tenido tantos, podía quedar en vanecida y gloriosa, más que Mantua con su Virgilio, Verona con Catulo, y el lugar de los sabinos con su Ovidio. Así lo veneran las más celebres universidades de la Europa, y le aplauden los escritores más famosos de este siglo. (fol. 19)

Viceroy Castelfuerte gave permission for the book on 4 July 1735.

Peralta's love of antiquity did not cease with Eumenius. When Peralta cited his deed of reorganizing the university's archives, he invoked the reputation of the Roman senator and statesman Cassiodorus, whom he quoted several times. Cassiodorus (Flavius Magnus Aurelius) served under Theodoric the Great and Gothic rulers of Italy whose state papers he put into official Latin, later known as the *Variae epistolae*. Cassiodorus was known for his *History of the Goths*, parts of which the Gothic historian Jordanes of 6th century Constantinople preserved in the *Getica* or *The Origin and Deeds of the Goths*.

The writing of *Fasti Academici* made Peralta call to mind within the text of the *Oración* Horace's ode on the poet's immortal fame for having been the first to adapt Aeolian song to Italian verse: "*Exegi monumentum aere perennius.*" In the same fashion that San Marcos would stand forever as a tribute to the greatness of Peru and Spain, so too would Peralta's efforts be memoralized by San Marcos.

Peralta also mentioned the Roman emperor (A.D.98-A.D.117) Trajan (Marcus Ulpius Trajanus, A.D. c.53-A.D.117), a native of Spain, whose military feats included the annexation of Arabia Petraea, conquering the Parthian empire, Armenia and Upper Mesopotamia, restoring the Appian Way, and the construction of an aqueduct, basilicas, libraries, and a theatre at Rome. Citing Pliny's panegyric to Trajan, Peralta compared his labors at San Marcos to those that the emperor invested in building the imposing Forum of Trajan. Lastly, Peralta comfortably situated his oration to the viceroy within the vein practiced by Dion Chrysostom, the Greek Sophist, who enjoyed the favor and protection of both Trajan and Nerva. Dion was admired for his more than 80 eloquent orations in pure Attic Greek on philosophical subjects (the Stoics and Cynics), politics and literature, and for having contributed to the revival of Greek literature during the first century. He was credited with advising Vespasian to restore the Republic and with having quelled an army revolt after the death of Domitian. Dion was surnamed Chrysostomus or the Golden-mouthed because of his alluring style, which Peralta sought to imitate.

It is worth noting that the very reforms Peralta triumphed in both *Oraciones* had by 1736 met with defeat and that the accomplishments of viceroy Ladrón de Guevara had not been continued by his successors. When Peralta assembled the *Memorias* of viceroy Castelfuerte, he injected into them his critical analysis of the decline of the University of San Marcos. Two internal factors were signaled out: the decline of the student body and the lack of funds to sustain a viable curriculum.

> Hay por una parte desgracia del presente: ha descaecido en el número de los estudiantes, de suerte que hay más maestros que discípulos y más doctores que cursantes, con que con una infeliz gloria viene a ser una Universidad compuesta de graduados. La causa de esto comenzó en la reforma de los votos de los estudiantes, con que por evitar la molestia de los opositores de las cátedras se minoró el concurso de los oyentes. Por ahora (digo) otra parte lo que ha sido la cesación de la provisión de los oficios para los nobles, ha sido la falta de los premios para los letrados, porque sin los premios se extingue el esplendor, sin los segundos expira el aliento: lo demás es querer carrera sin espuela e instituir certamen sin corona. Por esto no aspirando los hijos de la patria a otros honores, se contentan con sólo el de los grados, y aumentándose éstos, revoca el claustro, y por donde pudiera exaltarse se deprime con la multitud, que hace menos apreciable el grado a que se llega; que no teniendo la Universidad más fondo para sus gastos que extraordinarios y sus grandes funciones que los grados que llaman de indulto, se vale de este medio, cuyo exceso ha venido a tal desorden que los que antes valían 2,500 pesos, valen hoy aun menos de 800. (*Memorias*, 125-130)

Since the *colegios mayores* and private universities had enticed students away from San Marcos, Peralta believed that the remedy to cure that and other ills was to suspend degree programs and to reduce the number of degrees.

It was a credit to Peralta's good political sense that he portrayed the viceroy as a progressive, education-minded governor whose wisdom and love of the arts and sciences set examples for the youth of that time. Indeed, on an earlier occasion the viceroy had chosen Peralta to improve his tarnished image when, for example, as related in *Imagen política del gobierno del Excelentísimo Señor D. Diego Ladrón de Guevara* (1714), his detractors accused him of misappropriating treasury funds for his personal use. Behind the ceremonious rectitude of both *Oraciones* is Peralta's knowledge that during his two terms he had achieved order, progress, and more material reforms than past rectors, yet the socio-political discourse of colonial Peru obliged him as a *criollo* to subordinate his triumph to a seemingly greater good: defending the troubled, political image of his patron, viceroy Ladrón de Guevara.[7] Perhaps Peralta had this point of view in mind when he complained about the toll his responsibilities at San Marcos had taken on his physical and spiritual well-being. Notwithstanding Peralta's lamentations the *Oración*, inspired by the ever-present spirit of antiquity, stands as a double tribute to Ladrón de Guevara and the Spanish crown.

---

[7]The viceroy tried to bring about certain reforms that were constantly checked by the monarchy, such as using funds from the royal coffers for the reconstruction of Lima's Cathedral and disbursing stipends to priests. His relations with Madrid were strained as a result of his often independent actions. Peralta extolled Ladrón de Guevara's regime in several publications, notably the drama "Triunfos de amor de poder" (1711), *Imagen política,* and the two *Oraciones* of 1715 and 1716. See Williams (1996) concerning Ladrón de Guevara's viceregency, as well as Cantos CXXIII to CXXXIII of *Lima fundada.*

ORACION
QVE DIXO
EL DOCTOR D. PEDRO DE
PERALTA BARNUE-
VO, Y ROCHA, CONTADOR
de Cuentas, y particiones de esta Real
Audiencia, y demas Tribunales de
esta Ciudad por su Magestad,
Cathedratico de Prima de Mathematicas, Cosmographo ma
yor de estos Reynos, y Rector de esta Real Univer-
sidad de San Mar-
cos

A SV ILUSTRE CLAVSTRO.
EN RAZON
DEL CARGO DE RECTOR, QVE
havia exercido, antes de la Eleccion
de èl, en que fuè reelegido el dia 30.
de Junio de 1716.

Con Licencia de los Superiores en Lima.

Oración que dijo el doctor
D. Pedro de Peralta Barnuevo y Rocha...
a su ilustre claustro... el día 30 de julio de 1716.

[fol. 2] Habiendo, señor, fenecido la carrera del cargo que he ejercido y a que la dignación de V. S. me elevó, confieso que iba a esperar de V. S. aquella benevolencia a que ha aspirado mi obsequioso celo y que pudiera dar el nombre de una benigna gratitud. Pero conozco que lo que en mi ha sido sólo pretensión de agradar nunca pudiera ser mérito capaz de agradecerse. Si todavía aun no he correspondido a su favor, ¿cómo he de ser acreedor por mi desvelo? Si aun dura toda entera mi obligación, ¿cómo he de anhelar al agradecimiento de V. S.? Demás de que V. S. es quien me ha costeado los servicios y quien me ha influido los deseos. Nada queda en mí sino aquella materia que V. S. elevó a mérito y aquella resignación que hizo subir a ministerio. V. S. [fol. 3] me prestó el favor para noblemente cobrármele en obsequio: parece que se lo observaba Casiodoro (a) *Mutuamini ergo gratiam, ut exigatis obsequium.*[1] Y así a V. S. se ha de imputar todo lo que yo hubiera merecido agradarle: (b) *Vt vestro magis imputetur præconio, cum tali meruero placere patrono.*[2] Este desvelo mío bien puede ser honor en mí pero no se excusara V. S. de la gloria: (c) *Laudes quinimmo vestras extollitis si honorem, qui Rectori datus est, erigatis.*[3]

V. S. en darme la ocasión del trabajo me anticipó el premio y en su mismo beneficio comenzó a labrarse mi correspondencia. Las mercedes de los hombres se desempeñan con distinta satisfacción de lo que recibieron pero a lo divino no puede satisfacerle sino con lo mismo que influye. Y se contenta el

---

[1] "Therefore, borrow favor, so that you may expect compliance."

[2] "So that I may better reckon your proclamation (praise), when I deserve to please such a patron."

[3] "In fact, you are raising your praises fivefold if you raise the honor given to the rector."

numen con que se le consagre lo que da, consintiendo de oblaciones a sus dádivas porque ¿adónde ha de ir el celo a buscar allá fuera de la providencia los obsequios? Por esto los antiguos dedicaban a cada fabulosa deidad lo que juzgaban que influían: a Neptuno y a Marte los despojos del mar y de la guerra; las mieses a Ceres y las ganancias a Mercurio. Y ésta fue la razón porque allá Eumenio retribuía a Constancio el honor que le debía, con lo mismo que había trabajado en la Universidad de Cleves (d) *Etenim si bello parta Marti dicantur, si mari, quesita Neptuno, si messes Cereri, si Mercurio lucra libantur: si effectus rerum omnium: hoc quod mihi orandæ professionis mea causa tributum est, huic me præcipue sentio debere monimento* (*).[4]

Sólo es el celo el tesoro de los que [fol. 4] gobiernan, caudal que consiste en la distribución de aquél que les entregan. Todo lo demás lo deben a la comunidad que rigen. Aquella noble materia con que la abeja fabrica la cera compone la miel y ordena los panales, hacienda fue, que halló en el erario de las flores. Lo que el artífice anima en estatuas y erige en columnas, riqueza fue que le ministró en mármoles la mina. Y en fin la nube vuelve en lluvias lo que la tierra le ofreció en vapores. Sólo el cuidado de mi celo es el que pudiera dedicar a V. S. como propio. Pero aun éste es el que más le debo porque V. S. me entregó la fatiga y el aliento y me encargó el afán por la mano de la dirección por cuya razón debo volver a repetir con aquel orador: *hoc quod mihi ornandæ professionis mea causa tributum est, huic me precipua sentio debere monimento.*[5]

He acabado, Señor, (no sé si con acierto) el curso de mi administración.

---

[4] (*) *"Leviter immutatus est ordo verborum huius loci.* Eumenio retribuía a Constancio."The original text, slightly altered by Peralta, reads: *"Sed tamen hoc quod mihi ornandae professionis meae causa tributum est huic me praecipue sentio debere monimento. Etenim si bello parta Marti dicantur, si mari quaesita Neptuno, si messes Cereri, si Mercurio lucra libantur, si item rerum omnium [fructus] ad cultum referuntur auctorum, ubi fas est docendi praemia consecrare nisi in sede dicendi?"* (But nonetheless what has been bestowed upon me for the sake of glorifying my profession I feel that I owe particularly to this edifice. For if the goods acquired in war are dedicated to Mars and those gained on the seas to Neptune, if crops are offered to Ceres and riches to Mercury, if, in the same way, the fruits of all things are returned for the veneration of their authors, where is it right to consecrate the awards of teaching if not in the seat of rhetoric?) Mynors 1994, 167.

[5] "What has been bestowed upon me for the sake of glorifying my profession I feel that I owe particularly to this edifice" (Mynors 1994, 167).

Pero considerando que si V. S. la aprobare, podrá hacer que no muera con el año su desvelo. Atiéndala V. S. como operación y no como período, que el acabarse de la duración es fin pero de la obra es perfección. En la carrera, si se logró feliz lo que es término, es gloria porque comienza a correr la aprobación desde allí donde paró el afán. Parece que por esto duran los magistrados por las revoluciones del sol, que son los años; no sólo porque con la imitación vaya el gobierno al paso de la luz sino porque cuando fenece el día y puede dar razón de sus rayos a los ojos, parece a ellos mayor, compensando el ocaso con la magnitud. Bien puede ser cuando comienza en el Oriente más alegre, pero se muestra más hermoso cuando acaba; y allí logra mayor [fol. 5] apariencia su luminoso globo donde, todo visible, parece que da cuenta a la vista de su luz y residencia del día al hemisferio. Los ríos en el océano allí donde fenecen llegan más caudalosos porque todo aquello que corren, los aumenta, y crecen al mismo paso que fecundan.

A este tiempo ni quisiera callar a V. S. lo que he ejecutado porque no sólo le debo el haberlo hecho sino el referirlo; ni deseara decirlo porque soy quien lo ha obrado. Pero como soy más de V. S. que de mí, es preciso consagrar a sus oídos, aun lo que no quisiera que saliese de mis labios: consolado, con que me excusara de vanidad la distancia que siempre quedará entre mis obras y mi celo; y mucho más, la que hay entre lo que he ejecutado y lo que debo a V. S.

Luego que V. S. se sirvió de elevarme a este puesto, conocí la grande arduidad de sus obligaciones. Pues si el cargo de aquellos rectores que los antiguos elegían de los honoríficos y esplendidos combites donde se presidía a una comunidad festiva (haciéndose una dignidad seria de un concurso de júbilo) tenía tantas leyes, que mereció que aquel grande filósofo a un tiempo e historiador, Plutarco (*)[6] las enseñase con el ejemplo del heroico Pericles cuando le hacía su magistrado Atenas (*Animum adverte Pericles, liberis hominibus imperas, Græcis imperas, Atheniensibus imperas: ita convivii moderator secum reputabit etc.*),[7] y lo que es más notable, que este oficio lograse especial dirección en las sagradas escrituras (*).[8] [A]sí una universidad fingida de doctos convidados en que asistían a una cena insignes maestros de las antiguas artes, fue de tanto aprecio a aquel célebre autor de los *Dipnosophistas*,

---

[6] (*) "Lib. I. Sympos. Probl. 4."

[7] "Pay attention, Pericles, you are commanding free men, you are leading Greeks, you are governing Athenians: so the leader of the gathering thought to himself."

[8] (*) "Ecclesiastici cap. 32. Vide *Stuccium deconviviis Antiq*. lib. 2. c. 7."

[fol. 6] Ateneo, que formó de ella preciosos volúmenes de erudición y de filosofía.[9] ¿Qué cuidado, qué aprecio y qué idea debería yo formar dentro de mí de tan ilustre y ponderoso empleo a cuyo cargo corre el gobierno, no de convites deliciosos sino de estudios elevados en que las ciencias no reconocen otros númenes que los visibles de tan famosos maestros? [Cuidado en adelantar los estudios.] Esta, Señor, fue mi atención primera: promover el estudio y los ejercicios literarios. Son las universidades escuelas donde no se estudia y se aprende; no sirve lo que se oye y enseña. Son teatros más que casas donde aparecen las ciencias, más que se hacen; y templos literarios que se fabrican sin golpe de frecuencia. [Premios para sabáticas lucrativas.] Sin embargo he solicitado adelantar su enseñanza con el mayor anhelo de mi aplicación hasta proponer y dar premios que, mejor que los palios y que las hojas de los árboles de que se coronaban los antiguos, sirviesen de estímulo para sus certámenes privados. [Actos públicos.] Pasando a mayores y públicos ejercicios en dos célebres actos (presididos de los más grandes maestros (*)[10] que pudieran envidiar para sus catedrales las Salamancas y Sorbonas, y que aun pudiera Roma apetecer para sus púrpuras), honorarios ambos, y el uno lucrativo, dedicado al excelso patrono que entonces fue de estas escuelas; (e) ya que por la calamidad del tiempo no podían consagrarle de todas facultades como lo tenían antiguamente establecido.

Siempre fueron en los primeros siglos de las ciencias los grandes maestros de ella rectores de sus mismas escuelas. Aristóteles lo fue de su liceo, y Zenón de su Estoa; Pitágoras de la suya italiana, y Zeuta de la gótica.[11] De las tres

---

[9] Athenaeus of Naucratis, fl. c.200, wrote an anthological work, the *Deipnosophistae* (Banquet of the Sophists), which contains valuable information on Greek manners and customs.

[10] (*) "Actos públicos. Los M.M. R.R. P.P. M.M. Fr. Ignacio de Francia del Orden de San Augustín, catedrático de prima teología dogmática, del mismo Santo y José de Mudara, de la Compañía de Jesús, asimismo lo es de la que en esta Real Universidad tiene su religión."

[11] Zeno of Citium (334-262 B.C.), Greek philosopher and founder of Stoicism, studied under the Cynics. He taught in Athens at the Stoa Poecil. His followers were referred to as Stoics, and his school as the Porch. The stoa also refers to an extended, roofed colonnade on a street or in a market square that was used for public meetings (see note 12 below). Pythagoras migrated to southern Italy about 523 B.C. and established his academy at Croton (Crotona). He held that the universe was basically harmony and proportion and that the movements of the planets produced a heavenly

academias, gobernaron la primera desde [fol. 7] Platón sus sucesores hasta Crantor, la media desde Arcesilao hasta Hegesilao, y la tercera comenzó a dirigirse por Carneades.[12] Así debe ser el rector un común maestro a cuyo cuidado se vincule la asistencia de los otros y cuyo celo enseñe en todas las aulas lo que cada uno explica en la suya a sus discípulos. Y ésta ha sido, Señor, la lección de fatiga y de desvelo con que he procurado animar los estudios de estas reales escuelas.

[Reparos y obras de la universidad.] Pero, como quiera que quedara inútil el cuidado de las letras, si éste no se extiendiese también a la casa de las mismas letras, me fue preciso aplicar la incumbencia a lo que más necesitaba en su reparo o conveniencia. En las fábricas han hecho los hombres de la debilidad magnificencia, y las que sólo se hicieron para decente abrigo han pasado a vana ostentación. Porque como no son más que prisiones voluntarias y cárceles abiertas de los habitadores, hacen que la grandeza de la obra y la riqueza del adorno sean costosos substitutos de la extensión y de la luz del cielo, y suplementos de aquello mismo que usurpan a la vista. Pero si en algunas es legítima la suntuosidad, es en los edificios públicos hechos para aquellas juntas de comunidades que en cada lugar vienen a ser la cuidad en compendio y la

---

music. His disciples held two fundamental teachings: the transmigration of the soul and the theory that numbers constitute the true nature of things.

Jordanes wrote of the Scandinavian origins of the Goths, whose kingdom predated the founding of Rome. Filimer, son of King Gadaric, led the Goths to the Black Sea (the land of Scythia), where the Visigoths and Ostrogoths were ruled by their respective royal dynasty. Among the early rulers were the learned Zeutas, Diceneus, and Zalomoxes, known for their philosophical and wise knowledge. See Olivier Devillers (1995) and Peter Heather (1996).

[12] Crantor, the first Platonic commentator, was a philosopher of the early Academy, whom the ancients celebrated for his moral doctrine. His commentary on Plato's *Timaeus* favored those who negated a literal creation of the world. Arcesilaüs, Greek philosopher (316-241), inherited the school after Crantor and is known as the founder of the Middle Academy; he left the Peripatos to join Crantor's Academy. Carneades was a Greek philosopher (¿215-129?) and founder of the Third or New Academy. His doctrine espoused that the senses, the understanding, and the imagination are fallible judges of truth because they are capable of deceiving us, and that we infer appearances of truth or probability from the impression the mind forms by means of the senses; hence, probable appearances are a sufficient guide in life. It is unclear to whom Peralta refers by the name Hegesilao.

civil compañía practicada. No deben ser ni tan llanos como el Areópago en que se sentaban los senadores sobre bancos de piedra arrimados a unas bajas paredes ni tan suntuosos como aquellos milagros que fueron soberbias de mármol que ha castigado el tiempo.[13] No se ha de fabricar, como Nerón, de quien dice Suetonio[14] (f) que no fue en otra cosa más nocivo que en edificar, *non alia re damnosior*, [fol. 8] *quam ædificando*,[15] sino como Trajano, de quien escribe Dión[16] (g) que hizo excelentes edificios públicos, y muy necesarios, *multa, eaque apprime necessaria, ædificavit, cuius generis sunt via, portus, ædificia publica*,[17] y el autor de su grande panegírico (h), que se veía con admiración la hermosura de las fábricas crecida y adornada; haciendo bien no sólo a los hombres sino a los mismos techos, a quienes detenía las ruinas, restituyendo grandes obras con el mismo ánimo que fueron erigidas: *Datur intueri pulcherrimas ædes deterso situ auctas, ac vigentes. Magnun hoc tuum non erga homines modo, sed erga tecta ipsa meritum, sistere ruinas, solitudinem pellere; ingentia opera eodem quo extructa sunt animo ab interitu vindicare*.[18] No deben ser éstas como aquella casa de placer que fabricó el emperador Adriano junto a Tívoli (i) donde puso el Pritaneo en que se guardaba el sacro fuego; el Pecil, pórtico de los estoicos, la Academia y el liceo de Atenas; el Canopo de Egipto; el laberinto de Candía; y el Tempe de Thesalia, delicias que hacían ver más grande la profanidad que la obra, sino tales que en ellas la necesidad quede

---

[13] Areopagus, the supreme tribunal of Athens, was comprised of 31 members—former archons—charged with adjudicating the most severe criminal cases.

[14] Owing to his secretarial posts in the royal court at Rome, Suetonius had unimpeded access to the royal archives. He quoted from them at length, by which he is best remembered. By quoting verbatim from a variety of earlier sources and making use of poetry and prose, in Greek as well as Latin, Suetonius established himself as a respected historian. Peralta may have been influenced by Suetonius' selective use of various genres and the mixing of different languages.

[15] "No(t) more detrimental in anything else than in building."

[16] Dion's grandson, Dio[n] Cassius (Cassius Dio Cocceianus), also composed in Greek a history of Rome of which 19 of the 80 original books survive.

[17] "He built many and quite necessary buildings; for example, a road, a port, public buildings."

[18] "It is possible to contemplate very beautiful and flourishing temples built on a cleared site. It is possible to see your great merit not only towards men but also towards the buildings themselves, to check the ruins, to banish loneliness, to vindicate from destruction enormous works with the same spirit with which they were built."

agradecida a la magnificencia.[19] Así fueron las escuelas de la famosa biblioteca de aquél *Xerxes togado* (l) y así el Nimfeo en que aprendió Alejandro (m) de Aristóteles.[20] Pero no todas las de esta clase fueron desde el principio grandes; el templo de Júpiter en Roma apenas era un nicho en que cabía el Dios sentado: *Jupiter augusta vix totus sedebat in æde.*[21] ¿Qué fueron en su origen las más insignes obras y ciñéndome a las de escuelas de estudios y de ciencias, [fol. 9] qué fueron en sus principios las más célebres? ¿Qué fueran, si después no las hubiesen augmentado? ¿Qué hubiera sido la Academia, que no era más que un huerto de Academo, si después Simón Milcíades no la hubiese adornado de fuentes y jardines?[22] ¿Qué en tiempos más modernos la universidad de París, fundada en muy estrecho sitio, si después no la hubiesen extendido de suerte que la que apenas fue una aula del palacio real de Carlo Magno es hoy suntuosidad que forma la tercera parte de aquella grande Corte?

Gustan los hombres de sus antigüedades pero después que han pasado de cortedad a lustre, como de los trabajos, después que llegaron a la felicidad porque dejan la pequeñez y se quedan con el origen, el cual que no fuera memoria si ya no fuese olvidado la estrechez. Y así no sirviera a esta Real Universidad de esplendor el que tuvo, si éste no fuese ya grandeza. ¿Qué fuera de estas reales escuelas, si sin la primera y segundo translación se hubiese quedado en sus principios, y si en lugar que hoy poseen no se hubiesen ilustrado

---

[19] Tívoli, ancient Tibur, near Rome, was famous for its cascades and the temples of the Sybil and Vesta. The Prytaneum was the name given to the building inhabited by the pritan or principal magistrate in some Greek cities; it housed the national dining halls, which were maintained at the expense of the public treasury. The Stoa Poecile or painted porch at Athens is where the first Stoics met. Canopus, a city on the coast of Lower Egypt, was known for a temple of Serapis and for its luxury, commerce, and depravity. Candía or Iráklion, largest city on Crete, was famous for its historic monuments. The defile of Tempé de Thesalia, in the valley of Greece (Thessalia), separates Olympus and the Ossa, whose beauty Virgil celebrated.

[20] Alexander, son of Phillip II of Macedon and Olympias, was tutored by Aristotle at age 13. The Nymphaeum refers to a room that formed part of the Flavian palace at Rome, or a grand lofty room decorated with columns, statues, pictures, and a gushing fountain.

[21] "All of Jupiter hardly could fit in the holy temple."

[22] Miltiades was one of ten generals who defended Attica against an invasion by the Persians and later led a failed attack on the island of Paros, for which he was impeached. He demonstrated tenacity in defending Attica against a Persian invasion.

hasta el estado que al presente tienen? [Escaños nuevos para toda el aula general. Dos mesas de dos varas y media encuadrado, labradas con cedro y cubiertas de baqueta fina de Moscovia con clavazón dorada, faldones de los mismo y de damasco carmesí, adornado todo fluecos de seda del mismo color. Reloj grande con su caja tallada de cedro y cocobola. Secretaria reparada, cubierta de un hermoso y tallado techo y adornada de pintura.] Este, señor, ha sido mi segundo anhelo. Las decencias que dejó a V. S. para sus concursos, sus exámenes y juicios; los reparos y adornos de lo que amenazaba más pronta ruina; unos nuevos y pulidos asientos comunes de que se llena esta aula general; unas preciosas mesas para los actos más serios de nuestro tribunal; un exacto y excelente reloj para la distribución y noticia de las horas; y una pieza para el despacho de secretaría, magníficamente restituida en su techumbre y en su adorno, han sido todos trabajos que han mirado a este fin, perfeccionados sólo [fol. 10] con la aprobación de V. S. para que, como dijo el elocuente senador, los antiguos deban dar a V. S. sus elogios, a cuyas fábricas se ha dado en su tiempo una restauración perpetua, brillando con la reciente novedad lo que se había obscurecido con la vejez del tiempo: (n) *Ut Antiqui nobis merito debeant suas laudes, quorum fabricis dedimus longissimam iuventutem: ut pristina novitate reluceant, qua iam fuerant vetustosa senectute fuscata.*[23]

[Sillas doctorales en dos órdenes que forman dos galerías o corredores, de los cuales se renovó el primero, y el segundo se ha labrado de nuevo.] Pero entre todas la obra de la duplicada galería de este docto teatro, mejorada la una y la otra nuevamente construida (a cuya total perfección no ha dado lugar la no esperada tardanza de los medios) sería la más feliz, si como se ha hecho a los auspicios de V. S. se hubiese dirigido por disposición más acertada que la mía. Como posesión de V. S. la miro con más afecto que como diseño de mi idea. Excusarme de la complacencia sería arrepentirme del celo. Pero toda la gloria será de V. S.: la que toca a su decencia porque es suya y la que me pertenece porque se la consagro; la una por el dominio y la otra por el culto. Y así yo quedaré contento, sólo con que sirvan a V. S. porque la alabanza es corto gozo para él que obra bien. Esta fábrica aspiró sólo a ser descanso, y se hizo adorno; consideróse solamente como socorro a la necesidad y se ve ya como magnificencia. No he hecho en ella ni las inútiles suntuosidades del teatro de

---

[23] "The ancient owe their praises to our merit, for we gave a very long youth to their constructions so that that which has been obscured by an old age shines with newly found novelty."

Escauro ni la arrezgada máquina del circo de Curión[24] (o) que, formado de madera en dos mitades circulares, se movía en contorno y, dividido como en dos naves terrestres, tenía todo el pueblo pendiente de dos quicios de suerte que la república vencedora del orbe se veía [fol. 11] aplaudiendo su riesgo, suspensa en una máquina. Cierto estoy de que si desde aquel siglo pudiera haber visto esta obra aquel excelente historiador de la naturaleza, Plinio, reconociendo la seguridad de ella no diría lo que ponderó de la locura de aquel pueblo en sentarse sobre tan infiel e inestable asiento, (p) *super omnia erit populi furor, sedere ausi tam infida instabilique sede.*[25] Y pudiera creer, que si se hubiera hecho en el tiempo en que vivía el elegante sobrino y heredero de su nombre, (q) hubiera discurrido de ella lo que dijo del circo que reparó Trajano: que desafiaba a la hermosura de los templos, con asientos dignos del pueblo vencedor de las gentes, mereciendo ellos verse y aplaudirse tan bien como lo que se aplaudía desde ellos: *hinc latus Circi Templorum pulchritudinem provocat: digna populo victore gentium sedes; nec minus ipsa visenda, quam quæ ex illa spectabuntur* (*).[26] Obra de la cual lo que fue discreto elogio de

---

[24] Marcus Aemilius Scaurus was curule aedile when in B.C. 58 he oversaw the celebration of public games for which he constructed a theatre adorned with 3000 brazen statues that held 80,000 spectators and a stage decorated with 360 pillars that consisted of three stories (see note 51 to the prologue for *Loa para la comedia*). His many achievements and those of Gaius Curio, an aid to Caesar who died in 49 B.C. during the Civil War, are lavishly told by Pliny in his *Natural History* (book 36). On the death of his father Curio and in an attempt to outdo Scaurus in ingenuity, he "built close to each other two very large wooden theatres, each poised and balanced on a revolving pivot. During the forenoon, a performance of a play was given in both of them and they faced in opposite directions so that the two casts should not drown each other's words. Then all of a sudden the theatres revolved (… with some of the spectators actually remaining in their seats), their corners met, and thus Curio provided an ampitheatre… What will prove to be more amazing than anything is the madness of a people that was bold enough to take its place in such treacherous, rickety seats. What a contempt for life this showed! And the aim, after all, was merely to win favor for the speeches that Curio would make as tribune. For, if we must confess the truth, it was the whole Roman people that struggled for its life in the arena at the funeral games held at his father's tomb" (Eichholz 1962, 91-94). As the pivots wore, Curio modified the staging (keeping the ampitheatre) to accommodate athletic displays.

[25] "Above all there was the furor of the populace, daring to sit on such a risky and unstable place."

[26] (*) This marginal note spans folios 11 and 12. "Estos dos órdenes de asientos

panegirista en Plinio fue testimonio ilustre de historiador en Dión, cuyas palabras forman el paralelo de ambas fábricas: (r) *Circum ampliorem, atque etiam elegantiorem* [fol. 12] *Trajanus restituit: quod id eo se fecisse inscripsit, ut Populum Romanum capere posset; quod testatur vetus elogium in lapide, quo locorum adiectio, & ampliatio celebratur.*[27]

Estas son las obras en que ha procurado servir mi aplicación a V. S.,

---

doctorales forman dos galerías que componen el teatro del aula general de la Universidad, y colocadas en una gradación proporcionada se extienden por el espacio de 78 varas que tiene de perímetro o ámbito la pieza. El primer orden está apartado del muro o pared principal dos pies y elevado del pavimiento media vara. Este es el antiguo para cuyo adorno fingió la pintura el color de una noble materia. Lévantase sobre éste el segundo, nuevamente fabricado de incorruptible cedro, a la altura moderada de tres varas del mismo pavimiento a que se sube por cuatro pequeñas escaleras a los lados de las dos puertas del aula. Yace éste inmediato a la pared y carga parte sobre el sólido de un terraplén o banco de la altura referida (que se ingirió en el intervalo de la pared al primer orden) y parte al aire sobre fuertes canes, cuya obra oculta por debajo una escocia o media bóveda enlucida de yeso y dorada a intervalos de fajas y hojas artificiosamente hermosas, cuya arqueada estructura sirve de dosel al primer orden. La reja o barranda se forma sobre una solera proporcionada con baja y molduras talladas de que pende una hermosa chambrana. A los balaustres, torneados de excelente labor, corona el pasamano formado de su friso y cornisa, con repetidas molduras, labrado todo de la más delicada talla. Distantes de ésta, el intervalo competente para el tránsito, corre la sillería con asientos forrados de noble baqueta, con clavazón dorada y fluecos verdes, y contenida cada silla dentro de sus brazos, obrados de igual primor, descansa sobre el espaldar que se forma de un arco y dos breves columnas sobre que reina el común arquitrable, el friso y la cornisa con sus gotas, cintas, molduras y florones correspondientes, feneciendo en repetidas coronaciones de exquisito trabajo a medida de cada una de las sillas. Sobre que se ven dos líneas de retratos de los insignes catedráticos que ha tenido esta Real Universidad, los cuales se igualaron y retocaron ahora. Tiene todo este escolástico teatro 28 varas de longitud y once de latitud. Hállanse hoy en ambos órdenes 180 sillas cuando antes no había para cerca de otros tantos doctores y maestros que residen en Lima más que ciento y ocho, cuya falta excluía muchos y oprimía a los demás con incomodidad intolerable."

The Latin reads: "Brought from here it calls forth the beauty of the circus of temples, a worthy place of a people, conqueror of peoples; nor less worthy to be seen than that which was admired from that place."

[27] "Trajan restored a circus bigger and even more elegant; and he inscribed that he had done himself, so that it would contain the Roman people, which is asserted by an old praise on the stone, which celebrates an addition and amplification of the sites."

proporcionadas a los medios y al término de un año, a quien ha hecho más estrecho la dilatada extensión de mi deseo en su debido obsequio. Pero no contento éste con atender a V.V. S.S. y a su docta posteridad, ha querido también que hayan entrado en parte de mi celo los pasados, que son los ascendientes de su genealogía intelectual. Descubrirlos en las ejecutorias de nueve copiosísimos volúmenes de claustros en quienes la misma letra que me dirigía me formaba el tropiezo; océanos sin margen en que era confusión el mismo norte. Reconocí los orígenes y estados de esta Real Academia; indagué sus honores y sus fueros; y deslindé sus instituciones y sus fondos. [Tarjas de fina pintura intitulada *Fasti Academici*, y están puestos según sus años todos los rectores de la Real Universidad y su fundación desde el de 1552 por el emperador Carlos V con la historia de sus translaciones, erecciones y dotaciones de cátedras, jurisidicción, privilegios, y demás singulares actos y sucesos que la ilustran.][28] Y acomodando en fin su compendio a los tiempos de los reinados y gobiernos de nuestros monarcas y virreyes, formé un visible y adornada historia en que procuré dar a aquellos sabios, antiguos héroes aquella vida que les atribuimos para valernos de ella, pues de otra suerte les duplicáramos la muerte, dejándoles también cadáver el ejemplo. Esta considero yo como el alma de esta Universidad porque es en la que sólo tiene la inmortalidad. Estos [fol. 13] son padrones que guardan lo que no saben conservar los mármoles. Monumento es éste más perenne que el bronce y más alto que los obeliscos y pirámides, como le parecía al lírico: (s)

> Exigi monumentum ære perennius,
> Regalique situ pyramidum altius,
> Quod non imber edax, non Aquilo impotens
> Possit diruere, aut innumerabilis
> Annorum series et fuga temporum.[29]

Añadí a este trabajo el de la separación de los papeles que se hallaban en

---

[28] In his written approval of *Historia de España vindicada* (1730), Peralta's brother, José, archbishop of Buenos Aires (1737), rector of the Colegio de Santo Tomás and Inquisition official, called the *Fasti* a "mapa histórico."

[29] "I have finished a monument more lasting than bronze and loftier than the Pyramids' royal pile, one that no wasting rain, no furious north wind can destroy, or the countless chain of years and the ages' flight" (Bennett 1964, 279).

el archivo de esta Real Academia que reducido a un caos de hojas, fue necesaria una creación de cuadernos, distinguidos por clases e inscripciones. De otra suerte yacían extinguidos, convertida en sepulcro la custodia; y hechas olvidos las mismas memorias, venía a distar muy poco lo auténtico de lo falso, por confuso. Y porque a esta formalidad acompañase la principal del expediente, y que no sólo se ajustasen los papeles pasados sino los negocios que contenían los presentes; demás del corriente y legítimo despacho del tribunal, pasé a concluir aquellos raciocinios de varios años de la tesorería que pendían, los cuales, en virtud de comisión dada por V. S., fenecí (en compañía de un insigne maestro de este claustro[30] y que por dicha de este reino fue Licurgo feliz de su gobierno) con la mayor prolijidad del cálculo y con la mayor exactitud de la comprobación; reconociéndose, que quien administra aquel cargo, es digno tesorero (*)[31] de tan ilustre comunidad cuyo celo en las cuentas que ha dado, ha sido un bono que ha ido siempre al lado de todas las partidas, siendo su integridad un crédito que las ha precedido y ha resultado a un tiempo de ellas.

Sobre todo fue preciso aplicar el [fol 14] ánimo a cuanto ha podido pertenecer a la piedad y al culto. [Exequias funerales hechas a los D. D. difuntos.] Tuve desde el principio presente aquel inmortal cuidado de los muertos, con que en una compañía de eternidad nos logramos unos a otros las almas felizmente y que, formándose allá una Academia de otra vida, eran más importantes los alivios de aquélla que los fomentos de ésta; que sin ellos servían de tan poco a los pasados ni la fama de sus nombres ni esos cuerpos de luz y sombra, estatuas sin relieve que nos acuerdan sus rostros y sus títulos, como a los romanos emperadores ya difuntos las visitas de los médicos al fingido bulto (t) que a las puertas del palacio yacía en un suntuoso lecho, y como las repetidas imágenes que llevan en aquel medio bárbaro y medio docto imperio de la China en los honoríficos funerales de sus sabios. Y así hice aquella piadosa función de las mejores honras y exequias en que solicita a las almas de nuestros ilustres compañeros, no el falso consuelo del asbesto (*)[32] y del óbolo de los antiguos ni el vano honor del águila, (u) que en señal de la divinidad atribuida hacían volar al cielo de la quemada pira sino el verdadero de una felicidad inmarcesible.

---

[30] (*) "El doct. D. Tomás de Salazar, catedrático de vísperas y canones y asesor general que fue del real gobierno de este reino."

[31] (*) "Doct. D. Miguel de Arnao, tesorero de esta Real Universidad."

[32] (*) "Fuego o lámpara inextinguible que ponían en los sepulcros."

[Fiestas annuas votivas de esta Real Universidad; la de la concepción purísima de Nuestra Señora en el sexto día del octavario en la catedral y la de Santa Rosa en la iglesia del convento del Rosario de Santo Domingo.] He hecho también todas aquellas fiestas a que ha alcanzado la posibilidad, con adorno y pompa, aunque siempre inferior a la sagrada alteza del objeto, digno de la comunidad que le ofrecía.

Este año, señor, ha estado compuesto para mí de más fatigas que horas, de suerte que aun para las precisas funciones de la vida apenas ha dejado el desvelo de lástima pocos momentos al sosiego, teniendo gloriosamente desordenado el vivir por tener ordenado el merecer.

[fol. 15] No sé si he servido más a V. S. en lo que he hecho que en lo que he padecido pero en esto último es en lo que más ha obrado la razón: llamárala paciencia si no dejara de serlo al expresarse porque ya no es sufrir el referirlo; y yo quisiera que fuese tan sin ejemplar el modo de la tolerancia como el intento del contraste. No, Señor, no es oficio de un grande tribunal, como el de V. S., permitir ni que la gloria rectamente adquirida parezca más beneficio de la lisonja que premio de la virtud ni que el conato del desdoro deje de conocerse, que es empeño de pasión más que pena de culpa porque uno y otro debilita aquella fuerza que la naturaleza puso en el deseo de la buena fama para custodia de lo honesto. Palabras son de la más elocuente púrpura de Italia, el gran Palavicino (*),[33] defendiendo a un grande pontífice: (x) *Sed ingenui Scriptoris (vel Iudicis) officium nequaquam est, permittere, ut laudis recte quasitæ gloriæ, adulationis potius beneficium, quam virtutis præmium videatur; nec dedecoris nota morsu livoris, quam a vitii pæna profecta; utrumque enim horum vim illam debilitat, quam Natura in bonæ famæ appetitione ad honesti custodiam esse voluit.*[34] ¿Cómo habrá quien sirva si no hay quien corresponda?

---

[33] (*) "Julio II." Paravicino y Arteaga (Hortensio Felix, 1580-1633) was a theologian of Spanish and Italian heritage who rose to fame as an orator in the court of Felipe III, whom he eulogized in *Epitafio o elogios fúnebres a Felipe III* (Madrid 1625). He wrote sermons, numerous works on theology, history, and poetry and was recognized for his baroque oratory.

[34] "But it is by no means the duty of a naive writer—or judge—to allow that the glory of a praise rightly sought be misunderstood as the benefit of flattery rather than the reward of virtue; nor that it be known as coming from the bite of a shameful envy rather than from the punishment of a vice; in fact any one of them weakens that strength which nature wanted to exist in the desire of a good fame for the preservation of an honest person."

¿Cómo quien obre bien, si no hay quien premie y si las buenas acciones se han de tratar como delitos? Esto sería trastornar toda la razón y la buena política del mundo. V. S. ha visto (dirélo de una vez) un rector, por servirle, tribulado, oprimido, y arrastrado; sin más démerito que la inocencia, el celo, la cortesanía, el rendimiento. Pero V. S. ha sabido y sabrá convertir los pesares en honores y hacer de mis congojas mis laureles. [fol. 16] Las cuentas de lo que se ha expendido están tan individualmente exactas en los libramientos como notoriamente calificadas en las obras. El producto del primer grado (*)[35] que V. S. concedió con ocasión de unos públicos juegos de toros, que dejaron de hacerse, se empleó en las exequias, que ya he referido (cuyo costo fue mayor que el ordinario, así por su pompa como por ser más crecido el número de este ilustre claustro) y el resto en los demás trabajos, que quedan expresados, en la Secretaría, en las mesas, en los escaños, en el reloj y en la pintura de las tarjas, de suerte que lo que se había de llevar el efímero divertimiento de tres tardes, quedó perpetuo en tan necesarios, útiles y lustrosos efectos. La cantidad de los tres grados (*)[36] que V. S. señaló para esta grande obra, en ella misma quedará a V. S.

Esto es todo lo que ha entrado y lo que se ha librado por mi orden, sin dejar en mi poder más que la contrastada gloria de haber servido a V. S. y la complacencia de dejar lleno este palacio de Minerva de reparos, de adornos, de memorias, de comodidades y magnificencias, con sólo el gasto de siete mil y quinientos pesos, cuando desde el año de mil seiscientos ochenta y cuatro hasta el de mil setecientos y catorce ha dado V. S. para fines totalmente extraños e inconexos de escuelas ochenta y dos mil pesos por cálculo ajustado. (*)[37]

Esta, Señor, es la razón que puedo dar a V. S. de mi administración de la cual sólo a mí me ha tocado la expresión y dura el celo. Poco es lo que he ejecutado, si se mide con lo que deseo y con lo que se debe a V. S.; y sin embargo espero que a quien V. S. favoreció [fol. 17] antes con sus honras, conceda su aprobación, después de haber servido; y a quien se sirvió de elevar antes del mérito, no desfavorezca después de la experiencia.

---

[35] (*) "2ii ps."

[36] (*) 6ii ps. Another note that carries an asterisk in the margin but no asterisk in the text reads: (*) "La sillería."

[37] (*) "Consta de los libros de claustros de estos años."

Notas marginales

(a) Lib. II. var. Epist. I.
(b) Ibidem.
(c) Ubi supra.
(d) In *Orat. pro Schol. instaurandis.*
(e) El Exc. señor Diego Ladrón de Guevara, obispo de Quito y virrey que fue de estos reinos.
(f) In Nerone.
(g) In Trajano.
(h) Plinius in Panegyr. ad Trajan.
(i) Spartianus in Adriano.
(l) Luculo. Plutar. in eodem.
(m) Idem in Alexandro.
(n) Casiod. lib. I. Var. Epist. 25.
(o) Plin. *Natur. histor.* lib. 36, cap. 15.
(p) Ibidem.
(q) Plin. junior *In Paneg. Trajan.*
(r) Dio in Trajan.
(s) Horat. lib. 3. Carmin. ode 30.
(t) Herodian. *in Antonino,* et Geta; ubi de severi Imperatoris funere.
(u) Herodiano loco supra citato.
(x) In *Histori. Concilii Tridentini* lib. 1, cap. 1, n. 8.

El Júpiter Olímpico

PROLOGUE

IN STUDIES OF PERALTA'S WORKS, *El Júpiter Olímpico* has been the focus of speculative remarks with respect to its date of composition. Peralta composed the work in 1716 to receive archbishop and viceroy Diego Morcillo Rubio de Auñón (1642-1730), archbishop of La Plata, at San Marcos on 15 August for what would be a brief stint as viceroy. In 1716 there were three viceroys whose governments overlapped: Diego Ladrón de Guevara (30 August 1710-1716) to whom the *Oración* of 1716 was written, Diego Morcillo Rubio de Auñón, who governed for 50 days following the departure of Ladrón de Guevara for his bishopric in Quito, and Morcillo's successor, Carmine Nicolás Caraciolo, Príncipe de Santo Bono, who was received in Lima on 5 October 1716 and returned to Spain in 1720. On 26 January 1720 Morcillo reassumed the post of viceroy, which he held until June of 1724. Only Riva Agüero (1910) gave the correct year, 1716, for *El Júpiter Olímpico* whereas Medina (1904) and Sánchez (1967) thought it to be 1720. In 1716 Peralta also wrote a *Panegírico dicho por el autor al príncipe de Santo Bueno, siendo tal rector*, which was an additional tribute to the viceroy; his authorship of said panegyric is cited in the catalog Peralta published of his works in *Lima fundada* (1730). The date of 1720 corresponds to two other works that were written in honor of Morcillo when he undertook a full four-year term as viceroy: *El theatro heroico* and *El templo de la fama vindicada*. It was also the date of two plays, *Icis y Júpiter* and *Afectos vencen finezas*, as well as a panegyric in Italian to Cardinal Alberoni entitled *Stanze panegyriche che consacra all'Eminentissimo Signor il Signor Cardinale Alberoni Arcivescovo de Seviglia et Primiero Ministro della Monarchia di Spagna*. Thus the erroneous attribution of 1720 to *El Júpiter Olímpico* is understandable in light of the shortness of Morcillo's first government and in light of Peralta's rectorship in 1716, as opposed to that of Pedro de la Peña

Civico from 1718 to 1720.

Equally as important in reestablishing the date of 1716 is the relatively trouble-free first term that Morcillo enjoyed contrasted with the vast criticism that he received during his second term as viceroy. For that latter occasion, not only did Peralta orchestrate the *cartel de certamen* entitled *El theatro heroico*, but he also rose to the defense of Morcillo when the viceroy's political rivals openly accused him of malfeasance, nepotism, interfering in sentences rendered by the Holy Tribunal, squandering public funds, having impoverished the country by sending large sums to the Crown to curry favors, and aiding and abetting illegal maritime commerce with French, Dutch, and English sea rovers. Peralta tried to counter the first set of protests against Morcillo by authoring *El templo de la fama vindicado* (1720) in defense of the viceroy's honor and reputation as an emissary of the Crown. When that effort failed to stem the tide of propaganda and clandestine writings against Morcillo, Peralta resorted to yet a more vigorous defense in *Diálogo político: la Verdad y la Justicia*, which he published with his own press in a hurried fashion in 1724, some three months before Morcillo's successor, José Armendáriz, marqués de Castelfuerte, took office.[1]

For *El Júpiter Olímpico* Peralta invoked the majesty and popular appeal of the Olympian games of antiquity, assigning to Peru the same sense of national pride and celebration that had marked the original festivities in honor of Zeus at Olympia. After all, he reasoned, Peru was "la corte de la obediencia y el trono del amor" (*Fúnebre pompa* 28) of the Spanish Crown. The University of San Marcos was the ideal setting for this poetic offering to Morcillo, for it was also the forum in which tributes to the royal family were enacted as well as the stage for receptions and church or religious observances.

> Son las públicas fiestas que se consagran al príncipe una especie de políticos sacrificios de la majestad cuyos templos son plazas y teatros. Son unos festivos manifiestos en que el pueblo autentica la fidelidad con la alegría, y al príncipe se le funda con el elogio la soberanía. Hácese bien quisto el derecho con el gozo y afírmase la fe con el aplauso. (*Imagen política*, fol. 46)

---

[1] For the complete text and an introduction to the controversies surrounding Morcillo's government as reflected in *El templo de la fama vindicado* (1720) and *Diálogo político: La Veradad y la Justicia* (1724), see Williams 1996.

San Marcos fit the prototype of the institution of higher learning in service and servitude to the republic: "Son las academias y las universidades el entendimiento y la voz de las repúblicas; ellas explican en panegíricos lo que en júbilos conciben las ciudades" (*Lima triunfante*). In poetic contests such as *El Júpiter Olímpico*, adulation and gallantry often merged with rhetorical affectation, inspired by a notion of servility to the monarchy. Each theme of the *certamen* was to be developed in accordance with specific rules, in a different meter, to accent the deeds and virtues of heroes and gods whose accomplishments, although laudatory, were in the end inferior to the qualities of Morcillo. The prizes awarded were listed at the end of each theme and were not monetary, which was considered to be in poor taste, but rather consisted of ornamental trophies of a utilitarian nature in the form of a salver, engraved tray, a winged jug, a cup with scalloped edges, an inkpot, or a candelabrum. In *El theatro heroico*, for example, monetary prizes were reserved only for contestants not affiliated with the university and who were non residents of Parnassus. The four or five unnegotiable rules of the contest were routinely affixed to the doors of San Marcos and the contestants were required to submit their poems decorated with painted borders, ribbons, and other finery at their own expense; those least able to afford such decoration were asked to paint a laurel on their submissions. The judges consisted of the university dean and professors, members of the high court and the Cabildo, and distinguished citizens, all of whom were awarded gifts and gratuities for their service. As can be gleaned from other *certámenes* that Peralta authored, notably *El theatro heroico*, *La galería de la omnipotencia* (1729) and *El cielo en el Parnaso* (1736), staging poetic contests was a costly affair for the university and placed a strain on the institution's already limited budget, so much so that viceroy Castelfuerte later proposed curbing the costs (Peralta, *Memorias* 1736, 383-84).

Peralta contrived to establish comparisons with the both site itself of the Olympian Games and the details of the ceremony. For example, holding the poetic games at the venerable institution of San Marcos was reminiscent of Olympia, the plain in Elis where the games took place, which was bounded on the north by the hill of Cronus and by the river Alpheus to the south, and the river Cladeus to the west.[2] The consecrated precinct at the foot of Cronus called

---

[2] Peralta also referred to the Eleans who presided over the Olympian games, established in 776 B.C. Elis, built on the Peneus about 476, eventually replaced Olympia as a political center. In *Lima fundada*, Canto 7, VII Peralta alluded to *El*

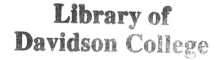

Altis housed at its center the magnificent sacrificial altar of Zeus, in the same way that San Marcos was the center of academic life. The Olympian Games consisted of two parts: offerings to Zeus and other gods and heroes, and the contests themselves; the *certamen* consisted of two parts: a panegyric to the viceroy and the poetic readings. Where the Olympian contests were open to irreproachable freemen of pure Hellenic descent (and later to the Romans), the *certámenes* were open to students in good standing and to aspiring poets. The Olympian competitors took a solemn oath to follow a set of strict rules, as did Lima's poets in the four rules that governed *El Júpiter Olímpico*. Olympian judges, who after the year 348 were 10 in number and were elected by the Eleans themselves, oversaw that the regulations were adhered to and punished transgressors with forfeiture of prizes or by imposing fines. In the same manner that the ancient games opened to the blare of trumpets and heraldry, so too did Peralta call on the Berecynthian flute, the Phyrgian clarinets, and the Apollonian lyre to usher in the poetic competition. Each contestant in the Olympian Games was introduced by name and presented a palm branch by the Hellanodicæ, as were Lima's poets by its distinguished judges, and the winners were graced with a wreath of leaves of the sacred olive from the legendary tree planted by Heracles, a tradition which Lima followed as well. Where the Olympian victors could on occasion find themselves cited in the works of orators, poets, and artists, Lima's winners could rely on being invited into the numerous literary academies or even having their prize-winning work published.

Peralta evoked the image of Jupiter in his glory—a symbol of rectitude, discipline, and a miracle of art—seated on his throne, not as a mere king but rather as a wise and gentle prince who carried an olive branch instead of a scepter. He represented Jupiter as surrounded by the nobility of Apollo, Minerva, and Vesta, and the virtue typified by the three Graces and the Horæ. It was Jupiter's love that disentangled the universe from chaos. The triumph of the Olympian Games was not the victory itself but rather the veneration the games and the players showed for the gods; thus the triumph was overshadowed on every level by the tribute to the deities. To this end poetic contests were conceived of as feats and the competition itself amongst geniuses was the focus of concerted applause. The viceroy was equal to the Graces in his beneficence to the extent that he had made a place for himself in the hearts of the citizens

---

Júpiter Olímpico: "En la Elide fue famosa la ciudad de Olimpia, junto a la cual se celebraban los juegos olímpicos, en honor de su Júpiter."

of Peru with the same constancy of affection that the deities, within their temples or at their altars, would expect of their devoted followers or believers. Morcillo was compared to Jove in that his "trinity"was revealed in his coat of arms. By invoking Horace's famous "*Sparge rosas*," Peralta concluded by calling on the poetic geniuses to engage in spirited combat in the discordant yet pleasant war that their verses had provoked and to let the harmonious music begin. Each poetic theme was presided over and inspired by the presence of the deities Apollo, Minerva, Mercury, and Vesta, the Horæ, and the three Graces. Finally, in comparison to the greatness of Jupiter, the viceroy emerged as a symbol of peace, nobility, benevolence, justice, liberality, and prudence. He is a faithful representative of religion, is obedient to the monarch he serves, is a skillful governor who remits to Spain monies to help finance its enterprises, and has a gift for eloquent speech.

Peralta put into full effect his use of classical sources in *El Júpiter Olímpico*, namely in exploring the figure of Claudian [Claudius Claudianus, c. 365-404 A.D.?] and his panegyrics to Honorius and Stilicho, and in verses borrowed from Horace. In quoting from Claudian's praise of Roman emperors, Peralta sought to achieve a favorable comparison with the governance of Morcillo. This was the case when he drew from Claudian's commentary on the leadership of Flavius Stilicho, a Roman general (although a Vandal by nation) from A.D. 395 until 408 who served as the minister and protector of Honorius in the West. Claudian followed Stilicho, who, along with his wife Serena, became the young poet's patrons. In exchange for Claudian's exaggerated verses in honor of the two, Claudian was rewarded with having a bronze statue of himself erected in the forum. It was Stilicho who brought down and caused the death of Rufinus, chief advisor to Arcadius, who took the Eastern throne in 395. Stilicho's military conquests became legend: his invasion of Greece in 395 and 397 to vanquish the Visigoths, near Pollentia, under king Alaric in defense of the Eastern Empire, and the annihilation at Fiesole in 405 of the Ostrogoths and other barbarians who had invaded Italy. The emperor Honorius had Stilicho beheaded in 408 under suspicion of treason, and Claudian's official status as poet and wealth also suffered. Claudian sang the praises of Stilicho in an eulogium in three parts, and in another dedicated to Serena. Yet he is best remembered for his three panegyrics on consulships held by Honorius in 396, 398, and 404, as well as those of Probinus and Olybrius in 395, and another in homage to Mallius Theodorus in 399. Claudian also wrote epigrams, idyls, satires, several famous epics (*De bello Getico, sive Pollentiaco* and *De Bello*

Gildonico), and notably two mythological poems, the *Rape of Proserpine* and *Gigantomachia*. When Honorius married Maria, the daughter of Stilicho and Serena, Claudian celebrated the occasion by writing four *Fescennini* and an epithalamium. Peralta, in the catalog of his works in the prologue to *Lima fundada*, referred to a translation to Tuscan that he achieved of Claudian's *Gigantomachia*. For the empire, Claudian was also a successful propagandist against the enemies of Stilicho, namely Rufinus (*Against Rufinus*) and Eutropius. He followed closely the examples of the classical tradition and has on occasion been compared to both Virgil and Statius because of his descriptive talents. What Peralta admired most in Claudian was his elevated style, colorful descriptions, extraordinary imagery, and the historical value of his work. For Peralta, Stilicho stood as a friend of the empire, a steadfast and loyal subject who, like Morcillo, was a symbol of power, strength, and love. As Peralta wrote en *El theatro heroico*:

> El reino es merced que se hace a los gobernadores; en ésta en que Su Majestad honra tanto a esta ilustre ciudad, es Su Excelencia la misma merced; es el mayor premio de su fidelidad, y el mayor beneficio de su estado. A otros suelen desear los pueblos por lo que se prometen; a S. E. por lo que se espera y se ha gozado; por una esperanza, asegurada ya de la experiencia. (13)

In the same way that the empire profited from Stilicho's devotion to duty, so too did Peru by Morcillo's example.

Peralta's appeal to his contemporaries and to selected critics during the past century relied on his artistic fancy and the multiplicity of descriptive images he utilized. Lima's academy poets proudly imitated the *culteranismo* or euphuism of Góngora in formulaic, bombastic compositions characterized by enigmatic metaphors, conceits, and puns. Exploiting those rhetorical formulæ was a task to which prominent literary academies dedicated themselves, particularly those of which Peralta was a member. Peralta went so far as to poke fun at Lima's poets who directed their efforts at obtaining entry into the "Acadelunática establecida para repentinos, gorgorinos, y cascantinos poemas."[3]

---

[3] Peralta was quoted (188) in the proceedings of Viceroy Castelldosríos' literary academy, which Ricardo Palma published and edited in 1899 under the title *Flor de academias*.

That decadent and laudatory baroque prose, replete with Gallicisms and classical citations, and flavored with the satiric acumen of Quevedo and the dark sententiousness of Calderón de la Barca, provided models for established and aspiring poets to imitate. There are three occasions where Peralta cited lines from works by Góngora. The first instance occurred when he spoke of Morcillo being as ardent a disciple of eloquence as was Luis de Vargas Manrique, a nobleman celebrated for his talents as a soldier and poet and whom Góngora's enshrined in the sonnet "A don Luis de Vargas." The second was a comparison of Morcillo's degree of religious vigilance to that exhibited by Diego de Monardes, bishop of Córdoba, in the sonnet "A don fray Diego de Monardes, obispo de Córdoba, dedicándole el maestro Risco un libro de música." The third occasion involved the viceroy's sense of justice which was firm yet severe and inflexible but gentle, qualities which Peralta compared to those of Juan de Acuña, president of Castille, in the sonnet "Para un retrato de don Juan de Acuña, presidente de Castilla, hijo del conde de Buendía." In another instance, Peralta made reference to Morcillo as being worthy of verses similar in meter to Góngora's *silva* "El la creación del cardenal don Enrique de Guzmán." Peralta found inspiration in Góngora's respected compositions, from which he borrowed generously to paint a portrait of Morcillo as worthy of love, respect, and admiration because he was as faithful to the laws that governed the citizens of Lima as he was pious.

Although *El Júpiter Olímpico* figured fifth in the catalog of works that Peralta listed in the preface to *Lima fundada*, it is a text that has been rarely cited by critics because of its inaccessibility. The only extant copy as of this study is housed in the Salón de Investigaciones of the Biblioteca Nacional del Perú. Its 26 folios are bound together with *El theatro heroico* and both were published anonymously, which may also account for the erroneous date of 1720 having been attributed to it. *Lima fundada*'s catalog distinguishes between the works written for Morcillo's first and second terms. *El theatro heroico* was subtitled "otro para el mismo en su segundo gobierno" while the subtitle of *El Júpiter Olímpico* read "certamen para el recibimiento del Virrey Arzobispo de la Plata." Given the obscurity of *El Júpiter Olímpico* and its prominence in the *certámenes* that Peralta composed throughout his career, particularly when understood against the backdrop of political, maritime, and social unrest that plagued both of Morcillo's terms, it furthers our appreciation of Peralta's currency as a spokesperson for the viceregal government and his reputation as an esteemed writer whose loyalty was rooted in a fundamental belief of his country and an obedience to the Spanish monarchy.

CARTEL DEL CERTAMEN.

EL JUPITER
OLYMPICO.

PARA LA FESTIVA CELEBRACION POETICA,

QVE

CONSAGRA REUERENTE

LA REAL VNIVERSIDAD DE SAN MARCOS
de Lima, Emporio del Perù,

AL EXC.mo SEÑOR

D. FRAY DIEGO MORZILLO, RVBIO, DE
Auñon, del Confejo de fu Mageftad, Arçobifpo de
la Ciudad de la Plata, Virrey, Governador, y Capitan General de eftos Reynos de el Perù,
Tierra firme, y Chile.

EN OCASION

De fu faufto feliz Recibimiento, en fus Efcuelas.

Cartel del certamen. El Júpiter Olímpico

Para la festiva celebración poética que consagra reverente la Real Universidad de San Marcos de Lima, emporio del Perú, al Excmo. Señor D. Fray Diego Morcillo Rubio de Auñón, del Consejo de su Majestad, Arzobispo de la ciudad de la Plata, virrey, gobernador, y capitán general de estos reinos del Perú, Tierra Firme, y Chile. En ocasión de su festivo recibimiento de sus escuelas.

[fol. 2] El Júpiter Olímpico

    Entre todas las ilustres cuidades de la Grecia, que fecundas de tantos héroes como habitadores, hacían de ella una escuela y un castillo del mundo, fue una de las primeras aquella insigne patria de maravillas, Olimpia, teatro de la virtud en que era heroico el poseerla y heroico el celebrarla. La Atenas de los dioses y de los certámenes, en cuyas competidas solemnidades era tan grande casi la adoración como la imagen. Eran sus númenes los más venerados, sus juegos los más célebres y los más seguros sus anales, a quien dejó famosos sólo con el nombre de olímpicos. Pero entre estas grandezas fue siempre la mayor la de aquel Júpiter, que nacido del cerebro de Fidias,[1] con más verdad que de este dios Minerva, fue copia sin original; y reducida al bulto toda la deidad fue el Júpiter de todos los milagros y la diosa de todas las estatuas. En un cielo de mármol, como lo era su templo, gozaba la gloria de la admiración, debida a una divinidad del arte. Pero no era toda engaño la imagen porque de más de la realidad del cincel, que se adoraba, tenía la de la virtud a que moría. Mas que como artificio debía celebrarse como símbolo, y la étnica ceguedad que prodiga

---

[1] Phidias or Pheidias (c.500-c.432BC), renowned sculptor of ancient Greece, was celebrated for the *Athena Parthenos* at Athens and the *Zeus* in the temple of Olympia. The *Zeus* figured among the Seven Wonders of the World in ancient classifications. He is credited with overseeing the Parthenon sculptures and works on the Acropolis, for Pericles.

de sus cultos reverenciaba una sombra en cuenta de luz, tenía mucho que venerar en aquella grande obra, como atributo, y mucho que imitar, como precepto. Se aplaudía en el resto de las otras maravillas [fol. 3] del orbe, en unos ya un sol sin luz en un coloso, un llanto de una reina en un mausoleo, y un templo para una luna sin influjo en Efeso;[2] en otros, unos sepulcros sin desengaño en las pirámides, una delicia pensil en Babilonia y una torre para una antorcha en Alexandria. Pero en el templo de Júpiter Olímpico todo era asombro y todo religión; todo virtud y todo disciplina, de suerte que considerada la verdad de la idea, el milagro menor era del arte. Sentado sobre un trono de marfil y oro, ni ostentaba corona ni trisulco sino que ceñido de una oliva y con regio cetro representaba no ya una majestad sino un príncipe sagrado, sabio y pacífico. En la basa del ara, se veían las deidades de Apolo, de Minerva, de Mercurio y Vesta, que expresaban las altas dotes de nobleza, de sabiduría, de elocuencia y celo. En la parte superior tenía a sus lados las Horas y las Gracias, generosa progiene suya, que significando aquéllas las virtudes necesarias para el gobierno de los pueblos, y éstas las prendas propias para el beneficio de los hombres, mostraban que de quien nacieron y a quien adoraban, era un modelo verdadero de un gran gobernador y un gran prelado. Eran las Horas tres y tres las Gracias porque todo debe ser igual, equilabrada la benignidad con la justicia. Y los antiguos, que discurrieron a aquel dios esta alegórica generación, también les impusieron los nombres; a las primeras de *Eunomia*, de *Dicéa*, y de *Irene*, que significaban los de *prudencia*, *justicia* y *paz*; y a las segundas de *Aglaia*, de *Eufrosina* y *Talia*, en quienes se simbolizan, fuera de otros agrados, aquellas cualidades que requieren las tres acciones de dar, de recibir y de corresponder.[3] [fol. 4] En aquel tiempo o le juzgaron alma y árbitro del mundo, o por una especie de transmigración celeste a quien tuvieron por un príncipe justo de ese nombre, le pasaron a aquel planeta de cuya luz han reconocido

---

[2] Ephesus was an ancient Ionian city that possessed a temple consecrated to Artemis (called by the Romans the temple of Diana), which was considered one of the Seven Wonders of the World.

[3] The Horæ, daughters of Zeus and Themis, were goddesses who controlled the recurrence of the seasons. Irene, Dice [Dike], and Eumonia represented respectively peace, justice, and order. Daughters of Zeus and Eurynome, the three Graces—Aglaia, Talia, and Euphrosyne—represented respectively beauty, grace, and charm. They were also known as the Charites (in Rome as the Gratiae) and associated with Aphrodite and gods affiliated with the arts, such as the Muses.

como influjos, aquellas religiosas inclinaciones que había dejado, como ejemplos. Y así parecía que, colocado sobre aquel trono olímpico (no menos eficaz en el bulto que en el astro), cobraba la piedad que influía, y volvía en impulsos lo que se le rendía en holocaustos. Allí creían que ostentaba aquella bondad o clemencia, que apiadada de la naturaleza la sacó del caos y en la oficina de la luz fundió los siglos, por cuya razón fingieron que habitaba la esfera de este Dios porque era el mismo: (a)

> *Principio magni custos Clementia mundi*
> *Quæ Iovis incoluit Zonam...*
> *Nam prima Chaos Clementia solvit,*
> *Congeriem miserata rudem...*[4]

Aquí no satisfechos aquellos gloriosos moradores de la Elide con la adoración, pasaron a la cuadriennal celebridad de unos juegos que en el estío solemnizaban a las orillas del Alfeo.[5] Acostumbraban los hombres hacer culto de regocijo; y éste le constituyen en el triunfo, o porque no están contentos, sino exceden, o por hacer más noble el obsequio a la deidad, haciendo víctima de la misma victoria. Para esto instituyeron varios géneros de certámenes pero entre todos, los que se ejecutaban más dignos del Numen eran los que en armoniosos números poéticos se concebían como himnos, y se producían como hazañas. Aquí se oía la alternada suavidad de los scholios y la canora aclamación de los peanes; donde [fol. 5] con una dulzura enemiga se unían discordes, siendo la misma competencia de los genios la mayor concordia del aplauso. Veis aquí, generosos ingenios de esta peruana Olimpia, una estrechada idea del auto intento a que os llama la limana Minerva de esta Real Escuela. Tenéis el Numen y los juegos; el templo y el estudio. Es cierto que las débiles ficciones de aquel simulacro no igualan a las heroicas verdades de virtud y grandeza que se ven en nuestro Excmo. sagrado príncipe. ¿Pero adónde ha de ir el elogio que no halla paralelos sino recurre a aquellos símbolos que fueron perfección sin dueño y ejemplos sin suceso? Aquel jovial temperamento suyo, aquella religiosa

---

[4] "In the beginning Love was the guardian of this vast universe, she who dwelt in the sphere of Jove,... For Love, pitying the elemental confusion, first disentangled Chaos..." (Platnauer 1963, 2:3).

[5] The longest river in the Peloponnesus, it flows past Olympia and enters the Ionian Sea.

observación, aquellas virtudes de su talento para el gobierno, tan iguales a las Gracias de su sublime agrado para el beneficio; aquellas cualidades con que se admira grande en el nacimiento como si se le hubiese formado, y grande en la sabiduría como si hubiese nacido con ella; esclarecido por un celo que le arrebata, y por una elocuencia que nos roba, son todas circunstancias felices en que, para esculpirlas en deidades, en Horas y en Gracias, no hace falta Fidias, no para verlas hemos menester aquel milagro. Júpiter es sagrado: todo lo que de divino significa aquel numen, en su pecho tiene sus aras y su incendio: (b)

> *Pro templis et thure calentibus aris*
> *Te fruitur, posuit que suas hoc pectore sedes.*[6]

La astrología celebra a aquel Dios como astro, por fortuna mayor para el influjo de los hombres, y el Perú venera a nuestro príncipe por la mayor felicidad para el gobierno de estos reinos. Aquellas tres estatuas de su escudo, un Júpiter [fol. 6] cada una, en que parece que se anunciaban sus tres mitras, o que se han transformado nuestras tres coronas. Aquella águila que vuela en su blasón, ministro es de aquel numen que se ha venido allí para divisa de su genio. No sólo en las estrellas, hasta en las flores parece que significa esta fabulosa deidad su religioso ánimo, pues entre las coronarias, o que servían para las coronas de los antiguos, era célebre la flor de Júpiter, llamada también después de la Trinidad: *Flos Iovis, aliis Flos Trinitatis.*[7] (c)

Para aplaudir a este príncipe excelso, a este sagrado Jove, original de aquél y copia del Júpiter de España, os convoca nuestra veneración a las orillas del elocuente Rimac, como allá concurrían a las del enamorado Alfeo. Noblemente os excita para que celebréis nuestra felicidad y vuestra gloria porque toda la fortuna es de este reino, que le goza, como todo el cuidado es de su mérito, a quien se fía. Divinos hacía la palma del triunfo a los que en el estudio eleo le obtenían.[8]

---

[6] "She dwelleth not in temples nor by altars warm with incense but in thy heart wherein she has made her home" (Platnauer 1963, 2:3).

[7] "The flower of Jove, to others the flower of the Trinity."

[8] A double reference that refers firstly to Elea [Velia], celebrated as the birthplace of the philosophers Parmenides and Zeno, known for the Eleactic school of philosophy. Elis, located near the Alpheus river was a region in ancient Greece, on the western coast of Peloponnesus; its main city was Olympia, where games were celebrated.

Sive quos Elea domum reducit (d)
Palma Cœlesteis.[9]

Excédeles la heroicidad como el objeto excede al simulacro, pues veía ya que

Por este culto bien nacido prado,
Que torres le coronan eminentes,
Su monte deja Apolo de dos frentes (*)[10]
Con una, y otra musa soberana.

Comenzad pues la generosa dulce guerra, pues la cual parece que ha salido del Parnaso una discordia hermosa, que con la hacha del influjo enciende los genios al combate. A cuyo fin moveréis las métricas armas por las líneas de aquellos asuntos, que allá [fol. 7] formó en estatuas Fidias para animarlos acá en elogios el efecto porque en el campo, sin salir del templo, se dirija el aplauso por la adoración. En tan festiva aclamación es modo de la misma razón, que salga de sí el júbilo. Suene la firigia[11] música de los clarines, y el apolineo canto de la lira: que aborezco ahora la diestra que perdona al plectro, y que no esparce rosas:

Insanire iuvat. Cur Bercinthiæ
Cessant flamina tibiæ?
Cur pendet tacita fistula cum lyra?
Parcentes ego dexteras
Odi. Sparge rosas.[12] (e)

Para que así admita su Exc. el aplauso que resiste su modestia, como gozo,

---

[9] "Or when he sings of those whom the Elean palm leads home exalted to the skies" (Bennett 1964, 287).

[10] The marginal note marked by an asterisk reads "Góngora. Canción heroic. c. 6." This *silva* is entitled "Para un libro de Torres de Prado."

[11] Phyrgia was an ancient region in Central Asia Minor, known to the Greeks as a source of slaves.

[12] "To revel madly is my delight. Why pause the measures of the Berecynthian flute? Why idly hangs the pipe beside the silent lyre? Hands that hold back, I hate. Fling round the roses!" (Bennett 1964, 241-242).

que no puede excusarse su grandeza a cuyo fin se dirige esta Real Academia el
canto, contenida en su lira la armonía de todos porque pueda decir a su Exc. lo
que Sidonio (f) a otro ilustre pastor:[13]

> ... *Te magne Sacerdos*
> *Barbytus hic noster plectro licet impare cantat.*[14]

ASUNTO I.
APOLO.
    Adoraban la basa de la imagen de Júpiter las cuatro fabulosas deidades
(como guardas inseparables suyas, más hermosas que las que difícilmente
visibles acompañan el astro de su nombre) entre quienes brillaba la primera de
aquel numen, que siéndolo de la luz, es el árbitro de la nobleza porque o se
equivoca el esplendor en ambas, o el natural del planeta es decorosa influencia
del político. En la vida es el primer paso el nacimiento, y así es el primer asunto
en la alabanza. Es la primera [fol. 8] obligación de la naturaleza; más fuerte
cuanto menos ése estipula: presente, que hace la Fortuna para que le
corresponda la virtud. Por esto es una deuda que engrandece al que con ella
nace, cuando la satisface, continuándola. El tiempo, a quien todos culpan del
delito de acabar las cosas no es el reo, es el testigo de la ruina. Pero la sangre es
el mejor que tiene la nobleza. Aunque sea quien todo lo consume, es el que
exalta aquélla que perdona, y así mantiene más la que envejece. Su origen
igualmente es glorioso, o por muy ignorado o muy notorio. La de nuestro
sagrado excelso héroe, si la comenzase, fuera mayor que muchas de las grandes,
pero heredada, es igual a las mayores, como que late en sus venas por la ilustre
Casa de Morcillo o Morcello (como se llamó antiguamente) es la esclarecida
sangre de los condes de Luna, por el apellido de Quiñones, con quien se
entroncó en la señora doña Inés Morcillo de Quiñones, y la excelsa de los
condes de Benavente, a que la de Luna está agregada. Por la de Rubio, la real
de los reyes de León, la cual derivó a esta grande estirpe la señora infanta de
aquel reino, doña Cecilia, que casó con el duque de Nurueña, de cuyo augusto

---

[13] The Latin writer Apollinaris Sidonius (Caius Sollius Apollinaris Sidonius, fl. 455-
75), known for his panegyric poetry and historical letters, dabbled in imperial politics
and was bishop of Clermont. He was canonized as St. Sidonius.
[14] "Thee, great priest, this lyre of mine doth hymn, albeit with a quill unequal to the
task" ("Thanksgiving to Bishop Faustus," Anderson 1963, 1:249).

himeneo fue glorioso el efecto el señor conde don Rubio de Nurueña, primo del señor rey don Alfonso de León, que habiendo casado con la señora doña Constanza Calderón, dio en sus hijos a España troncos para grandes prosapias que la ilustran; y en que la dignidad de ricos hombres se acompañó siempre de la generosidad de heroes, que no tuvieron ociosa en sus venas la sangre, ni en sus empleos el talento. De tan alta estirpe procede S. Exc. [fol. 9]

> ...*Cui prisca propago*
> *Augustis venit a proavis, quem*
> *dicere digno non datur eloquio.*[15] (g)

Brillan entre los más generosos ascendientes de su Exc. los de la antigua Casa de Auñón, a que dio heroico lustre el señor don Alvaro de Auñón; siendo el primero que asaltó el castillo de Bilches, cuyas puertas abrió con esforzado arrojo: hazañas que continuó en el sitio de Loja, y en la toma de Tajara, en tiempo del señor rey don Alfonso el Noveno.[16] Iguala a este esplendor el de la línea materna de S. Exc. con las ilustres Casas de Manzano, Romero, y González, entroneadas con las de los marqueses de Villagarcía y con la real, que se exaltó en el famoso conde Fernán González: siendo no poca gloria a S. Exc. la de numerar entre los de su excelsa sangre al señor don Francisco Ramos de Manzano, honor de las escuelas y consejos, a quien en la educación de un rey se le entregó toda una monarquía. Pero siendo tan grande el regio decoro de la nobleza de S. Exc. por sus ascendientes, aun es mayor por sí mismo, pues cuando nada hubiese hecho heroico su familia, bastaríale el haber producido a S. Exc. como se dijo de Stilicón:

> *Si nihil egisset clarum...*
> *Sufficeret natus Stilico...* (h)[17]

---

[15] "[A citizen from such a city]... whose ancient lineage springs from imperial ancestors, a man whom no eloquence could worthily celebrate..." ("Panegyric in Honour of Emperor Anthemius, Consul for the Second Time," Anderson 1963, 1:253).

[16] Alfonso IX was king of León (1171-1239), cousin and son-in-law to Alfonso VIII—famous for his victory at Navas de Tolosa in 1212—and son of Fernando II and father of Fernando III, unifier of Castille and León. He conquered Mérida from the Arabs.

[17] "Had he done nothing of note, had he in loyalty to Valens never led to battle those yellow-haired companies, yet to be the father of Stilicho would have spread abroad his fame" (Platnauer 1963, 1:367).

A este generoso esplendor heredado y al que S. Exc. ha retribuido a su ínclita prosapia han de aplaudir las musas del Parnaso limano en una canción de metro semejante a la de don Luis de Góngora, que comienza, *Generoso mancebo*.[18] Propónense en vez de inútiles coronas a las que obtuvieren la poética victoria,

> Al 1. Una palangana grande.
> Al 2. Una salvilla y bernegal.
> Al 3. Un azafate de realce.

ASUNTO II.
MINERVA.

La segunda deidad del ara olímpica era aquélla de cuyo nombre tomó el suyo la ciudad de la sabiduría y de las artes, Atena, haciendo título de su admiración y haciendo adoración de su ejercicio. Esta Real Academia, que le mejora el nombre, hubiera hecho lo mismo con el del sacro príncipe, que hoy venera patrón, si cuando se fundó pudiera haber prevenido la dicha que hoy posee porque su sublime genio, al adquirir las naturales y divinas ciencias, parecía que, escondidas en su comprehensión, se hacían hallazgo de su estudio. Por eso obtuvo en el ilustre

---

[18] Góngora wrote this *silva*, "En la creación del cardenal don Enrique de Guzmán,"in 1626, at the height of his illness.

> Generoso mancebo,
> purpúreo en la edad más que en el vestido,
> en roscier menos luciente Febo
> a invidiarte ha salido.
> Tu en tanto esclarecido
>   del rubí en hilos reducido a tela,
>   dignamente serás hoy agregado
>   al Colegio sagrado,
> fecundo seminario de claveros.
> ¡Oh cuánta beberás en tanta escuela
> religión pura, dogmas verdaderos,
> gobierno prudencial, profundo estado,
>   política divina!
>   ¡Consistorio del Santo
>   Espíritu asistido!...

sagrado orden en que alistó su religiosa vida las primeras cátedras y el superior laurel de magisterio; y en el Tribunal Supremo de la fe, aquel sublime cargo de calificador en que, como la Minerva de Amulio (estatua que miraba a todas partes) atendía vigilante a un tiempo a todas las que pertenecían a la pureza de la religión.[19] Este universal concento de artes y de ciencias cuyo coro, fuera de otras, han compuesto una aguda dialéctica y una sólida filosofía; una sabia moral, y una recta política y, en fin, una teología tan sublime en lo escolástico como en lo expositivo penetrante, ha formado en su elevado genio un alto talento para el lustre del templo y del dosel; para el gobierno eclesiástico y civil, uniendo los dos imperios del báculo y bastón, como los vástagos de la flor Filadelfia que, llegándose dos, se penetran de suerte que sólo forman uno.[20] A esta sabiduría ilustrada en los primeros literarios laureles y ejercitada en los cargos presentes, han de componer [fol. 11] los ingenios un romance endecasílabo con doce coplas.

PREMIOS

Al 1. Una salvilla y bernegal dorado.
Al 2. Un azafate de relieve.
Al 3. Un tintero y salvadera.

ASUNTO III.
MERCURIO.

El tercer numen que acompañaba al Dios Olímpico era aquel elocuente nieto de Atlante,[21] que con voz domó los hombres cuando eran fieras sólo con derecho a la razón; quizá por esto no les quitó; les mejoró el aire de la zaña, haciéndoles decorosa palestra del discurso.

---

[19] Amulius, legendary king of Alba Longa, who dethroned his brother Numitor and was killed by his twin nephews Romulus and Remus. Amulius forced Numitor's daughter, Rhea Silvia, to become a vestal virgin so that she would be unable to bear children but, by the god Mars, she bore the twins.

[20] Philadelphia is the name for several ancient cities founded by Attalus II Philadelphus of Pergamum.

[21] Atlante was a Greek mythological god associated with cosmology and philosophy. According to Homer, Atlante—or Atlas—was often depicted in Jupiter's temple in Olympia sustaining the tall columns that separated heaven and earth, hence his association with Hercules. His fate was described differently by Herodotus, Hesiod, and Ovid.

Mercuri, facunde nepos Atlantis,
Qui feros cultus hominum recentum
Voce formasti catus, et decoræ
More palestræ.[22] (i)

Tan poderosa es la elocuencia; y los antiguos, que comenzaron a sentirla, no juzgaron poderla expresar si no con los efectos de la violencia o del encanto; como eran los de mover peñascos y suspender ríos (atribuidos a la música de los Anfiones y de los Orfeos, en cuyo canto significaban su poder). Esta fue la más suave de las conquistas y la primera de las dominaciones. Arte, que se pierde si le reconocen porque ha de ser una naturaleza dirigida. La de nuestro excelso príncipe es sublime; suave y poderosa como la materia de los primeros cielos; fluida, y que mueve los mayores astros: hija de la primera que admiró España en el famoso guerra, de quien es más gloria a S. Exc. haber sido discípulo que a Cicerón el haber sido maestro de la elocuencia, que han celebrado cerca de veinte siglos. Por eso fue S. Exc. elegido entre grandes varones para el panegírico [fol. 12] de sus honras; pues sólo debía eternizarle el nombre quien también le continuaba el mérito. Así ha sucedido S. Exc. a aquel sagrado Apolo castellano por cuya razón pudiera cantarle nuestro Góngora lo que a otro grande genio:

Sucede en todo al castellano Febo,
Que ahora es gloria mucha, y tierra poca,
En regla, en profesión, en instrumentos. (k)[23]

---

[22] "Oh, Mercury, grandson eloquent of Atlas, thou that with wise insight didst mould the savage ways of men just made, by giving speech and setting up the grace-bestowing wrestlng-ground" (Bennett 1964, 31).

[23] "A don Luis de Vargas," written in 1588. Luis de Vargas Manrique was the son of Don Tomás Tamayo de Vargas, royal chronicler, who published a book of annotations on the poetry of Garcilaso.

Tú (cuyo ilustre, entre una y otra almena
de la Imperial Ciudad, patrio edificio,
al Tajo mira en su húmido ejercicio
pintar los campos y dorar la arena),
descuelga de aquel lauro enhorabuena
aquellas dos (ya mudas en su oficio),
reliquias dulces del gentil Salicio,

Por eso fue exaltado al elevado honor de sagrado regio orador en cuyo ejercicio parecía que se partía la majestad entre lo que se decía y el oyente; y que el acierto de dirigir a su monarca era ya anuncio del de regirle un mundo. Después aun en las ocupaciones de las mitras, que ha poseído, ha sido ésta una de las primeras en que se ha esmerado su fervor, oyéndole el docto silvo la cometida grey, tan aprovechada de la eficacia como atraída de la suavidad, del modo que de otro sacro pastor cantó Sidonio:

> *Seu te conspicuis gradibus venerabilis ara*
> *Concionaturum pleba sedula circumsisit,*
> *Expositæ legis bibat auribus ut medicinam.*[24]

A este asunto discurran los poetas sobre el problema, de si en su elocuencia sagrada, es mayor la solidez de la verdad para el bien que la hermosura de la discreción para el agrado, en cuatro décimas que glosen la siguiente

REDONDILLA
Un encanto, que endulzura
El alma inunda, es de quien
Se duda, si es más el bien,
O si es mayor la hermosura.

---

heroica lira, pastoral avena.
Llégalas, oh clarísimo mancebo,
al docto pecho, a la suave boca,
poniendo ley al mar, freno a los vientos.
sucede en todo al castellano Febo
(que ahora es gloria mucha y tierra poca),
en patria, en profesión, en instrumentos.

This is but one of several sonnets in which Góngora refers to Luis de Vargas, a young gentleman from Toledo, who was distinguished by his nobility and his talents as a soldier and poet. The poem alludes to famous belvederes and houses that he inherited and which, in April 1587, Felipe II visited.

[24] "Or whether thou art about to preach from the conspicuous steps of the holy altar, and the eager crowd take their stand around thee that their ears may drink in the healing medicine of the Law's exposition. ("Thanksgiving to Bishop Faustus," Anderson 1963, 1:253).

[fol. 13] PREMIOS
Al 1. Una fuente de relieve.
Al 2. Una salvilla y bernegal.
Al 3. Una azafate grabado.

ASUNTO IV.
VESTA.

La cuarta deidad que era numen y adorno del altar olímpico era aquélla a quien entendieron los antiguos por el fuego celeste y por una pura casta llama que nos produce otra prole, que de luz (m):

> Nee tu aliud Vestam, quam puram intellige flammam;
> Nataque de flamma corpora nulla vides.[25]

Era éste aquel perpetuo asbesto que Atenas guardó en su Pritaneo, y encargó Roma a sus vestales.[26] Por eso fue el culto más exacto su custodia. Era a un mismo tiempo símbolo del obsequio y la deidad. Significaba la pureza reverente, y la adoraba; al celo, como sacrificio y como imagen. Hasta en la verdadera religión, la ley y el evangelio le han tenido por el más observado rito del altar. Este es el fuego que Dios mandaba que ardiese a su vista y ésta la antorcha que significaba su divinidad. ¿Quién duda que ha sido siempre figura de aquel inextinguible con que los prelados asisten al cuidado de su grey? ¿Y quién duda que aquel con que S. Exc. ha velado siempre por la salud de las que el cielo le ha extinguido en las tres iglesias que ha regido, ha sido semejante al de aquellas siete resplandeciente misteriosas lámparas que ardían ante el trono del cordero? Así ha manejado en todas S. Exc. el pastoral callado con vigilancia digna, [fol. 14] de que la envidien noblemente las

---

[25] "Conceive of Vesta as naught but the living flame, and you see that no bodies are born of flame" (Frazer 1931, bk. 6:341)

[26] The art of weaving asbestos was carried to new heights by the Greeks and Romans. It was woven for incombustibility and, due to its costliness, was employed in the limited manufacture of practical items such as caps, napkins, and nets, as well as cloth in which to preserve the remains of the dead burned in a funeral pile. Prytaneum was the name given to the public edifice in which the first magistrate of the Greek cities lived and which held the national dining halls that were maintained at the expense of the treasury. In Athens, its splendour rose with the government and dictatorship of Pericles.

primeras del orbe cristiano, como cantó a otro grande sagrado príncipe aquel cisne de Córdoba: (n)

>   Tú, pues, que el pastoral callado sabes,
>   Con mano administra al cielo grata,
>   De vestir digno, manto de escarlata,
>   Y de heredar a Pedro las dos llaves.[27]

A este infatigable celo, ejercitado siempre a gusto de la discreción que como un sol de ambas Américas, las ha ilustrado desde el Norte hasta el Sur, haciendo una nueva Tórrida Zona de espiritual luz, pues todo lo que el natural corre en la suya se lo ha alumbrado de uno a otro trópico, han de cantar las musas, pidiendo al género épico su heroico metro en seis octavas.

>   PREMIOS.
>   Al 1. Salvilla y bernegal de realce.
>   Al 2. Una pileta grande de realce.
>   Al 3. Una aguamanil.

---

[27] "A don fray Diego de Mardones, obispo de Córdoba, dedicándole el maestro Risco un libro de música," written in 1615.

>   Un culto Risco en venas hoy suaves
>   concetuosamente se desata,
>   cuyo néctar, no ya líquida plata,
>   hace canoras aun las piedras graves.
>   Tú, pues, que el pastoral callado sabes
>   con mano administrar al cielo grata,
>   de vestir, digno, manto de escarlata,
>   y de heredar a Pedro en las dos llaves,
>   este, si numeroso dulce escucha
>   torrente, que besar desea la playa
>   de tus ondas, oh mar, siempre serenas.
>   Si armonioso leño silva mucha
>   atraer pudo vocal. Risco atraya
>   un Mar, dones hoy todo a sus arenas.

ASUNTO V.
EUNOMIA.

En la parte superior del trono eleo se admiraban a uno de los lados del olímpico Jove las tres Horas, como que el fincel de Fidias no sólo labraba los dioses sino esculpía el tiempo. Fingieron los antiguos que eran hijas de Júpiter y Theneis, como engendradas del poder en la equidad, en que significaban que la Prudencia, la Justicia y la Paz eran las Horas por donde se medía la duración de un buen gobierno.[28] Entre los cuales obtenía el primer lugar Eunomia, en que se entendía la primera porque es la que debe dirigir a las demás. Las otras gobiernan al hombre en la acción [fol. 15] que les toca pero ésta gobierna a las mismas virtudes, y manda en el territorio de cada una. Es el origen de las leyes y la conservación de los gobiernos: la que hizo legisladores, a los Solones y Licurgos, y sabios a los Ulíses y Catones.[29] Es la virtud de los gobernadores sin cuya consulta nada debe obrarse,

Prudentia, ne quid Inconsultus agas.[30] (o)

El príncipe la necesita igualmente contra sus complacencias en lo próspero como contra los sucesos en lo adverso; no siendo menos glorioso contenerse en la una que vencer en la otra fortuna. Instrúyese ésta de una comprehensión universal y de una experiencia individual. La de S. Exc. se ha demostrado al paso de su

---

[28] Themis was the second wife of Zeus; she bore the Seasons (Horæ) and the Fates (Moræ). Peralta spells the name both Theneis and Themis.

[29] Solon, one of the Seven Sages, was celebrated equally for his poetic talents and legislative abilities in Athens. He overhauled the constitution; revamped the monetary system, the calendar, and weights and measurements; forbade the exportation of all Attic products except olive oil; and outlawed idleness. The Solonian Constitution was inscribed on wooden cylinders and triangular tablets displayed in the Acropolis.

The Spartan legislator Lycurgus restored order to his country with the authority of the Delphic oracle and the help of influential citizens; little is known about his life. He was considered the founder of almost all Spartan institutions. The Athenian Lycurgus was one of the Ten Attic Orators and served as treasurer of the public revenue from 338 to 326 B.C. He was esteemed for his honesty and integrity in managing state finances.

The reference to the statesmen Cato is to both Cato the Elder [Marcus Porcius Cato, aka Cato the Censor, 234-149 B.C.] and his grandson of the same name, Cato the Younger [Cato of Utica, 95 B.C.-46 B.C.].

[30] "Prudence will have thee do nought without forethought" ("On Stilicho's Consulship," Platnauer 1963, 2:11).

elevación, en cuyo ejercicio se ha reconocido tan pronta como si fuese ejecución. Es el extracto de sus ciencias y el compendio de sus reflexiones. La que a un tiempo se utiliza de sus noticias, y acomoda a sus conocimientos. Así lo ha comenzado a sentir el Perú en las primeras providencias de su gobierno a favor de aquella célebre mina, que es el espíritu de todas las demás, y de aquellas plazas que son los baluartes de esta América. Y así parece que lo ha acreditado el cielo en el fausto fenómeno de una cándida nube, que en forma de cruz se observó visible a todo el pueblo, situada inmediatamente sobre la sala de la Real Academia de la Plata al tiempo de recibirse S. Exc. en ella como virrey de estos reinos: acto primero de su regia representación. Siglos ha que las nubes y las cruces han servido de sagrados misterios y prósperos anuncios, y si en los Constantinos y Alfonsos fueron rojas para el indicio [fol. 16] del sangriento triunfo, bien es que en este caso fuese cándida para la promesa de una felicidad pacífica. Por cuya razón, mejor que aquél que dijo del grande Teodosio que militaba a su favor el cielo por haber el viento hecho volver contra los enemigos sus saetas: (p)

> *Oh nimium dilecte Deo, cui fundit ab antris*
> *Aeolus armatus hyemes, cui militat æther.*[31]

Debemos piadosamente celebrar la benignidad con que quiso sacar, no de las grutas de Eleo impestuosos vientos sino de lo más puro de las nubes aquel noble meteoro tan notoriamente acreditado en la forma para veneración, como en la circunstancia para auspicio. A este suceso, con que la Providencia parece que aprobó la digna exaltación de S. Exc. al virreinato, y significó el acierto de su prudencia en gobernar, al tiempo de unirse en su talento las dos potestades con feliz concordia, compongan las limanas musas un soneto en que quede heroicamente decantado el anuncio piadoso, y la virtud.

PREMIOS
Al 1. Una fuente de relieve.
Al 2. Dos azafates histriados.
Al 3. Un jarro de asas.

---

[31] "Verily God is with thee, when at thy behest Æolus frees the armed tempests from his cave, when the very elements fight for thee" ("Panegyric on the Third Consulship of the Emperor Honorius," Platnauer 1963, 1:276).

ASUNTO VI.
DICEA.

El segundo numen de aquel severo hermoso terno de las hijas de Júpiter y
Themis era la que significaba la Justicia. Sigue ésta [fol. 17] a la Prudencia porque
establecidas por aquélla las leyes, las hace observar ella. Es la que de las tres ocupa
el medio porque es aquella equidad que está entre una exacta seriedad y una
benignidad suave, siendo con ella también virtudes los extremos porque es una
concordia y una proporción de ellos. En el príncipe debe estar con modo superior,
más como cualidad de padre que distribuye que de juez que sentencia porque
parece que le pertenecen más la suprema dispensación de los premios y de los
castigos que la particular resolución de los litigios más las providencias que las
decisiones. La de S. Exc. es ingrata, como de quien no necesita; no austera, como
de quien no depende; inflexible sin rigor y blanda sin descaimiento; y en fin con
todas las calidades para el respeto y todos los atractivos para el amor. No engañó la
fama de su justicia: ha visto a S. Exc. la admiración (aun más allá de lo que
concebía, siendo mucho) tan fiel a las leyes como piadoso en su equidad.

> ... Nec fama fefellit
> *Justitiæ videre pium, videre fidelem.* (q)[32]

Por quien mejor, de un grande presidente de Castilla, pudo cantar nuestro
poeta: (r)

> Este ya de Justicia, ya de Estado
> Oráculo en España verdadero,
> A quien por tan legal, por tan entero,
> Sus balanzas Astrea le ha fiado.[33]

---

[32] "The fame of his justice did not play them false" (Ibid., Platnauer 1963, 1:379). The
original text reads: "*Nec fama fefellit iustitiæ: videre pium, videre fidelem.*"

[33] "Para un retrato de don Juan de Acuña, presidente de Castilla, hijo del conde de
Buendía," written in 1612.

> Este, que en traje le admiráis togado,
> claro, no a luces hoy de lisonjero
> pincel, sino de claro caballero,
> esplendor de Buendía, que le ha dado.

A esta singular virtud de S. Exc. practicada en sus sagrados cargos y comenzada a experimentar en su gobierno, y a la comprehensión universal con que se halla S. Exc. de las costumbres y negocios de las provincias más importantes de este reino, como las que producen en sus minas sus tesoros, por [fol. 18] haberlas personalmente ilustrado como districtos de su jurisidicción, han de componer los poetas una breve panegiris en doce versos latinos hexámetros.

PREMIOS

Al 1. Un salero de relieve.
Al 2. Un aguamanil de realce.
Al 3. Una taza histriada.

ASUNTO VII.
IRENE.

La tercera deidad entre las Horas y que pudiera ser primera entre las Gracias era IRENE, o la Paz, cuya hermosura hacía que pareciese la Venus, que entre aquellos tres númenes del tiempo y la razón merecía el premio de la voluntad, como que también tuviese su pomo de oro la Concordia, para que le compitiesen unidas entre sí las Virtudes. En el gobierno es el fin de toda la política a que miran las reglas y las leyes. Es la Oliva que hizo nacer Minerva del reposo de la Tierra, a vista del caballo, generoso auxilio de la guerra, que produjo el inquieto tridente de Neptuno. Es la cornucopia de todos los bienes y el lazo de todos los afectos; más segura que todas las conquistas y más gloriosa que todos los triunfos:

…Pax optima rerum
Quas homini novisse datum est,
Pax una triumphia

---

este, ya de justicia, ya de estado,
oráculo en España verdadero,
a quien por tan legal, por tan entero,
sus balanzas Astrea le ha fiado;
clava serán de Alcides en su diestra,
que de monstruos la edad purgue presente
y a los siglos invidia sea futuros:
este, pues gloria de la nación nuestra,
don Juan de Acuña es, Buril valiente
al tiempo le vincule en bronces duros.

Innumeris potior, Pax custodior salutem. ["s" larga]
Et cives asquare potens.[34]

En la moral es arbitro de los corazones, [fol. 19] aun es la que forma uno de muchos; ella y la claridad no se distinguen. Es la alumna de la fe, la columna de la Justicia con quien entre los presentes no hay diversidad, y entre los ausentes no hay distancia: (s) *Pax quæ præsentes sociat, absentes invitat:*[35] la que por medio de su influjo une lo terreno a lo celeste, y la que concilia lo humano a lo divino: *Pax quæ terrena cœlestibus, et divinis humana conciliat.*[36] Es la prenda mejor que influye Júpiter; y es la Virtud de un príncipe eclesiástico. Por eso es la primera que forma el caracter de S. Exc. en quien parece que no se ve otra cualidad cuando se admiran todas, cuyo efecto es aquella benignidad que, siendo la que menos se eleva en su grandeza, se hace la soberana de su dignidad porque como decía aquel grande panegirista de Trajano, no juzga, que al príncipe puede haber otra cosa humilde que el aborrecer: (t) *Nec unquam [tibi], persuadeatur humile esse Principi, nisi odisse.*[37]

Pudiera juzgarse que pasaba los límites que ha puesto la autoridad a la benevolencia, si éste fuese un exceso de defecto y no de inmensidad. Cuando tan fácilmente se permite a nuestro respecto su favor, parece que desciende y no es, sino que eleva. No se habla a S. Exc. como a quien por la representación es dueño sino como a quien por la bondad es padre. Juzga ser uno de nosotros, y en esto está más. Soberano: (u) *Non de domino, sed de parente loquimur. Onumille se ex nobis, et hoc magis excellit, atque eminet, quod unum ex nobis putat: nec minus hominem se, quam hominibus præsse meminit.*[38]

---

[34] "Peace is the best thing that man may know; peace alone is better than a thousand triumphs; peace has the power to guard our lives and secure equality among fellow-citizens" (Duff 1968, 2:142).

[35] "A peace which unites the present people and invites the absent people."

[36] "A peace which combines the earthly (things) with the celestial, and the human with the divine."

[37] "Never believe that humilliation follows for the leader unless he is not despised" (D'Ors 1955, 85).

[38] Peralta transposed *"et hoc magis excellit atque eminet"* before *"Quod unum…"* The line begins with *Nusquam ut deo, nusquam ut numini blandiamur: non et tyranno sed de cive,…* "Let us never praise him as a god, never as a deity; we are not dealing with a tyrant but rather a citizen], not a master but rather a father. And what ennobles and exalts him is that he considers himself one amongst us and he reminds himself that he is a man as much as the fact that he is here to govern men" (D'Ors 1955, 3).

[fol. 20] A esta suave paz de su genio y a esta alta benignidad de su grandeza canten las musas seis heroicas estancias en el metro de liras.

PREMIOS

Al 1. Una salvilla y bernegal alhistriado.
Al 2. Un salero.
Al 3. Un tintero y una salvadera.

ASUNTO VIII.

AGLAYA.

Al otro lado del jovial milagro esculpió Fidias aquellas otras tres hijas de Júpiter, y compañeras de Mercurio y las Musas, las tres Gracias; como que sin ella la Virtud, que las engendra, no hubiera atractivos: ni la Elocuencia, que las comunica, hallara encantos ni el ingenio, que las cultiva, poseyera adornos. Parecía que en aquellas tres estatuas del agrado había continuado el fincel la maravilla, animando en ellas la hermosura con tanta suavidad que casi la noble materia pudiera con lo robusto lo durable, si no lo afianzara en lo perfecto. Entre las significaciones que dieron a éstas los antiguos, fue la más acertada aquella filosófica alegoría de los beneficios, por cuya razón en la primera, que llaman AGLAYA (y se interpreta *gozo*), consideraron a la verdadera liberalidad. Es ésta una virtud en que la materia del don da toda la forma el ánimo del que le presta. No es sólo un obsequio sino un amor al mismo obsequio; una dádiva amante y una fineza practicada. Es luz que ha de llegar al objeto sin refletir de él; [fol. 21] la solicitud la hace que parezca conquista del que la vence; a tardanza, impaciencia del que la espera; y el interés, contrato del que la hace. La liberalidad ha de comenzar por sí misma, pues si no se hace presente de su complacencia no se satisface con honra de otra suerte. El que la ejerce con el príncipe es liberal con todo el imperio. Admitidas son dones coronados que mandan en los agradecimientos de todos los vasallos. Las que S. Exc. ha usado con el Rey son de esta calidad, con tan alegre afecto como si fuera beneficio que recibía el mismo consagrarle: *qui accipere putavit beneficium, cum daret*.[39] (x) Con tanta prontitud que busca y ocupa la ocasión en que aproveche: *qui ocasionem, qua prodesset, et occupavit [sic], et quæsivit*.[40] Su frecuencia y su número, cuando no fuera tan notoriamente noble el ánimo, las hiciera superiores a todos los motivos. ¿Por qué a que el objeto puede mirar el que da aquello que es el fin de todas las grandezas? Así manifiesta S. Exc., que excede en el obsequio al vasallaje e iguala a la monarquía

---

[39] "Who thought to receive a benefit while giving (it)."
[40] "Who both took advantage of and sought an opportunity that would appear."

con el ánimo: más liberal que aquel gran ciudadano de Agrigento[41] que, benéfico a toda la república, no parecía hombre mortal sino un benigno genio y un seno de la propicia Fortuna: *Non mortalem aliquem, sed propitiæ fortunæ benignum esse diceres sinum.*[42] (y) Y si Roma supo dar lo que había conquistado en el Asia a aquel rey amigo suyo, Attalo,[43] siéndole más excelso y especioso modo de imperio, tener aquella riquísima parte del orbe, más como dádiva que como provecho; fue presente de una república que era dueño del mundo, y que daba una parte, [fol. 22] como otros un lugar. Pero de obsequio hecho un vasallo a príncipe en la separación de todo un hemisferio, amando por razón y sirviendo por celo, con una prontitud que resarce toda la distancia, no tiene paralelo y sólo le hallará S. Exc. en sí mismo, cuando se repite celoso y se continúa liberal. ¿Así hace bien S. Exc. a reinos y provincias enteras en cuya utilidad quien duda que resulta lo que se tributa de servicio al príncipe, mayormente en ocasiones de tan precisa urgencia? A esta liberal fidelidad y a estas repetidas finezas de S. Exc. a su monarca ha de cantar con fiel aclamación la nobleza leal de los ingenios en un romance de veinte coplas.

PREMIOS
Al 1. Unos candeleros.
Al 2. Una salvilla y bernegal.
Al 3. Una bandeja de relieve.

ASUNTO IX.
EUPHROSINE.

La segunda hija de Júpiter y Eurynome era EUPHROSINE, Gracia en que se representaba aquel agrado con que se recibe el beneficio. No es menos ciencia en el corazón la de admitir que la de dar. Siempre es alegría por la parte el don pero no siempre es gozo por la de la retribución, que le queda mucho que hacer a un obligado. En el príncipe es desde luego favorecer el aceptar ni necesita de corresponder aquel dueño a quien todo se debe consagrar porque la liberalidad que

---

[41] A prosperous city founded by the Greek colonists of Gela, it was destroyed in 406 B.C. by Carthage, was rebuilt, and later fell to Rome during the Punic Second War, before falling into the hands of the Byzantines.

[42] "You would say that it is not some mortal, but the bend of propitious fortune."

[43] Peralta refers most likely to Attalus I (Soter) of Pergamum (269-197 B.C.), who elevated his city to a powerful status. He was also known as a patron of the arts and literature.

se dedica al trono antes de hacerse es voluntaria, pero después parece un uso que se consolidó con los demás [fol. 23] del vasallaje. Por eso son servicios las dádivas y premios las correspondencias. Imágenes son los reyes de la divinidad y, como las oblaciones en el ara, tienen tanto de deuda, no es verdaderamente agradecer el retribuirlas: es comenzar un nuevo beneficio. Allí la gratitud se llama gracia, y merced el reconocimiento. No hay mayor felicidad en el vasallo que poseer grato el ánimo del príncipe. Este acredita la liberalidad y exalta el mérito. Así se ha visto que posee S. Exc. el de su Rey, y que entre los repetidos honores de que su real grandeza le ha colmado, ha sido siempre el mayor su aceptación. Que ésta se ha demonstrado en toda la extensión a que puede llegar su augusta munificencia en estos reinos para que cuidase del poder quien tan buena cuenta le había dado del amor, pasando a una legítima representación lo que hasta aquí había sido una afectuosa imagen. Si esto hubiese visto aquel elocuente senador y monje, hubiera discurrido algo más que lo que dijo de aquel magnífico Cipriano al senado de Roma: que si era digno de su favor el que una vez obtuvo el aprecio real, cuanto merecería el que en tan repetidas se hacía tanto más agradable cuanto más dignidades había recibido: *Si favore vestro dignus est, qui vel semel Regale potuit impetrare indicium, quid P.C. vir magnificus merebitur, qui vobis toties gratior debet effici, quoties a nobis dignitates acceperit!*[44] Las coronas más numerosas, las palmas más frecuentes ennoblecían los combates olímpicos; así aun en lo leve se hace glorioso aquél a quien se confieren más continuos los premios. *Certantes in stadio numerosior coronæ glorificat:* [fol. 24] *Olympicos currus frequens palma nobilitat: sic vel in levibus rebus gloriosus efficitur, cui frequenter premia referuntur.*[45] Parece que con aquella fineza de S. Exc. en obsequiar con aquella constancia en repetir ha competido la real liberalidad en ilustrar: *talem mentis exhibuit constantiam, tantum bonorum habuit propositum, ut semper in se provocaverit Regium munus.*[46] A esta gloria de S. Exc. de los repetidos honores y excelsas sagradas y políticas mercedes con que S. M. califica los mismos

---

[44] "Cyprian, if he is worthy of your favor, he who even once wwas able to obtain a royal token, what will P. C., an excellent man, deserve, who must be made more grateful to you as many times as he will have received honors from us!?"

[45] "Several times he glorifies the fighters in the stadium with a crown. He frequently ennobles the Olympic races with a laurel; he to whom frequently rewards are given similarly ends up gloriously in small things."

[46] "He showed such a constance of mind, he possessed such a purpose of good things that he always summoned in himself a royal duty."

méritos que le premia y corresponde a los servicios que le acepta, canten con dulce heroico plectro los limanos Apolos doce endechas reales.

PREMIOS

Al 1. Una salvilla y bernegal de realce.

Al 2. Un aguamanil.

Al 3. Una salvilla grande.

ASUNTO X.

THALIA.

La tercera hermosura de la agradable familia del encanto, término bello de aquel trabajo milagroso, era THALIA, a quien ponían los antiguos por musa entre las Gracias, y Gracia entre las Musas. Entre las primeras significaba el gozo que resulta de la correspondencia y que vuelve a excitar el beneficio, siendo la unión que forma el círculo de la liberalidad. Pero entre las segundas influye aquel gracioso regocijo que con los poéticos sales y alegres agudezas divierte la serie tarea de las otras musas, y es el noble descanso del Parnaso. Y así tiene jurisdicción de gracia y de [fol. 25] donaire como de horca y cuchillo, y mero mixto canto sobre todo festejo y toda sátira. Por lo que toca a la primera significación de aquel júbilo con que empeñó a la nueva liberalidad, está hoy ociosa para la lira porque el concento pareciera aviso y no ha menester incentivos un celo que siempre se repite. Por esto, usando Thalia de su apolinea potestad, ha de emplearla en la gracia pero de suerte que para que toquen todos de la liberalidad de S. Exc., se les dé una cumplida sátira a los enemigos del Rey y del estado. No hay cosa más grata para quien desea los triunfos de su dueño que los despechos de sus enemigos porque éstos forman aquellas cadenas que atan los corazones al carro del vencedor. Y habiendo contribuido tanto los servicios que S. Exc. ha hecho en sus copisioas remisiones a S. M. en las guerras pasadas y principalmente en la que llegó a sus reales manos antes de la batalla de Villaviciosa[47] (con cuya victoria aseguró su augusta corona) no puede haber complacencia que le sea más legítima que la rabia de aquellos vencidos. Llévense aquellos presentes de balas a su costa, que aunque se queden con ellos en el cuerpo no haya miedo de que los tengamos por ingratos; y a quien Dios se los diere Santiago se los bendiga. Que será gran gusto para S. Exc. ver también empleado su dinero en gente de tan buena conciencia que huye las ocasiones de Marte y se arrepiente tan

---

[47] The French triumph in 1710 at Villaviciosa over the Austrian army assured Felipe V the Spanish throne.

bien de los pecados de la guerra pasada que es todo el buen efecto a que se puede entender el celo pastoral de un prelado. A este asunto, enviando a pedir por medio de Mercurio a Pasquino y Marforio[48] (estatuas que en Roma corren con el expediente de las agudezas [fol. 26] de estado) una gracia de sátira y un despacho de invectiva, compongan los poetas una a los enemigos en veinte quintillas, con puntas afiladas a la piedra que ellos cargan de Sísifo.

PREMIOS

Al 1. Una salvilla y bernegal.
Al 2. Salvilla y papelina.
Al 3. Un jarro de pico.

LEYES DEL CERTAMEN

1. No podrá llevar un mismo ingenio dos premios en primer lugar, ni ser premiado más que dos veces.

2. No llevará alguno, el que no presentare su composición poética (la cual ha de venir cerrada y sellada) acompañada de un traslado en una tarja bien orlada.

3. La peor poesía y la mejor tarja tendrán iguales premios.

4. Daránse a cuatro aventureros premios de dos doblones a cada uno.

JUECES DEL CERTAMEN

El señor rector doct. don Pedro de Peralta Barnuevo y Rocha, contador de cuentas de esta Real Audiencia, catedrático de Prima de Matemáticas.

El señor doct. don Miguel Núñez de Sanabria, oidor de esta Real Audiencia, presidente y capitán general, que fue, de este reino.

El señor don Juan Fernando Calderón de la Barca, conde de las Torres, caballero del Orden de Santiago, y oidor de esta Real Audiencia.

El señor don Miguel de Orinaza Ponce de León, oidor de esta Real Audiencia.

El señor don Pablo Blásquez de Velasco, [fol. 27] del Orden de Santiago, oidor de esta Real Audiencia.

El señor doct. don Joseph Santiago Concha, caballero del Orden de Calatrava, oidor de esta Real Audiencia.

---

[48] Pasquino was the Roman statue on which lampoons were affixed. In popular Italian satires of the seventeenth and eighteenth centuries, Marforio (derived from the Roman name for a statue of a prostrate fluvial divinity) was the interlocutor or antagonist in dialogues with Pasquino.

El señor don Pedro de Echave y Rojas, caballero del Orden de Alcántara, oidor de esta Real Audiencia.

El señor don Alvaro de Navia Bolaños, del Orden de Santiago, oidor de esta Real Audiencia.

El señor doct. don Luis Calvo, de Omonte, fiscal de lo Civil de esta Real Audiencia.

El señor doct. don Pedro Joseph Bermúdez de la Torre y Solier, alguacil mayor de esta Real Audiencia.[49]

El señor doct. don Bernardo Zamudio de las Infantas, del Orden de Santiago, chantre de esta Santa Iglesia, y comisario general de la Santa Cruzada.

El señor doct. don Pedro Peña Civico, catedrático de Prima de Canones y tesorero de esta Santa Iglesia.

El M.R.P.M. Fr. Joseph de Peralta y Barnuevo, ex-provincial de esta provincia, del Orden de Predicadores y catedrático de Prima de Teología Scolástica de Santo Tomás.

El señor doct. don Francisco León Garavito, canónigo de esta Santa Iglesia.

El señor doct. don Andrés de Munive y Garavito, catedrático de Decreto y canónigo penitenciario [fol. 28] de la Santa Iglesia de Quito.

El señor doct. don Isidoro de Olmedo y Sofa, vice-rector.

El señor doct. don Bartolomé Romero, catedrático de Prima de Leyes y abogado en esta Real Audiencia.

---

[49] Pedro Bermúdez de la Torre y Solier, a fellow literary academician and friend of Peralta, served as dean and rector (1698-99 and 1722-25) of San Marcos University, as a lawyer and consultant to the Inquisition, and chief constable to the High Court. He wrote an approval for Peralta's *Lima fundada* and contributed poems to *Fúnebre pompa*. His major published works include an *Oración informativa* (1699) on the status of San Marcos under his rectorship, *Romance heroico aplaudiendo la muerte que el príncipe de Asturias dio a un toro… en defensa de la princesa*, *El sol en el zodiaco* (1717, to receive viceroy Santo Buono at San Marcos), *Triunfos del Santo Oficio peruano* (1737), *Relación del auto particular de fe que se celebró en esta regia ciudad de Lima, corte del reino del Perú, en once de noviembre del año de mil setecientos y treinta y siete* (1737), and *Hércules aclamado de Minerva: certamen poético* (1745). In *Lima fundada*, Peralta stated that Bermúdez had written *Tratado sobre ser punto de la fe la muerte de los hombres*, *Epopeya amorosa en cuatro cantos de Telémaco en la isla de Calipso* (1728), and *La destreza indiana* (1712, under the seudonym Francisco Santos de la Paz).

FISCAL DEL CERTAMEN

El señor doct. don Miguel de Arnao, tesorero de esta Real Universidad.

SECRETARIO

Don Agustín de la Serna y Haro, secretario de esta Real Universidad.

Notas marginales

(a) Claudian. In laud. Stilicon. Paneg. 2.
(b) [Cla]udian. v. []supra.
(c) Athenaus. Disponosop. [Deipnosophistæ] lin. 15, et saubon. [] tis pág. []
     litera X.
(d) Horat. lib. 4. Carm. od. 2.
(e) Orat. lib. Carm. od. 1 [].
(f) In Paneg. a Faustum Reiense Episcopum.
(g) Sidon. in Paneg. Anthemio dicto.
(h) Claud. Paneg. I in laude Stilic.
(i) Horat. lib. I, Od. 10.
(k) Soneto. heroic. Soneto 32. [There is no letter "j."]
(m) Ovid. lib. 6. Fastor. [There is no letter "l."]
(n) Sonet. heroic. Soneto 23.
(o) Claud. Paneg. I. Stilic.
(p) Claud. Paneg. de tertio Consul. Honor.
(q) Claud. Paneg. I in laud. Stilic.
(r) Góngora Sonet. heroic. Sonet. 16.
("s" larga) Silius Italic. lib. II. [Peralta used the allograph of the letter "s," frequently
     employed in medieval texts and carried over through the centuries.]
(s) S. Petr. Crysolog. serm. 13.
(t) Plin. in Panegyr. Traj.
(u) Idem ubi supra.
(x) Seneca lib. de benefic. cap. 7.
(y) Valer. Max. lib. 4. cap. 8.

Loa

para la Comedia con que celebró la familia del Excelentísimo Señor Marqués de Castelfuerte, Virrey de estos Reinos, la asunción a la Corona de España del Rey Nuestro Señor, Don LUIS I...

PROLOGUE

> Son los reyes inmediatas imágenes de Dios,
> no sólo por lo que rigen con el poder sino por lo que iluminan con la fruición.
> PERALTA BARNUEVO, *Lima triunfante*

THE ASCENSION OF FELIPE V'S son Luis Fernando I (1707-1724) to the Spanish throne in 1724 serves as the backdrop to Peralta's obscure and rarely cited work, *Loa para la comedia*. The play evokes the political intrigues of a bygone era that linked the fortunes of Peru to the Spanish monarchy. Briefly stated, when Louis XIV accepted the Spanish throne for Felipe V, he precipitated the Spanish War of Succession (1701-14). That act subsequently weakened Spain's power and, owing to the Peace of Utrecht, led to its loss of not only Sicily to Savoy but the release of Milan, Sardinia, Naples, and the Spanish Netherlands to Austria. The Salic Law of succession precluded any future union with France, to which Felipe had renounced his rights in 1712. Felipe V took a secret religious vow on 27 July 1720 to renounce his throne. At age 40, in a letter dated 10 January 1724 and addressed to the Consejo de Castilla he announced his abdication in favor of this youngest son, Luis Fernando; the renunciation was made formal at the Escorial on 19 January 1724.[1] Under the detailed instructions of Felipe V, his son's regency was

---

[1] The short abdication letter reads: "Habiendo considerado de cuatro años a esta parte con alguna particular reflexión y madurez las miserias de esta vida, por las enfermedades, guerras y turbulencias que Dios ha sido servido enviarme en los veintitrés años de mi reinado, y considerando también que mi hijo primogénito don

71

to be supervised by a ministry composed of nine of his closest associates, which permitted the king to still intervene when necessary in matters of state from La Granja in San Ildefonso. Felipe V, himself king from 1700-1746, was the first Bourbon on the Spanish throne and a grandson of Louis XIV of France. Carlos II designated Felipe as his successor.

Felipe's marriage to María Luisa of Savoy (b. 1688) in 1701 resulted in the birth of their sons Luis I and Fernando VI (1713-59).[2] After María's death on 14 Febrary 1714, Felipe V married Elizabeth Farnese (1692-1766) that same year, the

---

Luis, príncipe jurado de España, se halla también en edad suficiente, ya casado, y con capacidad, juicio y prendas suficientes para regir y gobernar con acierto y justicia esta monarquía, he deliberado apartarme absolutamente del gobierno y manejo de ella, renunciándola con todos sus estados, reinos y señoríos en el referido príncipe don Luis, mi hijo primogénito, y retirarme con la reina, en quien he hallado un pronto ánimo y voluntad a acompañarme gustosa a este palacio y retiro de San Ildefonso, para servir a Dios; y desembarazado de estos cuidados, pensar en la muerte y solicitar mi salud. Lo participo al Consejo para que en su vista avise en donde convenga y llegue a noticia de todos. En San Ildefonso, a 10 de enero de 1724."

[2] The second child, baptized don Felipe (b. 1708), died of smallpox on 9 July 1709. One of the king's letters thanked the city of Humanga for the demonstration of loyalty and love it expressed upon being informed of the queen's pregnancy. "El Rey. Consejo, Justicia y Regimiento de la ciudad de Huamanga en las provincias del Perú. Por despacho de ocho de febrero pasado os mandé participar el dichoso suceso de hallarse preñada la reina, mi muy cara y amada mujer. Y debiéndose a la divina misericordia la continuación de tan incomparable beneficio, de suerte que se halla ya en el término de seis meses.

He querido noticiar de ello, con la ocasión de la partida de este aviso, por la certidumbre que tengo del sumo gozo que en esto recibiréis, así vosotros como todos los vasallos de esas provincias en manifestación del experimentado amor y fidelidad que siempre han profesado, también para volver a ordenaros y encargaros (como lo hago), prosigáis unos y otros en implorar el auxilio de Dios Nuestro Señor, a fin de que se digne de conceder a la Reina feliz parto, como lo espero de su piedad soberana, pues en ello no sólo se interesa el bien universal de todos mis reinos y vasallos por la tranquilidad que se ha de seguir de mi deseada sucesión, sino también nuestra religión sagrada, que es lo que principalmente debe movernos a todos a pedir a su divina majestad (como yo lo hago), nos conceda este general consuelo para mayor honra y gloria suya. De Buen Retiro a cuatro de mayo de mil setecientos y siete. Yo el Rey.

La ciudad de Huamanga, participándola como se continúa el preñado de la reina nuestra señora y, lo que para su feliz parto, la de implorar el auxilio divino" (Rosenbach Museum. 4 May 1707, 790/21, pt. 1, item#8f).

second marriage for both. Elizabeth, the daughter of Odoardo Farnese, duke of Parma and Piacenza, was also the niece of Franceso Farnese, subject of Peralta's *Fúnebre pompa*.[3] This act established the Bourbon-Parma line, which recognized their third son, Charles (later Charles III of Spain from 1759-88 and of Naples and Sicily from 1735-59), as the first titular duke of Parma and Piacenza in 1731.[4] It is against these initial intrigues, advanced by Felipe V, that the *Loa* becomes an important literary and historic document.

The birth of Luis de Bourbon y Saboya on 25 August 1707 in Buen Retiro palace[5] occurred four months after the victory of Almansa, where Felipe V, aided by Louis XIV and the Duke of Berwick, defeated the allied troops of Portugal, England, Germany and the Dutch under the command of Lord Galway. The occasion prompted extensive celebrations in Spain and her colonies, and was highlighted by the arrival of a representative of Louis XIV, the Duke Philippe II of Orleans and regent of France during the minority of Louis XV, to mark the occasion as the prince's godfather and protector. In 1708, San Marcos University had celebrated the previous year's arrival in 1707 of viceroy Casteldosríos with *Lima triunfante, glorias*

---

[3] Antonio Farnese, the last duke of the line, died in 1731. The reign of Felipe V is also covered in the prologue to *Fúnebre pompa*. When Fernando VI inherited his father's throne in 1746 to 1759, he put to rest the powerful influence exerted by his stepmother, Elizabeth Farnese. He was suceeded by his half-brother Carlos III, who had served as king of Naples and Sicily from 1735-59.

[4] Charles relinquished the duchies in 1734 after conquering Naples and Sicily in the War of the Polish Succession.

[5] Philip advised the people of Huamanga that the queen had given birth to a son, who was born at 10:16AM: "Consejo, Justicia y Regimiento de la ciudad de Huamanga el día veinte y cinco de agosto, próximo pasado a las diez y seis minutos de la mañana, dio a luz la reina doña María Luisa, mi muy cara y amada mujer, un príncipe de estos reinos, y en el mayor consuelo y nueva comprobación de las piedades y benigna protección con que mira nuestro señor continuándolas en la salud y buena disposición con que ha quedado y prosigue la reina, que ejecuta al reconocimiento humilde y devoto con que universal y particularmente debemos darle reverendísimas gracias y alabanzas, y siendo tan singular el beneficio con que la divina misericordia nos ha favorecido en este dichoso suceso, he querido avisaros de ello para que deis a su divina majestad muy particular gracias, suplicándole se sirva de guardar al príncipe y a la reina para mayor honra y servicio suyo, que es el fin que principalmente deseo en todo, y para que hagáis en esa ciudad las demás demostraciones de alegría que en semejantes casos se acostumbra. De Madrid, a este mes de septiembre de mil setecientos y siete años. Yo el Rey" (Rosenbach Museum, 2pp. [790/21. pt.1, item#8W).

de la América, juegos pítios, y júbilos de la Minerva peruana en esta muy noble, y leal ciudad (1708).[6] Casteldosríos himself wrote the allegorical comedy *El mejor escudo de Perseo* (1708) in honor of the birth of Luis I. Peralta related that the festivities were designed to be as distinguished as were those celebrated the previous year in honor of the birth of Luis I.[7] He equated the arrival of the royal prince with that of Lima's "príncipe," Casteldosríos.

> Y en los fastos de nuestra república se referirá que en un mismo año gozamos el nacimiento del príncipe más deseado y la entrada de virrey más aplaudido. Porque parece que destinó la providencia divina a S.E. para anunciar los sucesores de la España en ambos mundos, y se puede decir que cuando nacía aquel sol entre laureles, le auguraba acá S.E. con sus palmas. ¿Quién no dirá, al ver estos sucesos, que es S.E. el más fiel retrato de su rey, pues le copia hasta los nacimientos de sus príncipes? ¿Qué de triunfos y que de votos no ha consumido toda la monarquía para que el destino le diese un LUIS FERNANDO; como que habían de ser precio de tan grandes natales, y como que siempre costó mucho el que naciese una deidad? (*Lima triunfante*)[8]

Luis was baptized on 8 December, assisted by the Duke of Orleans. At the tender age of two Luis I was proclaimed Prince of Asturias, an act aided by the courts of Aragon and Castile.[9]

---

[6] Cp. Sedamanos acrostic listing "Nacimiento del Infante don Carlos."

[7] Felipe V ordered the annual celebration of Luis Fernando's birthday. Two letters to both the cities of Arequipa and Huamanga of the same date read: "Habiendo llegado a esta ciudad ayer 25 del corriente el aviso de España que se esperaba del nacimiento de nuestro príncipe, se hallaron en los casones de pliegos los dos adjuntos rotulados por el Rey Nuestro Señor para ese Cabildo; que os remito papeles para que con esta confirmación continuéis con más eficacia la celebración de este tan dichoso como deseado suceso que hoy tenía participado con las primeras noticias que recibí. Nuestro Señor guarde esta Lima. 26 de marzo de 1708. El Marqués de Casteldosríos" (Rosenbach Museum. Marqués de Casteldosríos. [Oms de Santa Pau, don Manuel de,] Viceroy of Peru. Letter sent to Cabildo of Huamanga [and Arequipa]. Lima, 26 March 1708. 790/4. 1 page).

[8] The folios are unnumbered in this work.

[9] The king notified the city of Huamanga that Luis had been proclaimed Prince of Asturias: "El Rey. Consejo, Justicia y Regimiento de la ciudad de Huamanga en las provincias del Perú. Habiéndose celebrado el día 7 de abril de este año el plausible y

From the triple alliance forged among Spain, France, and England from March through June of 1721, Felipe V contrived that Luis I should marry Louise Isabelle, duchess of Montpensier, daughter of Mlle. de Blois (illegitimate daughter of Louis XIV) and Philippe II, and that his only daughter, María Ana Victoria, should marry King Louis XV of France. Luis I, at age 14, and Louise Isabelle, who became Queen Luisa Isabella, married on 21 January 1722. María Ana Victoria, Luis' younger sister, was only four years old at the time and was sent to France to be educated as befitting a future queen.[10]

Louise Isabelle (11 December 1709-16 June 1742) was but twelve years old when the marriage pact was made. During her two years as Princess of Asturias her licentious lifestyle, penchant for frivolities, and her poor education became vexsome to the point that she was sent from Buen Retiro for six days to reside at the old Alcázar (4-10 July 1723). Their infelicitous conjugal arrangement was the subject of numerous political debates and speculation by the British and French ambassadors to the Escorial, in particular its consummation some eighteen months after the official ceremony that united the inexperienced couple.[11] The marriage was also the

---

gustoso acto del juramento del príncipe de Asturias, don Luis Fernando, mi muy caro y amado hijo, reconocido por legítimo sucesor de mi corona, y correspondiendo mi amor a la constante fidelidad de los naturales de esos dominios reales damos este aviso para la que seáis comprehendido en este común regocijo. De Madrid, a 19 de mayo de 1709" (Rosenbach Museum, Philip, King of Spain to the city of Humanga. 1 page).

[10] María Ana Victoria was returned to her parents in 1725 when Louis XV decided to marry Marie Leszcynska, daughter of the second king of Poland, Estanislao Leszcynska. This rejection led her to abandon Spain to become the wife of Don José, prince of Brasil, in 1729.

[11] John Lynch, 1989, 83. Also see Alfonso Danvila, 1952, 193-205. Danvila reports that the couple was intentionally kept apart until they first dined together in Toledo on 17 March 1723 and, at Felipe V's hands-on direction, consummated their marriage at El Escorial on 25 May, as Luis approach age 16. As related to Cardenal Dubois: "M. le Prince des Austries et la Princesse les attendoient avec impatience pour exécuter ce qui leur avoir été permis. D'abord que S. S. M. M. furent dans leur appartements, le Roi passa dans celui du Prince et le fit déshabiller en sa présence; la Reine en fit de même avec la Princesse et la fit coucher, après quoi S. M. alla trouver le Prince qu'elle mena par la main accompagné du Roi, au lit où étoit le Princesse, et les ayant laissés ensemble couchés. S. S. M. M. se retirèrent jusqu'au lendemain qu'elles retournèrent voir les nouveax mariés. Le Prince avait le air guay; la Princesse avoit le visage échauffé. Ils continuent à coucher et à manger ensemble, et paraissent contents" (Count Edouard Barthèlemy, *Les filles du Régent* in Danvila 1952, 194).

subject of Peralta's *Júbilos de Lima y fiestas reales, que hizo esta muy noble y leal ciudad... en celebración de los augustos casamientos del serenísimo señor Luis Fernando... con la serenísima señora princesa de Orleans y del señor rey cristianísimo Luis décimo quinto con la serenísima señora doña María Ana Victoria* (1723).[12] The young prince's political and personal fortune was met with exultation in Spain and her colonies and was commemorated in Lima in lavish merriment that displayed the colony's affection for and loyalty to the adolescent monarch. Lima's orchestrated response was very much in keeping with its time-honored tradition of bringing together its illustrious academy poets, playwrights, and musicians to sing the praises of viceregal dignitaries and members of the Spanish crown, all of which Peralta had done in works prior to 1725.[13]

Peralta viewed the rejoicing as a reflection and healthy imitation of how Rome used to solemnize the successes of heroes and the blessings that the gods bestowed.

> Los que en regias y pomposas fiestas ha consagrado la nobilísima ciudad de Lima, capital y emporio de estos amplísimos dominios, a la celebración de los casamientos del serenísimo señor don Luis Fernando, príncipe de Asturias, nuestro señor, con la serenísima señora princesa de Orleans, hija del serenísimo señor duque de regente de la Francia, y del señor rey cristianísimo Luis Décimo Quinto con la serenísima señora doña María Ana, infanta de España, han sido tan magníficas que, sin pedirle nada a la ponderación, tiene todo lo que ha menester para lucir su realidad. Llegó a esta ciudad el aviso en que S. M. se sirvió de participar

---

[12] *Júbilos de Lima* is also known as *Descripción de las fiestas reales. Noticia de los augustos casamientos y aparato de su celebración*. It contains a history of the origin and natural order of the Incas, as well as an index of guilds that attended and contributed.

[13] These works included *El triunfo de Astrea, panegíricos poéticos en francés, el primero al rey cristianísimo Luis XIV, y el segundo al rey nuestro señor [Felipe V]* (1703); *La gloria de Luis el Grande* (1703), in praise of Louis XIV, Felipe V, and the rise of the Bourbon dynasty; *Triunfos de amor y poder. Fiesta real escrita en la celebración de la famosa batalla de Villaviciosa en el año de 1710* (1711), a mythological drama in three acts with Italian music, accompanied by a *fin de fiesta*, a mordant short piece against doctors, in the tradition of Moliere, and a *loa* and *baile*; *Panegírico dicho por el autor al príncipe de Santo-Buono, siendo tal rector* (1716); *Panegírico al cardenal Alberoni, en toscano, en octavas* (1720); and *Icis y Júpiter* (1720), among others.

a S. Exc. por su real cédula[14] a la unión de tan gloriosos augustos himeneos.… Lima entonces, a cuya fidelidad añadía el ejemplo de su gobernador otro fervor, se transformó en Madrid, con tal perfección que hasta la distancia, que le diminuía la igualdad en la dicha, le augmentaba el exceso en la fineza. Era su regocijo un júbilo de fe que hacía crecer su mérito.… Esta ciudad atendía el augusto vínculo con que hoy su príncipe volvía a unir la rama de Borbón francesa a la española, como una prenda de poder y una fianza de gloria, que se hará más perpetua cuanto la asegura el consorcio recíproco de S.M. cristianísima con la señora reina doña María Ana Victoria, nuestra infanta, dirigido uno y otro (por lo que que ha tocado a la corona de Francia) por el regio incomparable genio de S. E. el señor duque de Orleans. El estado en que se hallaba la monarquía de España era, si no tan dilatado en su extensión como antes, más firme en su poder. Así debe España esperar de tan estrecho mutuo vínculo la unión más firme que jamás haya experimentado con la Francia.

As bells rang throughout the city and lights illuminated the streets for three days, various guilds presided over fireworks and revelry in the plaza.

Luis I, *el Bien amado*, was proclaimed king on 9 February at El Escorial; the following day news of his acceptance was made public. The celebrations, however, were short-lived. Months after his father's abdication, Luis suffered a malignant attack of smallpox on 19 August, and died at Buen Retiro 12 days later at age seventeen on 31 August, in the presence of his young queen, who also had contracted the disease, and in the absence of Felipe V and Elizabeth Farnese.[15] Before his death, which brought an end to his eight-month reign, he had restored the throne to his father. Louise Isabelle returned to France on 1 July 1725 and died prematurely at the age of 33.

The birth, marriage, and death of Luis is treated in *Lima fundada*:

---

[14] The marginal note reads: "De 18 de diciembre de 1721."

[15] His last letter to Felipe V and Elizabeth Farnese from Buen Retiro palace was dated 19 August 1724 and read: "Je viens de me coucher parce que je suis enrumé j'ai eu ce matin un petit évanouissement mais je suis mieux depuis que je suis au lit et je finis par supplier Vos Majestés de me croire le fils le plus soumis" (Danvila 1952, 324).

Canto 6, CXXII
El augusto natal del real lucero
Celebrará con celo tan ardiente,
Que será maravilla del esmero,
Lo magnífico uniendo a lo elocuente[16]
Del circo hará festivo lo más fiero,
Del teatro hará canoro lo luciente;
Viéndose, que por arte del deseo
También produce Apolo su Perseo.[17]

Canto 7, VII
Del augusto Luis el himeneo
Celebrará con pompa tan vistosa,
Que jamás la riqueza ni el deseo
Fiesta hayan discurrido más famosa[18]
Nunca ofreció a su Jove el Campo Eléo[19]
Culto tan vario, lid tan armoniosa;
Pues cada una verán, cuando la luce,
Que el Sol la influye, o Marte la conduce.

XXX.
De la Limana, ilustre, leal nobleza
Asistida con pompa preeminente,

---

[16] "Fiestas reales que con singular magnificencia hizo el marqués en celebración del nacimiento del Príncipe de Asturias D. Luis Fernando."

[17] "Comedia intitulada *El Perseo*, hecha por el mismo virrey, que con armoniosa música, preciosos trajes y hermosas decoraciones de perspectiva dispuso que se representase en su palacio en celebración del regio nacimiento, en que no solo mostró la elegancia de su genio poético, sino la grandeza de su ánimo y el celo de su amor."

[18] "Fiestas reales con que por espacio de ocho días celebró el arzobispo virrey el casamiento del Señor Rey D. Luis I, entonces príncipe de Asturias, con la señora reina Da. Luisa de Borbón, entonces princesa de Orleans, con la mayor pompa de que fue capaz este Nuevo Orbe. Los cuales se compusieron de fuegos artificiales, juegos de toros, carreras y otros magníficos, comedias y comparsa de los Reyes Incas, con suntuosos carros. Véase mi relación."

[19] "En la Elide fue famosa la ciudad de Olimpia, junto a la cual se celebraban los juegos olímpicos, en honor de su Júpiter."

Del gran Marqués hará la alta fineza
Al nuevo Sol proclamación luciente.[20]
Cada noble un lucero de grandeza,
El virrey un Apolo refulgente,
Formarán con fulgores rubicundos
Triunfo de un cielo a un Jove de dos mundos.

XXXI.

Ya el paseo, ya el torno o la carrera,
Ya del fuego las máquinas brillantes,
La real comparsa o la lidiada fiera,
Muestra son los júblios amantes:[21]
Pero del teatro la canora esfera,[22]
Que compendio es de Pindos resonantes,
Tal luce, que se ven en sus esmeros
Cantar las musas y danzar luceros.

XXXII.

Mas ¡oh dolor! ¡oh lástima indecible
Solo con parasismos explicable!
Luis morirá,[23] porque la parca horrible
Vibra sus golpes hasta lo adorable.
Y a ser de pena el cielo susceptible,
Pudiera en ocasión tan lamentable
De lágrimas de estrellas nunca enjuto

---

[20] "Proclamación del señor Rey Luis I, hecha por S. E. en 3 de diciembre de 1724, con pompa correspondiente a la grandeza de la acción, en que asistió a caballo la nobleza de esta ciudad, con magnificencia de galas y libreas igual a su esplendor y su fidelidad. Para cuyo paseo hizo el cielo de D. José de Santa Cruz, Conde de Lurigancho, erigir un arco triunfal a la puerta de la Casa de Moneda, como su tesorero, en que compitió con la magnificencia de su fábrica, al adorno de sus tarjas."

[21] "Fiestas reales magníficas que mandó hacer S. E. en celebración de la real proclamación, de toros, carreras con lucidas cuadrillas, paseo a caballo y fuegos suntuosamente artificiosos."

[22] "Comedia insigne con armoniosa música y airosas contradanzas, ejecutada por la noble familia de S. E. y adornada de hermosas perspectivas."

[23] "Muerte del señor Rey D. Luis I, en 30 de agosto de 1724."

Aun por el que eterniza arrastrar luto.

XXXIII.

La monarquía entonces por real fuero
Vuelve al paterno cetro en noble giro,
Instituyente a un tiempo y heredero.[24]
Prodigiosos arcanos son que admiro.
Dos veces es monarca de guerrero;
Dos ya de sucesor reinar lo miro;
Y dos, supera públicas renuncias:
¡Oh, cuánto, invicto Rey, vences y anuncias!

XXXIV.

A la real sombra de su sol difunto
Tan magnífico erige monumento[25]
El virrey, que se duda en tanto asunto
Si brilla el orbe o llora el firmamento.
El Rimac yace en tan funesto punto;
Mas no, que astro inmortal lo adora atento;
Y hacer eterna luz lo que es memoria
Le formará de afectos otra gloria.

The content of the *Loa para la comedia* does not figure among the publications that Peralta catalogued in the prologue to *Lima fundada* (1732), nor is it listed in the 1746 acrostic of Peralta's works composed by Carlos Sédamos Saldías y Spínola.[26] Its relative obscurity is due, in part, to unusual circumstances that surrounded and masked its publication. This dramatic

---

[24] "Nuevo reinado del Rey nuestro señor que Dios guarde."

[25] "Exequias reales hechas por S. E. en la Catedral de esta ciudad, al señor Rey D. Luis I, con la pompa fúnebre digna de tan inmensa pena, sobre que debe verse la relación que de ellos hizo el muy R. P. Torrejón, de la Compañía de Jesús; ilustre genio en quien están a un nivel de eminencia la cátedra y el púlpito, y con cuya pluma vuelan a igual altura la erudición y la elegancia."

[26] The acrostic by this disciple of Peralta appeared in Guillermo del Río's *Monumentos literarios del Perú* (Lima 1812), 66-68. Irving Leonard (1937) has published the only version to date of the *Loa*.

interlude was published in 1725 and was issued as part of Gerónimo Fernández de Castro y Bocángel's *Elisio peruano: solemnidades heroicas y festivas demonstraciones de júbilos que se han logrado en Lima en la aclamación del excelso nombre del emperador Don Luis Primero...* (Lima: F. Sobrino, 1725; 142pp.). The *Loa* was written to precede Antonio de Zamora's *Amar es saber vencer y el arte contra el poder*. *Elisio peruano* also included Fernández de Castro's eight-page *Introducción al sarao de los planetas*. A third work formed part of the publication: a twelve-page "Sainete intermedio para la comedia que se representó en palacio en la feliz aclamación del rey N.S." by Gerónimo Monforte y Vera, entitled *El amor duende*.[27] Fernández de Castro served as royal amenuensis and master equerry to viceroy Castelfuerte, was author of *Jura del rey Luis I, año 1724*, and contribued poems to Peralta's *El cielo en el Parnaso* (1736).

The *Loa* was published subsequent to a poem composed in 1724 that treated the ascension of Luis I to the throne: *Elogio al señor Armendáriz, con sólo la letra A* or *Romance heroico en que, sirviendo de literales símbolos todas las dicciones, comienzan con la letra A, con que empieza el excelso apellido de su Excelencia. En elogio de la fiesta real del teatro con que la ilustrísima familia del señor don José de Armendáriz, marqués de Castelfuerte, virrey de estos reinos, terminó las que al superior influjo de su ardiente celo se han hecho en Lima en celebración de la proclamación del rey, nuestro señor, don Luis Primero, que Dios guarde*.

> Alto Armendáriz, afectuoso alabas
> austral Alcides, al amado Atlante,
> armoniosos acentos, animado,
> ardiente, anhelo, apacible aplaudes.
> Antes, arduas acciones azañoso
> acababas, armado ahora admirable
> al austro augusto adoras abrazado
> al alma, ardores, aumentando amante.
> Aquiles, aterrabas, animoso,
> antes avasallado, armadas aces;
> ahora anuncias auspicios alegrías,
> atractivo Anfitrión, Apolo amable.

---

[27] Sánchez (1967) cites this work on page 76.

Antes acometiendo, aleves armas
al abismo, atrevidas, arrojaste
almas, afectos, alentando aplicas
ahora aplausos armónicos al aire.
antes, astutos Anglos asustabas,
abatías atroces alemanes,
armada animabas, afamado,
abrías, acertado, amplios ataques.
    Arrojadas azañas aspirando
afrentaste Alejandros, Aníbales;
advertido arrogante, aun asombraras
Adrastos, Alcibíades, Ayaxes.
    Al águila, aunque activa, aunque ambiciosa
avergonzaba, atónita, ahuyentaste,
al adversario allá aun atravesado
apretaste, amenaza agonisante.
    Acá auxilias a Astrea, acá a afligidos,
amparas, apiadado, ablas afable;
agudo, atento, atropellando agravios,
austero asombras, amoroso atraes.
    Aterrorizas ánimos avaros
aunque ajenas arpías amenazan,
armada aprestas, aunque adversos ados
afectuoso, alientos ahora atrasen.
    Al año aclamas al augusto amado
al alto Adonis as alzado altares
áureos adornos, apiñados astros,
añades a Acroama[28] agradables.
    Afecta acción al arte acomodados,
airosas arias, ajustados aires,
absortas atenciones atraído,
admiraron activos arrogantes.
    Al árbol apolineo autorizando
a Aganipe acreditas, ahora alabe,

---

[28] The marginal note reads "Llamaba así los cantos más altos del coro en el teatro."

ahora anime academias, ahora aplausos,
anegue amena al ánimo anhelante.
Aglaya Amor, acompañados ambos,
arrojen azucenas, azahares;
arpones, agotando arcos, aljabas,
agradados afectos ahora abrasen.
Al Arctico, Anárctico asistiendo
acabas, afamado, arduos afanes,
aligeros acentos avivando,
archivos amplica, alumbra anales.
Alabanzas admite aprisionadas,
así al asunto aspiren admirable,
admite atrevimiento acobardado,
ardiente afecto, adoración amante.
Ama, anhela, adora
Dr. D. Pedro de Peralta Barnuevo.[29]

This *romance* defies alliterative translation and is but one example of poetic conceit found in academy verses of that era. All 247 words of its fifteen stanzas are literal symbols of the viceroy's surname. Academy conventions encouraged metaphor to supersede metonomy and applauded epigrammatic verses inspired by the *culteranismo* of Góngora, the satiric wit of Quevedo, and the dramatic flair of Calderón de la Barca. Peralta wrote it to thank Viceroy Castelfuerte for organizing festivities to celebrate Luis I's rise to the throne. José de Armendáriz, marqués de Castelfuerte, was Peru's twenty-eighth viceroy (1724-36). He arrived in Lima on 24 May 1724 as successor to viceroy Diego Morcillo Rubio de Auñón, archbishop of La Plata.[30]

---

[29] Leonard 1936a, 73-74, from the British Museum, London, ms. Eg. 556. f. 101.

[30] Peralta served Castelfuerte as advisor and chronicled his government in *Relación del estado de los reinos del Perú que hace el excmo. señor don José Armendáriz, marqués de Castelfuerte, a su sucesor el marqués de Villagarcía, en el año de 1736,"* volume 3 of *Memorias de los virreyes que han gobernado el Perú durante el tiempo del coloniaje español* (Lima, 1859). Peralta wrote in praise of or dedicated to Viceroy Morcillo the following works: *Júpiter Olímpico* (1716); *Teatro heroico* (1720); *Afectos vencen finezas* (1720), to celebrate Morcillo's birthday; *Júbilo de Lima* (1723); and *El templo de la fama vindicado* (1724).

Fernández de Castro declared his intention as author: "Yo pues, formaré mi *relación* con el empeño de tratar la verdad de suerte que, aunque se la extrañe el traje, no se la desconozca la persona, pues me persuado, es más culto de su deidad que agravio de su pureza, sacarla a plaza con algo del aparato que merece." In praising the achievements of Felipe V, he invoked repeatedly the name of Luis I, whose timely birth he attributed to divine providence and to the devout and exemplary Catholicism of the monarch: "Pero si la verdad sola es alabanza en las acciones sublimes, expóngase desnuda a la noticia común la solemne pompa de Lima en la proclamación y aplauso del augusto sacro católico nombre de DON LUIS I, nuestro señor (que Dios guarde), y de este modo será a un tiempo historia, y panegírico, relación y elogio... La exaltación del amado LUIS desataba los corazones en alborozos."

Elisio peruano details at length the direct role that Viceroy Castelfuerte played, starting with notifying Lima's noble families on 3 December 1724, and in arranging the weeks of festivities that began with six days of clamorous fireworks. Bells sounded in churches, parishes, and convents; the viceroy received numerous social, political, and religious dignitaries in the palace; guilds and trade unions exhibited their loyalty by mounting lavish street processions; distinguished gentlemen in their finery paraded on horseback to the sound of trumpets, clarinets, drums; in the grandstands the viceroy presided over the Ayuntamiento, Cabildo, Tribunal de Cuentas and the Real Audiencia; triumphal arches supported by massive columns were adorned with placards featuring verses that sang the prince's birth. Indians participated by representing their deities and heroes, assisted by native properties, dress, and flora and fauna. They marked their dramatic interludes by shouting "Viva el gran Ynca Don Luis Primero."[31]

---

[31] A royal order to include Indians as participants in celebrating Luis' birth was directed to the city of Humanga: "En la ciudad de Huamanga a veinte de mayo de mil setecientos y ocho años el señor Augustín Montero de Aguilar, justicia mayor en esta dicha ciudad, y su veneración por su Majestad. Dijo que por cuanto en el Cabildo, Justicia y Regimiento se recibió cédula despachada por el rey nuestro señor, que Dios guarde, en mayores reinos y señoríos como sus leales vasallos deseamos, susodicha en Madrid a tres de septiembre del año pasado de mil setecientos y siete, avisando del nacimiento feliz de nuestro príncipe y señor para que se hagan las demostraciones en esta ciudad de alegría que en semejantes casos se acostumbran, y carta del excelentísimo marqués de Casteldosríos, virrey gobernador y capitán en estas provincias del Perú, Tierrafirme y Chile susodicha, en los reyes a veinte y seis de marzo de este presente año

To properly set the stage for the *Loa para la comedia* involves reviewing some of the other dramatic works that accompanied it within the context of their presentation. Fernández de Castro cited several plays that were performed over a number of days before an overflowing crowd that exceeded 900 persons; women occupied a semi-circular gallery built especially to accommodate their needs.[32] The viceroy dispensed sweets and drinks to his guests. On 11 December 1724, in honor of Elizabeth Farnese's birthday and the proclamation of Luis I, viceroy Castelfuerte commissioned a play by the renown Agustín de Salazar.

> Previno S.E. para la comedia, que en obsequio de tan alto asunto había de representarse aquella noche en palacio, al cuidado y expensas de uno de los gremios. Logróse felizmente el gustoso festejo porque a lo primoroso de la de *Los juegos olímpicos* del peregrino Salazar, se juntó la gracia y propiedad de los cómicos, el primor de las mutaciones, la novedad de la

de setecientos y ocho, para que se continúe con más eficacia la celebración de este tan dichoso como deseado suceso que había participado en las primeras noticias que se recibió. Y para que se efectúen las fiestas reales en que en semejantes casos se acostumbran, mando se publique dicha real cédula para que llegue a noticia de todos y ninguno goce linda ignorancia y en la forma que [ ] dicha justicia por nuestro cabildo y regimiento [ ] y ordenado para la celebridad de dichas fiestas en el lucimiento que se espera ejecutarán así los vecinos en estas dicha ciudad y las demás personas estantes y habitantes sin excusa ni omisión alguna. Y los indios originarios de ambas parroquias de mi señora doña Ana Santa María Magdalena, de ella cada dicha parroquia hágase un día de fiesta en la plaza mayor de esta dicha ciudad con las invenciones y máscaras y los demás lucimientos que han acostumbrado en semejantes casos sin dar lugar a que sean obligados en rigor de justicia que en los inobedientes, así españoles como indios, se harán las demás pasiones que sean pesarías de este auto con dicha cédula se publique para que desde el día diez y siete del mes que viene de septiembre de este presente año de mil setecientos y ocho se comience a hacer fiestas reales y asistan a esta publicación todos los cabos militares españoles e indios acompañando por las paredes y lugares acostumbrados con sus insignias, cajas, pífanos y chirimías, y se asiente al fin de este bando para que en todos tiempos conste que así lo mandé y firmé, Don Augustín Montero de Aguilar. Por su mandamiento, Miguel de Aluises, escribano de Su Majestad" (Rosenbach Museum).

[32] Antonio Navarro constructed the stage under contract, dated 5 December 1724, for 1000 pesos.

música, y la ingeniosidad de los y sainetes al asunto, con que se hicieron instantes las cuatro horas que duró el festín.[33]

On 19 December, to extol the birthday of Felipe V, a *loa* preceded the presentation of Calderón de la Barca's *Hado y divisa de Leonido y Marfisa*, followed by six hours of additional comedies sponsored by guilds. On 25 January 1725 Salazar presented another play, also preceded by a *loa*: "La *Loa* fue ingeniosa y digna del asunto. Los sainetes de particular donaire, con que siendo la comedia la célebre *Thetis y Peleo* del emeritísimo D. Agustín de Salazar, se halló un todo de deleites para los sentidos." This play employed trap doors, talented actors, and heavy machinery. A large float followed that contained a replica of the ship on which the first 13 conquistadors sailed to the Puerto de Túmbez [Tumbes]; a *loa* of that event was enacted on the float. Specific dates mentioned that on 31 January "en el patio de palacio se representó la comedia *El poder y la amistad* [de Agustín Moreto y Cabaña], con loa, sainetes, y baile muy propio del soberano asunto," a play in which soldiers portrayed actors.[34] On 1 February, bullfights were featured, and on 2 February "se logró con el mismo complemento de circunstancias que la antecedente la comedia *Para vencer a amor querer vencerle*, en que a la más paradoja idea de cuantas de acierto como suyo escribió el español Plauto don Pedro Calderón, acompañaron no menos

---

[33] Agustín de Salazar y Torres (Spain 1642-Mexico 1675) was an imitator of Góngora and author of several poems and dramatic works, including *El mérito es la corona*, *Elegir al enemigo*, and *Cítara de Apolo*. *Los juegos olímpicos* was an elaborate zarzuela in two acts on the story of Paris and Oenone, first performed for Queen Mariana's birthday on 22 December 1673. Its allegorical *loa* employed choral songs, strophic solos, and refrains, and featured eight choral and solo songs. Salazar's renowned play *También se ama en el abismo* figured among diversions in 1711 that celebrated viceroy Diego Ladrón de Guevara, as related by Peralta in his *Imagen política* (1714). His play, according to Peralta, was "una comedia armoniosa de las más discretas que ha admirado Madrid, con riqueza y grandeza de teatro digna de poder suceder a la primera." Other plays that celebrated the same occasion in 1711 were Peralta's *Icis y Júpiter* and *Triunfos de amor y poder*. Salazar spent most of his life in Mexico and returned to Spain in 1660.

[34] The dramas of "el Terencio español," Agustín Moreto (1618-1669), such as *El lindo don Diego*, were rich in character sketches that rivaled those of Lope de Vega. Moreto's *El desdén con el desdén*, *Tía y sobrina*, *El valiente justiciero y ricohombre de Alcalá*, and *No puede ser el guardar una mujer* were based respectively on Lope's *Milagros del desprecio*, *De cuando acá nos vino*, *Infanzón de Illescas*, and *El mayor imposible*.

ingeniosos intermedios, ejecutados con singular primor, gracejo, y gala extraordinaria."[35] On 3 February, members of the viceroy's family and principal staff presented a *comedia heroica* to recognize the first anniversary of Luis I's reign. The last days of gayety coincided with Lima's celebration on 9 February of Felipe V's completion of another year of regency.[36]

In abundant detail Fernández de Castro described how uncompromising the competition was to write plays during the few days that preceded 9 February, the day to commemorate the first anniversary of Luis' reign.

Como el tiempo estrechaba a instancias del celo fervoroso, no pudo permitirse a alguno de los ingenios la aplicación que solicitaban a escribir comedia nueva, y sólo pudieron quedar satisfechas en alguna parte sus diligencias, desahogándose los afectos en formar loa, sainete y fin de fiesta dignos en lo posible del asunto. Y ya que no había sido posible otra providencia, se eligió comedia que por sí y por el autor, tuviese las mayores recomendaciones, sobre la de jamás vista en este reino. Fue la de *Amar es saber vencer y el arte contra el poder* del Eurípedes y Sófocles de nuestra edad, el gran maestro don Antonio de Zamora, magno Apolo de la poesía lírica y alumno suyo muy benemérito en la comedia, y trágica...[37]

---

[35] Lima's grandiose production of Calderón's *La fiera, el rayo y la piedra* acclaimed the feats of Felipe V in the War of Succession. The play was executed with pomp and pagentry according to the meticulous directions of Calderón concerning the elaborate stage machinery needed to put the seven hour extravaganza into place: a dramatic musical score, seven set changes, complicated lighting, numerous costume changes, a cast of 19, plus six choruses and extras. See my "Enlightened Lima: A 1707 Tribute to Philip V, Calderón, and the Return of The 'Siglo de Oro' " (1990).

[36] Felipe was still Duke of Aragon when, following the death of Carlos II on 1 November 1699, he was proclaimed King of Spain as Felipe V. The king arrived to Vitoria on February and finally entered Madrid and the gardens of Buen Retiro palace on 18 February 1701.

[37] The Spanish playwright Antonio de Zamora (1664?-1730?) had his works performed in Buen Retiro, where he enjoyed the sponsorship of Felipe V. With Calderón as his model, he produced slow-moving, sober plays that involved crowded scenery and lengthy stage directions for actors; 40 plays were published posthumously with royal license in two volumes as *Comedias de Antonio de Zamora* (Madrid, 1744). Among his more successful plays were *No hay deuda que no se pague y convidado de piedra*, a reworking of Tirso de Molina's *Don Juan Tenorio*, *Judas Iscariote*, which contained

At this juncture, Fernández de Castro justified why he chose to publish the three works as part of *Elisio peruano*: they exemplified Lima's most singular talents. In order of stage presentation they were Peralta's *loa*, Monforte y Vera's *sainete El amor duende*, and Fernández de Castro's own *sarao*. The importance of his eyewitness testimony as one of the playwrights and contributing organizer of the events can not be overlooked, particularly given the absence of commentary from Peralta himself about his own mythological play.

> La *Loa* fue obra del sublime ingenio y consumado numen del doctor don Pedro de Peralta, de quien pudo decir el Oráculo mejor que de Sócrates, haber sido quien verdaderamente lo supo todo;[38] digno ornato de este reino, que ha renovado sin resabios de adoración étnica y con ventajas de las últimas certidumbres en lo humano el antiguo Oráculo que dio nombre de *Rimac*[39] al río y valle vecinos; pues en las muchas lenguas que posee, explica con perfección la Enciclopedia de Ciencias y Artes que le gozan…. Empezó la orquesta a resonar la sonora sinfonía de violenes oboes y otros instrumentos, que parecía trasladar a la tierra la armonía que algunos filósofos creyeron formarse en la rotación continua de los celestiales ejes. Después de un dulcísimo grave, concluyó en un festivo, alegre aire de minuet, que sirvió de seña para levantarse la cortina. Descubrióse luego el teatro de frondoso bosque y amena floresta, en cuyo foro se ideaba el bipartido monte de las Musas, y de cuyas faldas se veían correr a uno y otro lado los raudales del Pindo, y Hipócrene con tanta propiedad en los colores, con tanta perfección en las líneas que tiró la perspectiva…
>
> En el aire se miraban sobre hermoso grupo de nubes a un lado Venus y a otro Pyrene, ninfa de los riscos, hermosamente adornadas y con tanta propiedad como riqueza suma vestidas, que cantando y representando los versos que se verán en la Loa, que a este fin se pone en el de esta *relación*, dieron motivo a que, rompiéndosele el monte, se

frightful scenes of terror, and *Angélica y Medoro*, presented before the prince and princess of Asturias.

[38] Marginal note: "Mortalium omnium unus Socrates vere sapit. Apud Laert. in eius vit" (Of all mortals only Socrates really knows).

[39] Marginal note: "Así se llamaba el ídolo que adoró la gentilidad en estos valles, y se interpreta *palabra, locucción, o habla*."

descubriese en un trono de gloria coronado de un bien imitado resplandeciente sol Apolo, ceñida la frente de laurel y acompañado a la diestra de los dioses, y a la izquierda de las Musas que formaron contexto.

No es ponderable la hermosa tempestad de luces que al relámpago de la mutación y al suave trueno de un silbo, arrojó el foro en este paso, porque era una innundación de diamantes la que ahogaba la vista en cada uno de los ilustres actores. Pues de más de tener cubiertos todos los talles, turbantes y botas de estas hermosas piedras sin mezcla de otras, estaban guarnecidas y adornadas de las mismas materiales centellas las insignias todas que distinguían cada persona. La rica materia, tisúes toda, de los exquisitos y primorosos trajes aun pareció se escondía, avergonzada de no poder ser más, detrás de las muchas joyas que la encubrían. Las plumas y martinetes que ocupaban el aire formaban una vaga riquísima primavera, y el airoso movimiento de cada uno acompañado de la majestuosa representación, casi pudiera hacer disculpables a la gentilidad sus adoraciones si se dejaban ver sus falsas deidades en trajes tan excelentes y en sujetos tan singulares.

El Sainete fue de D. Gerónimo Monforte y Vera, ingenio tan peregrino, como desde Aragón su cuna hasta el Perú su asiento, publican los acreditados rasgos y vuelos de la pluma, pues ninguno bebió más claros, más fluidos ni más fáciles los líquidos cristales puros del Pindo.[40]

El Fin de Fiesta[41] le escribió quien, deseando complacer y servir a su dueño, pudo acertar sólo en esto, supliéndoselo justamente por tan rendido sacrificio cuanto quería conseguir el afecto que gobernó la pluma para la poesía y para la música, y cuanto inventó la idea en la contradanza con que remató, cuyos lazos con novedad particular adquirieron la

---

[40] The Pindus is a large mountain range in Olympus, one of whose peaks was consecrated to Apolo and the Muses. In addition to being a member of Peralta's Academias de Matemáticas y Elocuencia, Monforte y Vera was an original member of viceroy Casteldosríos' academy, as reflected in *Flor de academias* (1899). The viceroy's academy dated from 23 September 1709 to 24 April 1710; see "Academic and Literary Culture" in Williams 1994.

[41] The author of the "Fin de fiesta" was Fernández de Castro as revealed in his footnote: "Fue el pensamiento y motes obra del mismo que escribió el fin de fiesta y hace esta relación en quien el afecto de obedecer es disculpa para lo que no hubo de acertar."

aprobación aun de aquellos que, conservando las especies teatrales de Europa, pueden tener menos bien contentadizo el gusto, para lo que allí no le ejecuta. La música de Loa, Comedia, y Sainete fue composición de quien dentro de la clase de puro aficionado puede dar muchas ventajas para exceder en el gusto y el arte a pocos profesores de la Europa e igual a los mejores de nuestra España, su patria.

Concluida la Loa, pareció la mutación de tiendas de campaña entre frondosa arboleda y en el foro se descubría en lontananza la ciudad de Thebas (sitio en que se idea la Comedia).... fingióse a ésta la de templo admirable de Temis, con el altar del simulacro tan noblemente decoroso que infundió veneraciones y respectos.... Concluida la Comedia, y dando tiempo a la mutación de trajes, con una primorosa pieza de cobielo, empezó el fin de la fiesta, cantando el Amor diferentes arias y recitados (que se pondrán en su lugar), acompañado de los músicos instrumentos.... A su tiempo se vio el Iris, en cuyo punto medio se elevaba pequeña porción de nube que servía de trono a la hermosa Ninfa del aire que, respondiendo a la convocatoria que hacía el amor, llenó el ámbito de melodías y dulzuras y bajaron por una y otra parte los seis primeros planetas, en tan pequeños tronos de nubes, que parecían sostenerse en el aire. Como a un tiempo los oídos se dejaban manejar de la apacible armonía de instrumentos y voces, los ojos se veían arrebatar de la bella forma de las figuras y escenas, y la idea se daba a ocupar toda de las máquinas artificiosas de tan uniformes movimientos.

Here being the description of the *sarao*.

Concluyóse el contexto de la introducción y empezóse el armonioso Sarao, donde (como decía[42] de otros un discreto) hablaban las manos y los pies de los danzarines, pudiendo dar admiraciones a la misma Polimnia, inventriz de las danzas,[43] no siendo ejercicio extraño de lo noble la faltación (dejando aparte lo que califica toda acción lo sagrado del asunto), pues aun la adulta seriedad filosófica se vio en Sócrates, ejercitando

---

[42] "His additae sunt Horcistarum lo qua cissimae manus, linguosissimi digitti silencium clamosum Expositio tacita quam mussa Polymnia reperisse narratur. Aur. Cass. 4. Var. Ep. 51."

[43] "Non. Panopolyt. 19. lib. Dionysiac."

agilidades en el procenio de los teatros, y aun creía serle tan decoroso este ejercicio como la cátedra de las Virtudes en el Liceo de toda una Atenas y en Demócrito fue admirable el trueque que hizo por breve rato de su continua risa en admiraciones a las mudanzas de que vio adornarse el teatro de Nerón, pero que mucho si hasta los planetas danzan, no sólo como aquí quiso la ruda Minerva del autor, sino como expresó citando a muchos doctísima piando la pluma[44] y antes lo habían dicho Líbano[45] y Luciano[46] con otros muchos. Mas omítanse todos que (sin contarse el que le escribe) bastaron los que compusieron este Sarao, para acreditar acciones aun más dolorosas y para dar la última perfección a las que en obsequio de su soberano dueño práctico [Castelfuerte] hizo repetir la función otros cuatro días.

Lima enjoyed a rich tradition of dramatic performances that increased in number during the fashionable reign of the twenty-eighth viceroy, Casteldosríos. In much the same way that the renovation of Madrid's Coliseo brought new life into the Spanish theatre, so too did the rich circles of literary academies in Lima, none more famous than that sponsored by Casteldosríos and frequented by the best talents. His patronage injected new life into palace spectacles and was continued by his successors and fellow academy members.[47] Lima's playwrights were abreast of the latest innovations of the European stage and mounted lavish *comedias* and operettas.[48]

Whereas the viceregal palace was the staging area in Lima for musical plays, Spain's penchant for Italian opera and comedies was evidenced in those represented in Buen Retiro for the monarchs. Visiting and resident Italian theatrical companies fested Madrid throughout the seventeenth and eighteenth centuries. For example, on 17 November 1707 in Buen Retiro, Antonio de Zamora debuted his *Todo lo vence el amor*, which was repeated for the duke of

---

[44] "Nieremb. Occ. Phil. tract. de la Phil. renov. de los cielos."

[45] "Liban. in Apolog pro saltar."

[46] "In lib. Sing. de Saltar."

[47] See "Academic and Literary Culture" in my *Censorship and Art in Pre-Enlightenment Lima* (1994).

[48] Guillermo Lohmann Villena analyses Lima's theatre in *El arte dramático en Lima durante el virreinato* (1945). Lope addressed and gave the model for music and dancing in *Arte nuevo de hacer comedias* (1609).

Orleans on 7 December and two days later for the general populace. To commemorate the oath of prince Don Luis I, on 9 December 1709 "se hizo en el mismo teatro la ópera, letra del referido Zamora, *Con música y con amor*," which an Italian company subsequently represented again on 17 April for the king and queen.[49] In Buen Retiro there was news in 1722 of the scenic opera *Angélica y Medoro*, presented on the day of Luis I's patron saint, and in 1724 occurred the staging of Calderon's *Fieras afemina amor* to celebrate Luis' rise to the throne. In the same way that the Ayuntamiento of Madrid encouraged Italian theatre companies to frequent the city, so too did Lima's Cabildo foment interest in sponsoring visiting troupes. However, following the death of Luis I, both Madrid and Lima closed their theatres for some eleven months.

Although the musical score that Peralta specifically composed for the *Loa* is missing, it is possible to reconstruct in part the character and execution of the music from where it is indicated in the stage directions in the text and in Fernández de Castro's indispensable commentary. Music was on an equal footing with the text, which it highlighted, and the more familiar the score and songs, the more audiences would identify with the action before it. Aural contrivances were relied on to compete with and complement visual stimuli as a way of transforming theatrical displays into a moving and meaningful experience. Although the music could not dominate the text itself, it often introduced verisimilitude and reinforced the socio-cultural, political, and transcendental aspects of the play. It helped to define key moments and movements such as the appearance or departure of royalty, accompanied by the beating of drums or the blaring of trumpets. This direction is evidenced at the beginning of the *Loa* in the parting of the mechanical clouds that frame Venus and Pyrene, and in the thunderous whistle, produced by horns, that calls for the stage to be bathed and transformed into a shower of diamonds. A large room, appropriately decorated for royal entertainment and adjoined to the palace, served as the arena for the *Loa* and other plays.

Peralta put to use the enactment of lavish court and spectacle plays and *zarzuelas* where music was part and parcel of intricately wrought scenery for the stage. In the *Loa* Peralta's libretto showed that he indeed built on the trends that Calderón inherited from Lope and the early Spanish masques and spectacles in order to produce his hastily assembled operetta. It was Calderón who drew

---

[49] Mori y Cotarelo (1917) studies early cases of Italian opera in Spain and lyrical drama in Spain's *zarzuela* (1934).

selectively from the early Italian operatic stage to introduce what Louise Stein has insightfully called the "new hybrid genre."[50] This new form included spoken and sung dialogue that was prominent in Calderón's mythological semi-operas such as *La fiera, el rayo y la piedra* and *Hado y divisa de Leonido y Marfisa*. Fernández de Castro also presented another play that reflected this Calderonian vein: Antonio de Zamora's *Amar es saber vencer y el arte contra el poder*. In 1720 Peralta staged *Afectos vencen finezas* (modeled after Calderón's *Afectos de odio y amor*) to celebrate viceroy Morcillo Rubio de Auñón's birthday. That play was preceded by a *loa* that was sung in the form of an opera, and included a picaresque *sainete* entitled *El Mercurio galante*.

In the *Loa para la comedia* a versification scheme of heptasyllabic and hexasyllabic rhyme frames the arias and is imitative of the Italian recitative. For example, lines 110-131 are seven-syllable lines whereas 24-35, 208-215, and 244-251 are eleven-syllable assonated rhymes, with the chorus and aria of lines 252-267 consisting of assonated hepta- and hextasyllables. Three *arias de arte mayor* (1-4, 100-103, and 292-295) are interspaced among coupled *silvas* (5-12 and 18-23), *romances* ending in e-o of octosyllabic meter with alternate assonants (36-99, 132-207, 216-243, and 268-291), a *quintilla* (five-lined stanza with two rhymes, 13-17), and couplets (104-109).

The novelty of these staged events lied in the permanent marriage of methodical intoned dialogue and recitative. In as much as vocal music (arias, choruses of Apollo, the gods, and the Muses) is relied on to reinforce the emotional import of scenes in the *Loa*, such as when Apollo sings alone and is then accompanied alternatively by a chorus of gods and Muses, there are instances where mythological characters, principally deities (Venus, Apollo) appear to *cantar recitando*, a form that was deemed appropriate for those of superhuman faculties. Pyrene, who lent her name to the Pyrenees and thus symbolizes Spain, sings from on high the praises of Luis I, alternating with Venus. In a sudden shift of scenery, Apollo appears in a lush garden flanked on one side by the Muses and on the other by Hercules, Mercury, and Ganymede. He leads the three Muses, Calliope, Clio, and Euterpe, as each respectively announces her intention to sing in eloquent verse the virtues of the defunct monarch, to versify the history of his short reign, and to fill the heavens with music and lyric poetry of his deeds. As a bold example of Peralta's use of art to

---

[50] Louise K. Stein (1986 and 1993) comments on the influence of Italian opera on Calderón.

serve politics, Hercules pays tribute to the strength of Castelfuerte's viceregency, Mercury acknowledges the skillful art of governing, and the cupbearer Ganymede, as Aquarius, illuminates the evening sky of Peru. Their eternal tribute to Luis I ends in an acknowledgement to Castelfuerte as the very echo of Luis' name.

The magnificence of Lima's staging and its theatres, according to Fernández de Castro, compared favorably to the theatres of antiquity, notably those built by the Roman magistrate Marcus Scaurus and the Roman general Manius Curius Dentatus, as described by Pliny and cited by the philosopher Nemesius.[51] In continued hyperbolic fashion, the painted scenery even rivaled the tragic scenes painted by Agatharchus for the innovative dramatist Aeschylus and those designed for the demagogue Clodius Pulcher in the theatres of Rome.[52] In the author's estimation, the stages of antiquity failed to reach the

---

[51] The marginal note reads "Plin. l. 36. c.15." Marcus Aemilius Scaurus was curule aedile when in B.C. 58 he oversaw the celebration of public games for which he constructed a theatre adorned with 3000 brazen statues that held 80,000 spectators and a stage decorated with 360 pillars that consisted of three stories: the lowest of glass, the middle of marble, and the top of gilt wood. His many achievements and those of Gaius Curio, an aide to Caesar and who died in 49 B.C. during the Civil War, are lavishly told by Pliny in his *Natural History* (book 36). On the death of his father, Curio attempted to outdo Scaurus in ingenuity and "built close to each other two very large wooden theatres, each poised and balanced on a revolving pivot. During the forenoon, a performance of a play was given in both of them and they faced opposite directions so that the two casts should not drown each other's words. Then all of a sudden the theatres revolved (...with some of the spectators actually remaining in their seats), their corners met, and thus Curio provided an ampitheatre... What will prove to be more amazing than anything is the madness of a people that was bold enough to take its place in such treacherous, rickety seats. What a contempt for life this showed! And the aim, after all, was merely to win favor for the speeches that Curio would make as tribune. For, if we must confess the truth, it was the whole Roman people that struggled for its life in the arena at the funeral games held at his father's tomb." As the pivots wore, Curio modified the staging (keeping the ampitheatre) to accommodate athletic displays. (Pliny in Eichholz 1962, 91-94)

The marginal note to Nemesius reads: "Nemes. cap. 4 de Vissu." Nemesius (fl. c. AD 400), bishop of Emesa in Syria, wrote *On the Nature of Man*, which is rich in philosophical sources. Dentatus (d. 270) defeated the Sabines and Samnites and drove Phyrus from Italy; he constructed Rome's second aqueduct (270), the Anio Vetus.

[52] The marginal note to the Roman politician Publius Cladius [Clodius] Pulcher (d.

enlightened minds of spectators in contrast to what Lima had achieved. This comparison of Lima's theatre to that of Rome extended to embrace the *exodium*, a piece enacted at the end of a solemn work and which corresponded in type to Greek satires. Plays presented in Lima's theatres, concluded Fernández de Castro, were said to surpass even those given in the Retiro of Madrid, and those in Paris and Italy.

History and literature met in Peralta's *Loa*, reflecting palatial intrigues and popular sentiment. Not only were the various plays staged within the guidelines of decency established by archbishop Antonio de Zuloaga in 1718, but they also displayed Lima's love of the monarchy and its respect for its viceregal system. Lima's reputation as one of two of the New World's leading colonial empires, renown for their rich cultural heritage, is reflected in the circumstances surrounding the *Loa*. This work reinforces the celebrity of Peralta and proves that even at an early phase in his career, Peralta was at the center of Lima's literary world, firmly invested in the history and politics of Peru and its ties to the crown (manifest above all in his *Historia de España vindicada*, 1730). Likewise it confirms Peralta as a respected artist whose loyalty the viceregal government came to patronize. The *Loa* and most of the related works, be they religious or secular, share a common theme: love and fidelity that conquer all (e.g., love of country, monarchy, family, friendship, and humankind). They are a document for sociopolitical history that reflects Lima at the first half of the eighteenth century. The backdrop of abdication, succession, and tragic death also reveals the intersection between Peruvian and peninsular dramatists whose works were brought together to triumph a sublime occasion. In its own right Peru already enjoyed, independent of Spain but linked to the literary heirs of Lope and Calderón, a highly developed dramatic tradition in the mastery of Peralta Barnuevo and fellow playwrights.

52B.C.) is: "Valer. Max. lib. 2. C. 4. Videdus vitrubius lib. 7, Cap. 5." Another that refers to the great theatres of Rome reads: "Lib. 35. Cap. 4." Marcus Vitruvius Pollio, a noted engineer during the reign of Julius Caesar and Augustus, composed a ten-book work on architecture (*De Architectura*) written between 61-14 B.C. The Greek painter Agatharchus (fl. 5th cent. B. C.) is reputed to be the first painter of stage scenery for tragedies, known for his application of perspective and shading.

LOA,

PARA LA COMEDIA CON
que celebró la Familia del Exc.mo S.or
Marques de Castel-Fuerte Virrey de
estos Reynos la Assumpcion à la Co-
rona de España del Rey Nro. S. D.
LUIS I. que Dios guarde, en las
Fiestas Reales, que hicieron en esta
Ciudad à tan glorioso
Assumpto.

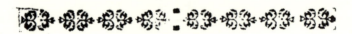

PERSONAS.

Apolo.

Venus.	Pyrene.
Sequito de Venus.	Sequito de Pyrene.
Hercules.	Euterpe.
Mercurio.	Caliope.
Ganimèdes.	Clio.
Coro de Apolo.	Coro de los Dioses.

Coro de las Musas.

A   Cant.

Loa

para la Comedia con que celebró la familia del Excelentísimo Señor Marqués de Castelfuerte, Virrey de estos Reinos, la asunción a la Corona de España del Rey Nuestro Señor, Don LUIS I, que Dios guarde, en las Fiestas Reales que hicieron en esta ciudad a tan glorioso asunto.

PERSONAS

APOLO

VENUS	PIRENE
SÉQUITO DE VENUS	SÉQUITO DE PIRENE
HÉRCULES	EUTERPE
MERCURIO	CALÍOPE
GANIMEDES	CLÍO
CORO DE APOLO	CORO DE LOS DIOSES

CORO DE LAS MUSAS

(*Canta dentro del coro de Apolo*)

Música   A aplaudir la más ínclita gloria
                la acción más augusta que vio el universo
                con gozos festivos se eleve y descienda
                más bella la tierra, más fulgido el cielo.

(*Córrese la cortina y aparecen en un lado Venus en un trono de nubes y rosas, y en el opuesto Pirene en otro de escollos y nubes*)

PIRENE *canta*   ¿Dónde, Venus hermosa,   5

(*Recitado*)	me lleva tu beldad tan presurosa
	cuando, tan ocupada
	en la mansión sagrada
	que habita mi deidad, está en gloria
	que llena de su numen mi memoria, 10
	apenas de otra idea
	me puede permitir que se posea?
ARIA	¿Dónde, dónde, Venus bella,
	me arrebata tu esplendor?
	Detén la brillante huella 15
	no le pases a tu estrella
	las violencias del amor.
Venus *canta*	Ya, Pirene, te ha dicho esa armonía
(*Recitado*)	lo que más claro el sol, más fausto el día,
	con ecos luminosos 20
	te publican con júbilos gloriosos.
	Pero en ti misma traes lo que ignoras
	si el asunto que aplaudo es el que adoras.
Aria	Gozosa me inflamo,
	y el sol es la hoguera 25
	que me ha de abrasar,
	si al numen que aclamo
	el templo es la esfera,
	la tierra el altar.
	Gozosa me inflamo, 30
	y el sol es la hoguera
	que me ha de abrasar,
	si al numen que aclamo
	el templo es la esfera,
	la tierra el altar. 35
(*Representa*)	Siendo yo Venus, ya sabes
	que soy el claro lucero
	de la tarde, que me adora;
	y así el occidente inmenso
	en que la América yace 40
	ilumino y represento.
	También soy el astro hermoso,

que el noble dominio tengo
de este día, a quien llamaron
día, por esto, de Venus.   45
Sabes bien que hoy es el mismo
en que, por ser el noveno
del mes, que ahora ilustra el sol,
cumple el círculo primero
de su luz el primer año   50
de su alto, próspero imperio
el Augusto LUIS, que aclamas
sacro católico dueño.
Y así yo su exaltación
al fúlgido trono ibero   55
debo celebrar, por que
en este día, naciendo
el asunto y el aplauso,
en horóscopo de inciensos
el idólatra y el numen   60
una misma edad contemos.
Y sabes…

PIRENE   Sé que yo soy
Pirene, que nombre eterno
como ninfa de sus riscos,
di a los ricos pirineos,   65
y que por esto la España
significo; mas deseo
que me digas, ¿por qué cuando
tan ocupada me veo
en aplaudir y admirar   70
los principios de un imperio
tan feliz, a esta región
me trasladas con un vuelo
en que, para atraerme, sobra
a tu beldad lo violento?   75

VENUS   Iba diciendo que acá
del occidente en que reino
el vasto imperio gobierna

	el Armendáriz excelso,	
	a cuyo bastón debió	80
	tanto de la España el cetro.	
PIRENE	De mi memoria de suerte	
	inseparable le tengo,	
	que, aun a pesar de la ausencia	
	allá juzgo que le veo.	85
VENUS	Pues, hoy su ilustre familia,	
	al influjo de su celo,	
	termina las altas pompas	
	con que de Lima el obsequio	
	al regio, al eterno LUIS	90
	ha dado cultos supremos	
	por ver que también coronen	
	a los gozos los afectos.	
	A este fin dioses y Musas,	
	junta el Pindo, llama el cielo	95
	porque a tanta fiesta inspiren	
	armónicos desempeños;	
	y si no, o ninfa prevén,	
	ojos y oídos atentos.	
Música	A aplaudir las más ínclita gloria,	100
	la acción más augusta que vio el universo	
	con gozos festivos se eleve y descienda,	
	más bella, la tierra, más fúlgido el cielo.	

(*En tanto, que la música canta el verso antecedente, se descubrió en el foro un jardín en que estaba sentado Apolo, teniendo al lado derecho a Hércules, a Mercurio y a Ganimedes, y al siniestro a Calíope, Euterpe y Clío.*)

APOLO *canta*	Altas deidades, musas elocuentes,	
(*Recitado*)	celebrad, aplaudid hoy más lucientes	105
	del Augusto LUIS la mayor gloria;	
	pues, para que os ilustre su memoria,	
	Apolo soy, mi numen os inspira,	
	moved unos la luz, otras la lira.	
Aria	Virtudes y dulzuras,	110

amigas, competid;
¡al combate, hermosuras,
héroes a la lid!
porque en este confín
las ínclitas grandezas 115
de un rey, cuya proezas
se exaltarán sin fin,
las canten inmortales
con júbilos iguales,
la lira y el clarín. 120
Virtudes y dulzuras,
amigas, competid;
¡al combate, hermosuras,
héroes a la lid!
porque en este confín 125
las ínclitas grandezas
de un rey, cuya proezas
se exaltarán sin fin,
las canten inmortales
con júbilos iguales, 130
la lira y el clarín.

(*Representa*)   Yo, que soy el sol que influyo
en los monarcas; y al regio
LUIS en su augusto natal,
puesto en la mitad del cielo, 135
di los mejores influjos,
que hallar pude en mis reflejos;
el trono le adelanté
porque, anticipando excelso,
sus talentos imitase 140
a la virtud el imperio.
Y si a mi mano el gran Jove
cedió la esfera modesto,
símbolo soy el más claro
de su esplendor; aunque advierto 145
cuanto el augusto PHILIPO
supo exceder los ejemplos,

pues, más allá de glorioso,
excedió también lo regio,
cuanto va de ánimo a trono,   150
cuanto va de acción a reino,
dádiva en que a LUIS le fue
mayor corona el afecto;
suceso, con quien lo heroico
aun no tiene parentesco,   155
siendo en el orbe más fácil
practicarlo que creerlo.
Y, pues, también la nobleza
inspiró, siendo en los pechos
la sangre que los ilustra,   160
purpúrea luz que les vierto,
la noble familia animo,
a quien se debe el esmero
de este día pues, copiando
la grandeza de su dueño,   165
también como el numen tiene
su imagen el rendimiento.

HÉRCULES   Yo que soy el triunfante
Hércules, monarca ibero,
que a España de conquistada   170
la hice libre con mi esfuerzo,
con el imperio le anuncio,
no el valor (pues ya en su pecho
aun a sus mismos influjos
pudiera servir de ejemplo)   175
los triunfos que hará su ardor
más nobles que mis trofeos,
siendo por virtud piadoso,
por necesidad guerrero.
Y, pues el gran Castel-Fuerte   180
es hoy el Hércules nuevo,
a quien fía el regio Atlante
de tan vasta esfera el peso,
(grandeza de su monarca,

pues por su brazo está siendo   185
copia a quien otros héroes
teniendo están por modelo);
su trono en su nombre aplaudo;
con su esfuerzo el suyo expreso,
siendo a original y copia   190
vaticinio y paralelo.

MERCURIO   Mercurio, dios de las artes,
el político gobierno
a su alto, augusto dictamen
le influía, y ya le aprendo.   195

GANIMEDES   Yo que el joven Ganimedes
en el signo resplandezco
de Acuario, que iluminando
el vasto Perú, convierto
(constelación dominante)   200
en metales mis luceros;
de su ilustre emporio el culto
en esta ocasión le ofrezco
de los obsequios más grandes,
que pudo hacer al empeño   205
de quien a su rey tributa
mayor riqueza en su celo.

Canta solo   Pues digan los dioses
  APOLO   que forma ya el cielo
de LUIS las proezas   210
blasones eternos.

Repite el Coro   Pues digan los dioses
que forma ya el cielo
de LUIS las proezas
blasones eternos.   215

CALÍOPE   Calíope soy canora,
que ya la lira prevengo
a sus virtudes, que allá
en su soberano pecho,
desde que son cualidades,   220
como hazañas las contemplo.

	Y si cantar los héroes	
	el asunto es de mi plectro,	
	el más heroico poema	
	a sus proezas ofrezco,	225
	pues, siendo el gran LUIS mi Aquiles,	
	yo le serviré de Homero.	
CLÍO	Clío que de las historias	
	archivo sonoro al viento	
	hago, escribiendo mi voz	230
	cuanto va dictando el tiempo:	
	de sus regios ascendientes	
	regios le ministro ejemplos,	
	en quienes desquitará	
	con lo mayor lo primero.	235
EUTERPE	Euterpe tercera Musa,	
	que forma heroicos concentos,	
	hará que sea la fama	
	sólo de su nombre el eco	
	porque, llenando la esfera,	240
	los que imitaren su esfuerzo,	
	se penetren como propios,	
	no cabiendo como ajenos.	
APOLO *canta*	Pues canten las Musas,	
	que el nombre supremo	245
	de LUIS eterniza	
	sus dulces acentos.	
Repite el Coro	Pues canten las musas	
	que el nombre supremo	
	de LUIS eterniza	250
	sus dulces acentos.	
VENUS *canta*	Y diga el occidente	
	en que domina Venus,	
PIRENE *canta*	y diga de Pirene	
	el poderoso reino	255
Las dos	que el día en que su trono	
	cumple el albor primero,	
	apenas comprehenden	

	su luz dos hemisferios.
APOLO	Pues digan los dioses (*Los tres dioses y el coro*) 260
	que forma ya el cielo
	de LUIS las proezas
	blasones eternos.
EUTERPE	Pues canten las Musas. (*Las tres musas y el coro*)
	que el nombre supremo 265
	de LUIS eterniza
	sus dulces acentos.
(*Representa*)	Y tú, Excelente Señor,
	que al Rímac favoreciendo
	le has pasado tanta parte 270
	de la claridad del Ebro
	con quien, si entonces vivieras,
	la Vasconia hubiera opuesto
	mayor embarazo a Augusto,
	al árabe más tropiezo. 275
	(Dígalo de la corona,
	de tu soberano dueño,
	tanto florón defendido,
	tanto añadido reflejo.)
	Admite de tu rendida 280
	noble familia este obsequio;
	pues en su nombre en tus aras
	tu mismo influjo te vuelvo.
	Tú al GRANDE LUIS le dedica,
	para hacerle más eterno 285
	que en la luz allá se entienden
	las copias con los modelos.
	Vive para la fortuna
	del vasto peruano imperio,
	donde, para mayor gloria, 290
	cante la Fama, diciendo:
Todos y Música	Que al cerrar la más fulgida pompa
	que la ínclita Lima ha debido a su celo
	sus gozos se exalten, haciendo que sea
	del nombre de LUIS, Armendáriz el eco. 295

FIN

Fúnebre pompa, demonstración doliente,
magnificencia triste que en las altas exequias...
al señor Francisco Farnese,
duque de Parma y de Placencia

PROLOGUE

WHEN FRANCESCO FARNESE, the penultimate duke of Parma and Piacenza, died in 1727, Felipe V sent a decree to Peru's viceroy on how the solemn occasion was to be observed (dress, mourning, services, order of processions, and decorations).[1] Peralta Barnuevo celebrated the exequies with *Fúnebre pompa*, a lengthy, descriptive narrative that outlined the preparations for and execution of the decree. Of interest to readers will be an unknown work by Peralta contained within the volume called *Apolo fúnebre*. It is the only record to date of what his Academia de Matemáticas y Elocuencia produced as a collective publication. Its title has been confused by critics during the past century with another poem of the same name that he wrote entirely in Greek at age 19. This error has made the rounds from critic to critic. The early Greek poem of that name has never surfaced and Peralta never referred to it by name in any of his writings.[2]

---

[1] The order was first issued in 1693 and is reproduced in Appendix A. Gutiérrez (1874, 8:358-62) errs in stating that *Fúnebre pompa* was published in 1716 and was thus Peralta's first book. He is the only critic who claims to have read *Fúnebre pompa* and who offers brief citations from the text.

[2] In the preface to *Triunfo y pasión de Cristo* (1738) Peralta's brother friar José Peralta Barnuevo y Rocha, wrote about his sibling's many talents: "Quien no creyera que estos cinco talentos, tan fecundos y floridos, los había de emplear Vm. en... el *Apolo fúnebre*, que discurrió a la ruina de Lima, por el gran terremoto en la griega, y otras..."

No one critic claims to have ever seen the early poem. For example, Sánchez (1965, v.2), states: "A los 24 años publicó su primera obra, una poesía en griego titulada

The interest in Francesco Farnese (1678-1727) lies in the cultural, religious, and political influences that he and his family exerted over centuries in Italian and European history. Francesco, son of Ranuccio II (1630-95) and his third wife, Maria D'Este, inherited the duchy from his father in 1694. His ties to Spain resulted most directly from the marriage of his niece Elizabeth (one of two offspring from his brother Odoarda (1666-1693) and Dorotea Sofia di Neuburg, duchess of Baviera) in 1714 to Felipe V, king of Spain.[3] Their union established the Bourbon's Naples-Parma line and the successive houses of Bourbon-Sicily and Bourbon-Parma.

Francesco occupied an esteemed position in European diplomacy. One of his first overt political acts was his willingness to be an intermediary in the

---

Apolo fúnebre, sobre el terremoto que destruyó a Lima en 1687" (501). Years later, Sánchez writes: "Con aquellos cinco talentos acometió la factura de sus obras, algunas de ellas en idioma extranjero como los poemas heroicos que compuso V. M. en lengua francesa, a nuestro Rey Católico y al Cristianísmo, el *Apolo fúnebre* que discurrió la ruina de Lima por el gran terremoto, en la griega" (1967, 13); "La primera composición poética suya de que se tiene noticia data de 1687 y está escrita en verso; aparece en el *Apolo fúnebre* folleto en el que se lamenta del terremoto que afligió a Lima ese año" (1967, 24; he quotes from Riva Agüero 1910:301) and Medina (1904, 2:v); "[El terremoto fue] lo que motivó al estudiante Pedro de Peralta, de veintitrés años, a utilizar el griego que aprendiera en la Universidad de San Marcos para escribir un poema en ese idioma, lamentando las desdichas ocasionadas por el terremoto. El folleto se titulaba *Apolo fúnebre*. Con él inicia públicamente una fecunda carrera literaria el menos conocido y más célebre de los limeños de los siglos XVII y XVIII, Peralta" (1967, 56; he cites Luis Antonio Eguiguren 1966); "La primera composición poética de Peralta que ha llegado a nosotros, es el romance al Cristo Crucificado con ocasión del terremoto de 1687; al parecer no es el mismo que, en idioma griego, forma parte del *Apolo fúnebre*, en que se deplora dicho terremoto. El autor contaba veintitrés años; sin embargo, en el manuscrito de ese romance depositado en la Biblioteca Nacional de Madrid se dice que lo escribió a los 18 años o sea en 1678" (1967, 95); "Si revisamos ligeramente su producción, deteniéndonos sólo en los que podríamos llamar las 'piezas mayores' y sólo en algunas de las medianas, encontramos lo siguiente: versos en griego de diversos pies hasta llenar todo el folleto de *Apolo fúnebre* (Lima 1687) con motivo del tantas veces mentado terremoto de 1687..." (1967, 102).

Riva Agüero (1938, 246), Lohmann Villena (1964, 15), and Núñez (1964) also cite the early *Apolo fúnebre*.

[3] Dorotea Sofia was also the sister of the widowed queen of Carlos II, the widowed empress of Austria, and the queen of Portugal.

ambitious bankrupt plan of Pope Clement XI to return the Catholic Stuarts to the English throne and the faithful Felipe V to the throne of France through an alliance with Spain, Austria, and Piemonte (Nascalli Rocca 1969). Francesco recognized the supreme dominion of the Holy See through an oath of loyalty and a diplomatic mission that he sent to Rome, comprised of nobility from Piacenza and Parma and headed by Count Gaspare Scotti d'Agazzano. In May 1695 the delegation went to the Montecavallo palace to lend Francesco's name to a solemn pledge of obedience and loyalty to Pope Innocence XII. Francesco's poor economic state (family debts to Milan, Bologna, and Genovese bankers) was one reason why he followed his dying father's advice to marry Princess Sofia Dorotea of Neuburg (eight years his senior) on 7 September 1696, widow of his brother Odoardo, in order to avoid restitution of the rich dowry she brought with her, and to tie his dynasty to the powerful House of Austria. That same year duke Francesco visited his states of Bardi and Compiano, which he had inherited as part of his marriage.

Franceso, forever worried with extending the family's rule but not discouraged, still sought reconciliation of the courts of Felipe V and Louis XV. Francesco realized his goal of reconciliation when Cardinal (1717) Giulio Alberoni (1664-1752) became the representative of the duke of Parma in 1713 at the court of Felipe V. There, Alberoni gained sufficient influence to became the de facto minister and, with Francesco's blessings, it was he along with the princess of Ursins (Marie Anne de la Trémoille) who arranged the marriage of Elizabeth and Felipe V. (The princess of Ursins had exercised considerable power during the reign of Felipe's first wife, Maria Luisa of Savoy, but Elizabeth Farnese had her expelled from Spain in 1714.) Although Elizabeth dominated Felipe V's policies, Alberoni in turn dominated her. Their pact to recover the former Spanish territories in Italy resulted in the Quadruple Alliance, to which Felipe V finally submitted in 1720. Alberoni saw Felipe and Elizabeth's marriage as an act by which he could bolster Spain, invalidate the Peace of Utrecht by which Spain had ceded the Spanish Netherlands, Sardinia, Milan, and Naples to Austria, and Sicily to Savoy, and crush Austrian hegemony in Italy. In attacks, he recovered Sardinia (1717) from Austria, and Sicily and Savoy (1718), all of which gave rise to the formation of the Quadruple Alliance (1718) by France, England, the Netherlands, and Austria. Spain was forced to yield gradually, and Alberoni was banished (1719) to Rome, later to become Pope Clement XII's legate in Bologna and in the Romagna in 1734. With the weight of Spanish rule upon him and the desire to secure the French throne, Felipe V abdicated in 1724 to his son Luis I (see Introduction to *Loa para la comedia*).

Francesco Farnese favored Spain's invasion of Italy in order to stop Austria's influences in said country. The prevailing opinion was to have Spain land in either Tuscany or Naples. Alberoni tried to have the invasion take place instead against Sardinia, which he felt was a much easier territory to conquer. In fact, that is what the Spanish fleet did. Likewise, duke Francesco and the politicians of Parma favored invading Tuscany or Naples. With Alberoni's blessing, the Spanish fleet went from Barcelona to Calgliari, capital of Sardinia. Franceso was displeased with that move and advocated attacking Naples in order to check the Austrian occupation there; he also knew that Tuscany was nearby so that he could receive help from the Spanish army. However, Aberoni did not change his plans. European powers felt betrayed by Spain because of the invasion, especially in light of their common pact with Spain against the Turks, and felt threatened that the Pope favored the occupation of Italy by the Spanish.

Francesco asked Alberoni to predate a letter to the day of the attack, a letter that he would use to deny knowledge of the invasion. This Farnese secret was contained in private diplomatic dispatches (Drei 1954, 247-69). Unfortunately, the letter achieved the opposite effect: it pointed to Francesco as an accomplice. The Spanish minister accepted to be the scapegoat in order to carry out the designs of Francesco and Felipe V. In the final analysis, the invasion represented a plan to undermine Austria's possessions in Italy, supported by Francesco and the king of Savoy. (The duke of Savoy received Sardinia to compensate for the loss of Sicily, and was awarded the title of king). As part of the spoils of war, Spain claimed Sicily, Naples, and some ports in Tuscany; Austria kept the state of Milan. The Farnese felt that with Spain in Tuscany, their possessions would eventually go to one of the sons of Elizabeth, with the Farnese in control of the Tyrrhenian side of Italy.[4]

Francesco was benefactor of several works, such as a the construction of a kedge to defend the city against erosion from the Po river and the construction of a bridge over the Nure. There was no criticism of his private life (unlike that of his ancestors); rather, he was recognized as a man of rare virtue and gifted with prudence and clemency in governing his people. As a Mecenas of the

---

[4] Unfortunately, Francesco did not live to see the succession of his nephew Carlos III as king of Spain (1759-88) and of Naples and Sicily (1735-59). On Francesco's death, 26 February 1727, his brother Antonio (1679-1731) inherited the title and became the last duke of Parma and Piacenza.

university, he fostered the study of public law, language, history, and geography. Francesco continued his family's legacy of sponsoring musicians, artists, and writers yet his greatest work was the construction of the Rocca di Colorno palace, an accomplishment that spanned 1712-1730, a period considered to be the golden years of Farnesian politics. Rocca di Colorno was his preferred residence and housed his renown art collection. At best, Francesco Farnese is to be remembered as a devoted and ambicious politician who enjoyed stature within a limited arena of European politics. He sought to keep alive his rapidly tumbling personal and political fortunes (and those of his family's legacy) while he witnessed the rise of the Bourbon-Parma line and the loss of Spain's greatness under Felipe V.

The exequies for the duke were a standard overdone production number in which Lima traditionally honored and boasted of its ties to the Spanish monarchy. The viceroy's execution of the king's cedule provided another opportunity for Lima to shine by employing its work guilds, civil and government officials as well as noted poets, including Peralta's academy. Lima exceled at sponsoring poetry contests in which its literary academies actively participated, often inviting young poets to vie for prizes. Early in his career Peralta wrote several *certámenes*, notably *El Júpiter Olímpico* (1716), *El teatro heroico* (1720), *La galería de la omnipotencia* (1726-27) and *El cielo en el Parnaso* (1736), as well as celebratory works and lengthy panegryics in honor of and dedicated to the ruling aristocracy, such as *Lima triunfante* (1708) and *Júbilos de Lima y fiestas reales* (1723).[5]

Lima's reputation as one of the Crown's two glories in America, renown for its devotion to Spain, was stressed by Peralta on many occasions in *Fúnebre pompa* wherein he cited its obedience to the monarchy. Above all, Lima was considered an echo of a noble order of which the colonies were once a reflection. "Es Lima la corte de la obediencia y el trono del amor porque el que tiene a su rey es de un calor que sabe disipar la niebla de la distancia de medio orbe, de suerte que a proporción de todo lo que se aparta de país, se le avecina de lealtad, siendo el movimiento de su afecto como el de las mayores esferas que todo lo tienen de extensión compensan de velocidad. No obstante ser todo obligación, ama de modo que parece que es mayor la suya porque es mayor su cumplimiento. En fin si tuvieran los reyes cielo para las ciudades, ninguna tuviera más gloria porque ninguna quiere con más contrición" (fol. 28).

---

[5] See Williams, "University Politics and Poetic *certámenes* " (1994:51-73).

Peralta's description of the city's reaction to being called to action parallels other instances where official observances were required.

In response to the royal order, viceroy-governor José de Armendáriz, marqués de Castelfuerte, set into motion the task of organizing observances. The day before the funeral rites, the various tribunals, the nobility, and literary groups assembled to pay tribute to Farnese. The exequies began on 8 May (fol. 66) and chronicled the contributions of Lima's major religious institutions. Verses were contributed in different languages by the Santo Domingo Monastery, the Colegio Máximo de San Pablo de la Compañía de Jesús, San Francisco de Paula, the Colegio Real y Mayor de San Felipe, the Colegio de San Martín, the Seminario de San Toribio, as well as individual verses by other religious figures. Descriptions of events included the brillant construction of the tumb (fols. 33-34).

Among Lima's leading citizens who formed part of obsequies was Castelfuerte, on whose behalf Peralta had authored *Relación del estado de los reinos del Perú* (1736), an account of the state of Castelfuerte's goverment for his successor, the marqués de Villagarcía, Antonio José de Mendoza Sotomayor y Camaño. The *Relación* revealed the many challenges Castelfuerte encountered, which ranged from correcting corruption within the Inquisition and illegal trafficking in commerce to disciplining rebellious religious orders and controlling riots outside of Lima (Williams 1994, 101-07). In *Fúnebre pompa* (fol. 30) Peralta spoke admirably of the viceroy's many attributes. Other distinguished participants included members of Peralta's literary academy, some of whom also had graced the academy over which viceroy Casteldosríos (Manuel de Oms y de Santa Pau, Olín de Sentmanat y de Lanuza) presided from 23 September 1709 until his death on 24 April 1710.[6] The proceedings from this academy were first published in 1713 by the academy's secretary, Diego Rodríguez de Guzmán and republished by Ricardo Palma in 1899 under the title *Flor de academias*.

Those who are specifically listed as members of Peralta's academy in *Apolo fúnebre. Poesías de la Academia de Matemáticas y Elocuencia* (fols. 107-133) are: presbyter Diego de Villegas Quevedo [y Saavedra], member in 1730 of the Spanish Academy, lawyer for the *Real Audiencia*, priest, vicar, ecclesiastical

---

[6] Mendiburu (1886) provides biographical data for most of Peralta's academy members, some of whom seem to have escaped the annals of literary history. All contributed verses to other works by Peralta.

judge of Santiago de Guayana in the bishopric of Huamanga for which he served as synodal examiner and Inquisition commissar, and contributor to Peralta's *El cielo en el Parnaso*, *El templo de la fama vindicado*, and *Fúnebre pompa*; infantry captain Francisco Robles Maldonado y Alcócer, who filled the post of Lima's mayor in 1741 and 1742 and contributed verses to *Lima fundada* and *Fúnebre pompa*; the poet Francisco de Salas y Villela, a Cuzco native who also wrote verses in *El templo de la fama* (1720); Angel Ventura Calderón Cevallos Santibáñez Bustamante y Villegas, marqués de Casa Calderón, knight of the Order of Santiago and regent of the Tribunal and High Court of Accounts, who inherited his title in 1734, most of whose literary writings have not survived but some of which are conserved, such as his dedication in Peralta's *Historia de España vindicada*, a sonnet included in *Lima fundada*, poems in *El cielo en el Parnaso*, and verses in a volume he edited, *Oraciones panegíricas* (1743), to receive Archbishop José de Cevallos at San Marcos. Also included were José Bernal, an academy friend to whom Peralta bequeathed his printing press, a machine that was responsible for diffusing many of his ideas throughout the Americas and Europe; and Peralta's brother-in-law, Eusebio Gómez de Rueda, chief auditing accountant for the Tribunal of Accounts, who composed poems for *El cielo en el Parnaso*.[7] The poems of the aforementioned group are followed by "Poems of Singular Talents": José Francisco de Alzamora Ursino, president and captain-general of the isthmus of Panama; infantry captain Antonio Sancho Dávila Bermúdez de Castilla, grandson of Pedro José Bermúdez de la Torre, who wrote poems for *Lima fundada*; Miguel José de Mudarra y Roldán, infantry captain, *alcalde ordinario* from 1743-44, and contributor to *Lima fundada* and *El cielo en el Parnaso*; José de Vivar Rocha, a contributor to *Fúnebre pompa*, and the accomplished poet and playwright, José Bermúdez de la Torre y Solier. The latter was a close associate of Peralta in academy circles and was author of *El sol en el zodíaco*, *Hercúles aclamado de Minerva: certamen poético* (1745) and the poem *Telemaco en la isla de Calipso* (1728). He was also a former president of San Marcos University, a member of Casteldosríos' academy, and contributed verses to many of Peralta works,

---

[7] In "Testimonios" (Valcárcel Esperanza 1964:121) the scribe and notary public Gregorio González de Mendoza described in detail Peralta on his deathbed. Bernal served as the viceroy's accountant and also wrote a preliminary endorsement of *Lima fundada* (1732).

notably *Lima triunfante*, as related in *Lima fundada*.[8]

Peralta's academy was but one of several, including those operated by the Marquis de Villafuerte, which is the subject of the biting satire *Diálogo de los muertos: la causa académica*, and that of Casa Calderón, whom Peralta named his executor, heir, and property holder.[9] Riva Agüero (1962, 287) points to separate academies supported by Rodríguez Guzmán and Bermúdez de la Torre after the death of Casteldosríos.

In his *Teatro crítico universal*, Feijoo, an ardent supporter and admirer of Peralta despite the fact that they never personally met, cited having received a copy of *Fúnebre pompa* and commented on Peralta's abundant talents. Of interest is the transatlantic recognition Peralta garnered in the scientific community due to his erudition.

> En Lima reside don Pedro de Peralta y Barnuevo, catedrático de Prima de Matemáticas, ingeniero y cosmógrafo mayor de aquel reino, sujeto de quien no se puede hablar sin admiración porque apenas (ni aún apenas) se hallará en toda Europa hombre alguno de superiores talentos y erudición. Sabe con perfección ocho lenguas y en todas las ocho versifica con notable elegancia. Tengo un librito, que poco ha compuso describiendo las horas del señor duque de Parma que se hicieron en Lima. Está bellamente escrito y hay en él varios versos suyos harto buenos en latín, italiano y español. Es profundo matemático, en cuya facultad o facultades logra altos créditos entre los eruditos de otras naciones; pues ha merecido que la Academia Real de las Ciencias de París estampase en su *Historia* algunas observaciones de eclipses que ha remitido y el padre Luis Feuillé, doctísimo mínimo y miembro de aquella academia, en su *Diario* que imprimió en tres tomos en cuarto, le celebra mucho. Lo mismo hace Monsieur Frézier, ingeniero francés, en su *Viaje*, impreso. Es un

---

[8] Peralta stated that Bermúdez "ordenó un libro que salió en nombre ageno sobre la destreza indiana, y tres certámenes, el primero para el recibimiento del marqués de Casteldosríos en la Real Universidad, que está incluso en el libro que yo imprimí de su relación, intitulado *Lima triunfante*" (*Lima fundada*, Canto 7, note 157 to stanza CLXII). Sánchez published "Telémaco en la isla de Calipso" in *Revista histórica* (Lima, 1928) 8: 243-284.

[9] See "Poder para testar" in Riva Agüero (1912). Casa Calderón was a member of Lima's Audiencia and chief accountant of the Tribunal of Accounts.

historiador consumado tanto en lo antiguo como en lo moderno, de modo que sin recurrir a más libros que los que tiene en la biblioteca de su memoria, satisface prontamente a cuantas preguntas se le hacen en materia de historia. Sabe con perfección (aquella de que el presente de estas facultades es capaz) la filosofía, la química, la botáncia, la anatomía y la medicina. Tiene hoy sesenta y ocho años, o algo más; en ésta ejerece con sumo acierto no sólo los empleos que hemos dicho arriba, más también el de contador de cuentas y particiones de la Real Audiencia y demás tribunales de la ciudad, a que añade la presidencia de una Academia de Matemáticas y Elocuencia que formó a sus expensas. Una erudición tan vasta, acompañada de una crítica exquisita, de un juicio exactísimo, de una agilidad y claridad en concebir y expresarse admirables. Todo este cúmulo de dotes excelentes resplandecen y tienen perfecto uso en la edad casi septugenaria de este esclarecido criollo.[10]

After the demise of Casteldosríos' academy, Peralta founded at his own expense the Academy of Mathematics and Eloquence which sponsored semipublic literary contests. The references to Peralta's academy are scattered and indicate how critics have followed one another's lead in an attempt to pinpoint its creation and operation.[11] Riva Agüero intimately linked Peralta's academy with the social gatherings commanded by Casa Calderón, stating them to be one and the same: "La tertulia de Casa Calderón, en su conocida morada de la calle San José,... componía el fondo de la Academia que se intituló, como ya vimos, de Matemáticas y Elocuencia" (Riva-Agüero 1938, 269). As Peralta's patron, Casa Calderón was responsible for underwriting the publishing expenses for the first

---

[10] Feijoo, "Españoles americanos" (1944, 12). Feijoo praised the accomplishments of *criollos* in this important essay. Although separated by the Atlantic, he and Peralta maintained a healthy correspondence which revealed the exchange of texts between the two and their mutual admiration (see Williams 1998). Regarding Frezier's *Viaje* (1717), see *Relación del viaje por el mar del sur* (Caracas, 1982). Feuillée's *Diario* or *Journal des observations physiques* (Paris, 1714) cited Peralta's medical treatise *Desvíos de la naturaleza* (1694).

[11] Gutiérrez (1874) is cited by Riva Agüero (1909 and 1910), Riva Agüero by Leonard (1936), Leonard by Sánchez (1921), Sánchez by Leonard (1937), Leonard by Riva Agüero (1938 and 1962), Riva Agüero by Lohmann Villena (1964), and Lohmann Villena by Sánchez (1967).

volume of *Historia de España vindicada*, which Peralta dedicated to him.[12]

Fúnebre pompa and *Apolo fúnebre* were collated for publication with another related work, Francisco de Rotalde's *Oración fúnebre panegírica en las reales exequias del serenísimo señor Francisco Farnese*[13] Peralta described it as one of excellence, which "va puesto al fin de este libro." Despite the ambiguous references to *Apolo fúnebre* as Peralta's earliest work, it is often cited in connection with his first poem," Delante de una imagen de Cristo" (1687). *Apolo fúnebre, que acompañado de una Melpomene doliente decantó lacrimoso en varias poesías la muerte del serenísimo señor el señor Francisco Farnese, duque de Parma de Placencia y celebró el túmulo erguido en Lima a su memoria* is bound in *Fúnebre pompa*, folios 70-106. The 63-page work contains verses written in Spanish, Italian, and Latin: fifteen sonnets, one acrostic sonnet, three *romances* and two *romances heroicos*, one *octava*, one *endecha real*, one *canzone*, and a lengthy *carmen sepulcrale*. The complete title of the academy's volume is *Poesías de la Academia de Matemáticas y Elocuencia del Doctor D. Pedro de Peralta Barnuevo y Rocha, contador de cuentas y particiones de esta Real Universidad, y demás tribunales, catedrático de prima de matemáticas en esta Real Universidad, y director de la academia, autor de esta relación.*

Peralta outlined the role of his academy: "Y habiendo en éste [tributo] contribuídole con el adorno de excelentes tarjas, se pondrán aquí las [composiciones] de la Universidad, religiones, y colegios: a que se seguirán las de

---

[12] In a letter to José Agustín de Pardo de Figueroa, dated 12 April 1733, Peralta requested that this friend solicit from the court of Madrid the yearly sum of 3000 pesos to support the writing of *Historia de España vindicada*: "ayuda de costa para mi mantenuición y paga a oficiales, de tiempo de seis años, haciendo juicio de que puede llegar la obra a cuatro tomos de que tengo escrita fuera del primero parte considerable, y está impresa la mitad del segundo." In *Lima fundada* (1732), Peralta had stated about the second volume "se está imprimiendo el segundo."

[13] The complete title is *Oración fúnebre panegírica en las reales exequias del serenísimo señor Francisco Farnese, duque de Parma y de Placencia, que en la Iglesia Catedral de esta ciudad de Lima celebró el excmo. señor marqués de Castelfuerte, virrey gobernador y capitán general de los reinos del Perú, Tierra Firme, y Chile, etc. Díjola el Rmo. Padre Francisco Rotalde, de la Compañía de Jesús, calificador, y consultor del Santo Oficio de la Inquisición, examinador sinodal de este arzobispado, procurador general que fue enviado por esta provincia a las cortes de Madrid y Roma, catedrático de prima de teología, en la la Real Universidad de S. Marcos de esta ciudad, rector, que fue, del Colegio Máximo de San Pablo, y actual prepósito de la Casa Profesa de N. Señora de los Desamparados de esta ciudad.*

la Academia de Matemáticas y Elocuencia establecida (a ejemplo de las que ilustran las más grandes cortes) para el adelantamiento de uno y otro instituto, más útiles en regiones tan distantes, por una virtuosa ilustre Compañía, en quien parece que asiste aquel Numen [Apolo] más frecuente, y de quien tiene la honra de ser el director el autor de este libro." (71)

In Canto 7 of *Lima fuandada*, Peralta chronicled the solemn exequies that the viceroy arranged for Farnese:

XXXIX
Al que fallece Jove soberano
De la Ibera real Venus suprema,
Que en el triunfante sólio Parmesano
Tanto cuenta laurel como diadema,
Pira erige, que ocupa aire vano,[14]
Donde en astros partido el Sol se quema,
Y en que, en el modo con que se eterniza,
Solo vence a la pompa la ceniza.

Peralta's textual monument to Francisco Farnese is a work of art built on a foundation of literary and historical traditions for which Spain and Peru were known. The work is supported by unabashed love of monarchy, ostentatious pageantry, rhetorical exuberance, and baroque formulæ that characterize many of Peralta's testimonials to Peru's loyalty to Spain. In it Peralta excels at presenting the historical contexts in which Farnese's life and death are to be understood and the events that highlighted his exequies. The solemn remembrance marked yet another occasion for the populace — from the nobility and common citizens to the literati — to convene in unison to voice its dole. Notwithstanding the uneven quality of the verses written by his academy and their patent religiosity, Peralta assured his Academia de Matemáticas y Elocuencia a fixed place in the literary history of Peru. Its obscurity no longer an issue, readers may now appreciate more the significance of his academy and its role in promoting and defending Spain's presence in Peru.

---

[14] This footnote in the original text reads: "Exequias que hizo S. E. en la misma Iglesia Catedral, en servicio del serenísimo señor Francisco I, duque de Parma, padre de la Reina nuestra señora, en que compitieron el sentimiento y la magnificencia que uno y otro aspiraron a decir, con la soberana grandeza del objeto y el alto empeño de S. E., sobre cuya descripción me remito a lo que de su superior orden escribí en libro aparte."

FVNEBRE POMPA,
DEMONSTRACION DOLIENTE,
MAGNIFICENCIA TRISTE,
QUE
EN LAS ALTAS EXEQVIAS, Y TVMVLO
ERIGIDO EN LA SANTA IGLESIA METROPOLITA-
NA DE LA CIUDAD DE LIMA CAPITAL DEL PERV
AL SERENISSIMO SEñOR EL SEñOR
FRANCISCO FARNESE,
DVQVE DE PARMA, Y DE PLACENCIA,
MANDO HAZER
EL EXC.MO SEÑOR
DON JOSEPH DE ARMENDARIZ, MAR-
quès de Caſtelfuerte, Comendador de Montizon, y
Chiclana en el Orden de Santiago, Theniente Coro-
nel de las Reales Guardias de Su Mageſtad, Virrey,
Governador, y Capitan General de eſtos Reynos.
CVYA RELACION ESCRIBE DE ORDEN DE
SV EXC.
EL DOCT. D. PEDRO DE PERALTA, BAR-
nuevo y Rocha, Contador de Cuentas, y particiones de eſta Real Au-
diencia, y de mas Tribunales por Su Mag. y Cathedratico de
Prima de Mathematicas en eſta Real Vniverſidad.

Con Licencia en Lima en la Imprenta, de la Calle
de Palacio. Año de 1728.

Introducción a las exequias y elogio
del serenísimo señor Duque de Parma.

SI COMO LOS HOMBRES han dado palabra para los pensamientos, las hubiesen asignado a las pasiones, no fuera tan difícil referirlas con una viva expresión que perfectamente las describa. Tiene cada una un idioma formado de las voces de sus caracteres. Pero entre todos el del dolor es sólo un lacrimoso [fol. 2] del sentir, en que los suspiros y las interjecciones, las lágrimas y los lamentos son los términos y los períodos que componen todo el diccionario de la desgracia, y toda la retórica de la aflicción. Sólo es el rostro la plana en que los ojos como plumas del alma los escriben con el humor del llanto, que mientras más la borra más la imprime. Es la de los sentimientos una funesta lengua reducida a los jeroglíficos de la tristeza. Es la congoja espectáculo y no se dispone bien para ser cláusula: de aquí es, que la percibe mejor la vista, el discurso. Forma toda la naturaleza humana como un cuerpo racional o como un hombre dividido en muchos en quienes la configuración de órganos produce la uniformidad de movimientos, que son unos ecos de afectos que se repiten en los corazones. Y éste es aquel arte simpático con que estos se entienden principalmente en el comercio fatal de los pesares. Con que inútilmente se esfuerza la elocuencia (cuanto menos la tenuidad de mi genio) en hacer expresiones que no puede formar en el dialecto propio de la pena y en procurar vitales compasiones para que no imprime verdaderos ímpetus.

Y si esto es así en los empeños ordinarios, que fuera en los reales asuntos para los cuales sería necesario tomar otra alma superior, de la manera que discurrió Pitágoras, que los que oraban a los dioses cogían otra nueva de pureza capaz de tanto objeto. Reina en todo lo que pertenece a los supremos hombres una alta proporción formada a la comparación de su grandeza, regalándose todo lo que sienten por todo lo que imperan y todo lo que de ellos se siente por todo lo que de ellos se depende, con que es preciso que la dificultad de explicar las aflicciones que producen siga aquella geometría de su altura en que correspondan las arduidades a imposibles.

Y si hay aun respeto de estos poderosos dolor alguno, que tenga sobre todos aquella fatal victoria de excederlos, es el de aquel último fin, aquel ocaso que por más que sea oriente de otra esfera, por más que sea horóscopo de inmortalidad, siempre le mira con horror la vida, que no está hecha a la medida de eternidad [fol. 3] ni entiende bien de luz en tanta sombra. Por esto haciendo consuelo el mismo testimonio del pesar han pretendido siempre perpetuar las memorias o las cenizas de los mismos que lloran extinguidos. Por esto han fabricado estos superbos padrones de la mortalidad, que no son otra cosa que unas habitaciones de los nombres labradas por la mano o la pena, y unos palacios de las sombras erigidos en el imperio de la muerte. Así oponiendo la mayor duración a la mayor caducidad y la mayor grandeza a la mayor miseria, se labraron monumentos para perpetuar timbres y se elevaron maravillas para ocultar cadáveres. Tales fueron aquellos famosos laberintos que hacía el lago de Meris[1] (1) y en las campañas de Toscana (2) se construyeron pasmos de Egipto, y de la Italia, como que debiesen en ellos sepultarse también los que enredaban, haciendo víctima de la tumba a la curiosidad y tales aquellas célebres pirámides que hacían la tierra a sus reales difuntos más leve por la vanidad de su magnificencia que por la tranquilidad de su descanso, grandeza corregida del pueblo, cuyos gitanos moradores enfrenando el deleite con el desengaño mostraban después de sus banquetes una urna en que se descubría una pálida imagen de la muerte. (3)

¿Mas quién entenderá al dolor, si al mismo tiempo que llora con milagros, se despecha con ruinas? ¿Si al mismo tiempo que en Alejandro hace por mano de Steficrates prodigios fabricados para muestras del llanto de Efestión, hace por las de sus ministros descoronar las torres de las ciudades y en un culto de mármoles le sacrifica edificios degollados en las aras de túmulos erguidos?[2] (4)

---

[1] According to Pliny, the four great labyrinths of antiquity were located off the Lake of Moeris in Egypt, Crete, Lemnos and Italy. Pliny cites Moeris in book 36, chapter XI. [Pomponius] Mela, bk. 1, chapter 9.

[2] Alexander the Great was plunged into immense grief at the unexpected death of his intimate friend Hephaestion at Ecbatana in 324. The marginal note cites Plutarch's account of Alexander in book 72: "Upon a tomb and obsequies for his friend, and upon their embellishments, he purposed to expend ten thousand talents, and wished that the ingenuity and novelty of the construction should surpass the expense. He therefore longed for Stasicrates above all other artists, because in his innovations there was always promise of great magnificence, boldness, and ostentation." In an interview Stasicrates

¿Si cuando lamenta la muerte de sólo uno la pasa a dar a tantos, acabando la infeliz nación de los consenses (5) como si pudiera ser vengarse de la Parca el ofrecerle más tributos?

Mas acertados juzgará yo a los Caspios, que no hallando ni muestra suficiente al dolor ni sepulcro decente a la perdida prenda, o como que prorrogasen al fuego el ejercicio lo que éste no había podido consumir del cadaver, bebido en la ceniza, lo entregaban a la llama del afecto, o como que le usurpasen a la tierra [fol. 4] el depósito, trasladado a sus entrañas, lo restituyan a la vida de la sangre.[3] Pero cuanto mejor que guardar en las propias entrañas las cenizas (modo en que no se hacía más que mudar la muerte, colocándolas en sepulcros más caducos donde hubiesen de repetir otra segunda) cuanto mejor (digo) proceden los discretos sentimientos de aquéllos, que haciendo el alma urna del alma y el corazón del corazón difunto, le dan llanto y sepulcro a un mismo tiempo y, lo que es más, le prestan si no una corpórea, una resurrección mental, soldándole la duración y doblándole la inmortalidad. No sé para qué fue a pensar Pitágoras aquel delirio de la metamorfósis cuando tenía a la mano la memoria, ni qué necesidad tenían las almas de trafegar cuerpos cuando había entendimientos, ni remudar temperamentos cuando había afectos a donde con transmigración más verdadera podían trasladarse los espíritus.

Esta vital memora y este racional llanto son los que forman las expresiones más sublimes en las exequias de los grandes varones y los que animan los túmulos de los insignes príncipes, sin los cuales ellos mismos serían otros cadáveres de magnificencia dejados para despojos del olvido. Esta triste pero eterna memoria es la que ha consagrado a la muerte del serenísimo señor FRANCISCO FARNESE, duque de Parma y de Placencia, consalonero o alferez real de la sacrosanta romana iglesia, la ciudad de Lima, a la sentida pero eficaz influencia del doloroso celo del excmo. señor marqués de Castelfuerte, su virrey, en las amplísimas exequias con que le ha llorado, y en el excelso túmulo

---

had boasted of his ability to make a grand statue of Alexander out of Mount Athos, in which his left hand would hold a city of ten thousand inhabitants and from his right would pour, like a libation, a river that ran into the sea. "This project, it is true, Alexander had declined; but now he was busy devising and contriving with his artists projects far more strange and expensive than this" (*Plutarch's 'Lives'* in Perrin 1957, vol. VII).

[3] Folio three is not numbered.

que le ha erigido. Aquí sí que pudiera negársele cara a cara a la Parca, que murió tanto príncipe. Pues con los ojos de la piedad vemos que duerme como justos, (6) siendo con una verdadera proporción sueño breve el intervalo de cadaver al cotejo de la eternidad, y con estos mismos vemos que vive, si no deidad, unido a la deidad, y tanto que puede condenarse de ignorante (7) la vista que lo contempla yaciendo en el desierto de la muerte cuando el alma lo considera, tratando allá con los vecinos del empíreo. [fol. 5] Aquí sí puede ser verdad de la confianza lo que fue entre los antiguos fábula de la vanidad en la gloria y en la deificación que atribuyeron a sus difuntos príncipes. Ceguedad fue que le causó a Alejandro el golpe, el empeño de hacer deidad a su favorecido, en grado tal que hubiera pagado con su vida su ternura el que pasando por su sepulcro le lloró, (9) si Perdiceas no le hubiese jurado por él mismo, que había tributado a la amistad y no a la muerte el llanto.[4] Raro delirio del dolor, ver el sepulcro y creer la vida, contrahacer con el material de la tristeza el culto y a fuerza de sentir quedar gozoso. No fue tan fatuo el del senado en Roma para con su difunto fundador, en quien desapareciéndole el cadaver, persuadieron la divinidad; (10) que en fin ya tenía virtud sobre que pudiese caer en la gloria y fama en que estribar la adoración.

Esto que fue o engaño o vanidad en estos siglos del error, es hoy realidad que espera la piedad en el difunto héroe, a quien contempla vivo en la inmortalidad. Pero con todo este consuelo es preciso que los corazones le consagren el llanto como ofrenda por la parte que se deploran a sí mismos. Lloran los ojos lo que pierden, que es corpóreo objeto que gozaban y queda la mente inmóvil en la vista de la eternidad:

Mens immota manet, lachrymæ volvuntur inanes.
[La mente se queda inmóvil, las lágrimas se revuelven locas.] (11)

Hállanse así los corazones a dos vistas de afecto. Pues cuanto se descaecen por la que mira a la fatalidad terrena, se alientan por la que mira a la celeste gloria del que yace en el sepulcro; como los olmos, que orlaban el de Protesilao[5] en quienes las hojas que nacían en las ramas que miraban a Troya destruida, caían

---

[4] Perdiccas (d. 321 B.C.), general, who, after the death of Alexander the Great, attempted to hold the empire together.
[5] Protesilaus, Thessalian prince who fulfilled the prophecy that the first Greek soldier to step on Trojan soil would die.

al mismo tiempo que brotaban, mientras las otras conservaban su verdor. (12) Lloranse a sí mismos muertos de la pena por lo que carecen, mientras los que les faltan se aplauden vivos en la patria de la felicidad por lo que gozan.

Vivo estaba el fino Jonatás a pesar de su muerte en Gelboe; pues vivía David con cuya alma la suya se había ya conglutinado, (13) y no se había hecho separación alguna de esta mezcla. Y sin embargo le llora tan amargo, que [fol. 6] rompe a imitación del corazón las vestiduras, quita a los labios a ejemplo de los ojos el sustento y maldice del modo que a los enemigos a los montes. (14) Nada le faltaba de vivo a Jonatás; por alma, ella se tenía allá su vida inextinguible; por cuerpo, allí tenía el de David, donde la suya vivía con él de mancomún y sin embargo le tributa tan excesivo llanto porque éste era una dita de dolor que se debía al otro cuerpo que dejaba; era una oblación de lástima a su nombre y una inscripción de pena a su sepulcro, demás de que debiendo éstas el alma de David también en Jonatás, cuando vivía, llora aquél porque se llora a sí mismo muerto en él.

Vive así el difunto príncipe y así le llora nuestra amarga pena. Pero todavía no basta al corazón el llanto si no va acompañado de la ponderación de lo que pierde.

Estilo ha sido siempre del sentimiento en la muerte de los grandes varones el de elogiar su vida, como que en la ocasión del robo el alabar la prenda, no fuera engrandecer la pérdida, y aumentar la aflicción con el consuelo. Es éste un arte de disculpar la congoja con el mérito y de solicitar la compasión con la desgracia. Es, como una sentencia de la razón dada a favor de la virtud en la residencia de la vida. Es un premio de la bondad de los que mueren y un ejemplo a la instrucción de los que viven. Es un manifiesto defendido de la lástima, teniendo la muerte esta noble propiedad de darla también a la invidia y al encono. Es un llanto generoso de la falta de los ilustres príncipes, del modo que el llanto es un aplauso fúnebre de sus heroicas prendas. Este sólo se permitía antiguamente en público a los que con ingenio igual a las acciones pudiesen exaltarlas dignamente. Y esto parece que significaban aquellas estatuas de Mercurio, numen del arte del decir, llamadas Hermas (15) por los doctos griegos, puestas siempre sobre los sepulcros de los grandes, como que proporcionando al asunto la elegancia, sólo debía ser panegirista en el túmulo de un héroe una deidad, y ser su elogio la misma elocuencia. Tanto es el empeño donde es tan grande la distancia de mi aptitud en el presente. Pero del modo [fol. 7] que no se dedicaban a los insignes túmulos los ramos alegres, ni las hermosas flores sino las más oscuras y más tristes. Así espero que puedan ir mis cláusulas en cuenta de cipreses y amarantos, haciendo sublimidad del mismo descaecimiento porque en ellas arrastre también su luto a la elocuencia, o de la manera que delante del sepulcro de Serapis pusieron los egipcios el simulacro de Harpócrates, dios del silencio, (16) se pongan mis períodos en éste donde, de mudo en lo que diga, vaya un Harpócrates en cada pensamiento.[6]

Fue, pues, el grande esclarecido duque uno de los más altos príncipes de la Europa en su nobleza, en su virtud y su grandeza.

NOBLEZA DEL SERENÍSIMO S. DUQUE DE PARMA.
La antigüedad del origen, el esplendor de la conservación, la unión de las alianzas, son las cuatro glorias que han formado la soberana de esta grande casa, habiendo sido siempre la FARNESIA de las primeras y de las más altas entre las de los príncipes de Italia.

La indagación de su origen es semejante a la que hace el que, por el lugar en que descubre al sol después de grande niebla, conoce todo lo que ha subido desde que empezó a rayar el horizonte o como el juicio que forma el que registra el tracto de un caudaloso río cuando, de la copia en que lo halla a gran distancia, colige la que desde allí tendrá a su fuente. Así habiendo sido en el principio del undécimo siglo el año de mil y veinte siete (después del cual numera setecientos nuestra edad) el victorioso Pedro Luis Farnese, cónsul de Orvieto en la Toscana, ciudad ilustre y capital donde esta dignidad se estimaba al nivel de la romana; y habiendo regido los ejércitos sacros de la iglesia, a quien ofreció trofeos continuados. ¿Qué otra prueba de la nobleza de su excelsa casa necesita la memoria, que la de ser ya grande en ocasión en que fuera grandeza el comenzar? ¿Qué otros testigos pudieran examinar los informantes de su gloria que sus triunfos, allí donde aun sin ellos era suficiente la declaración sola del tiempo, encontrando lo heroico donde bastaba sólo lo distante? Sea así, que estos ilustres hubiesen venido de Alemania con sus emperadores, como lo testifican [fol. 8] los antiguos anales de Orvieto, después de haber servido al imperio en los más supremos cargos (17) militares; de Francia, descendientes de sus nobles, como otros, o fuesen de la misma Toscana, precedidos de los antiquísimos etruscos y consecuentemente de los tirrenos y de los lidios; siempre se queda cierto el lustre donde aun la misma duda es gloria niebla, niebla

---

[6] Harpocrates is the Greek name for the Egyptian sky god Horus, also known as the god of silence. His cult and that of Serapis were popular in Rome.

brillante, semejante a aquella nube de luz de los días primeros del mundo, que no tenía orbe determinado, y los hacía. (18)

Desde entonces ha producido esta alta familia a los pontífices romanos tan valerosos capitanes que con razón se le ha atribuido la gloriosa antonomasia de Benemerita de la Iglesia a habiendo sido cada uno un Abrahán con su Melchisedech y un Josué de su Moisés; y siendo todos juntos los Machabeos de la ley de gracia, defensores de las aras y el estado, los Horacios de la Roma cristiana, y los Camilos del capitolio del Vaticano, con la gran diferencia de haber sido estos famosos varones, singulares en la defensa, ya del culto y ya de la república, cuando los de esta excelsa casa lo han sido todos continuados, numerándose ocho generales de la iglesia descendientes de varón en varón hasta el primer duque de Parma.[7] ¿Y si aun como fábula no se halló en la estirpe de Júpiter para la defensa de los dioses, más que un Hércules, qué será la verdad de tantos como ha dado esta serenísima para la de los númenes del mundo? Dije Melchisedeh y Moisés porque aunque los obsequios y los servicios prestados por los grandes Farneses a los Papas pudieran tenerse como hechos sólo en cuanto a su dominio temporal (aun cuando éste no se dirigiese como se dirige a lo divino) siempre va seguro el paralelo. Pues siendo aquellos sacrosantos soberanos, príncipes sumos en una y otra potestad y unas figuras de los pontífices supremos, como de Jesucristo a quien suceden (copias que precedieron a los originales) quien duda, que fueron sus rendimientos y sus hechos, aquéllos, como los de Abrahán, y éstos como los de Josué, en servicio de las aras, y el estado de la iglesia. Y si el ínclito Eduardo, quinto duque de Parma y de Placencia, interrumpió el [fol. 9] empeño de este obsequio con el último de los Urbanos en la guerra, que auxiliado de los venecianos y otros príncipes, movió; bien sabe la justicia su razón (como se explicará después) y que aquélla no se excitó a la iglesia, no a la familia, no al Papa, sino a los Barberinos, sus Nepotes.[8]

---

[7] Melchiszedek, King of Salem and high priest, blessed Abraham after the defeat of Chedorlaomer. Maccabes refers to the two books of the Old Testament. Marcus Furius Camillus, Roman emperor, saved Rome from the Gauls and captured Veii.

[8] Barberini, illustrious Florentine family from which Pope Urbano VIII descended. Julius Nepos (d. 480), penultimate Western emperor (474-480).

VARONES ILUSTRES DE ESTA CASA.
Fueron entre tan grandes hombres los más insignes EL SEÑOR PEDRO LUIS
FARNESE PRIMERO, que tomó valerosamente la defensa de la Iglesia contra los
emperadores y obtuvo la insigne victoria que hizo glorioso el pontificado de
Pascual Segundo. EL SEÑOR PRUDENCIO FARNESE, cuyo esfuerzo consagró al
trono de Lucio Segundo el laurel de otro igual triunfo. EL SEÑOR PEDRO LUIS
EL SEGUNDO, que libró la ya expresada ciudad de Orvieto de la civil guerra que
en ella habían excitado aquellas dos fatales Furias de las facciones Guelpha y
Gibilina que, puesta hacha contra hacha, tenían encendida la Europa toda
entera, compuesta ya de reinos de bandidos.[9] EL SEÑOR RAINUCIO PRIMERO,
que conquistó a su favor varias ciudades, EL SEÑOR RAUNUCIO SEGUNDO, que
rigiendo con heroico valor las sagradas tropas, expiró gloriosamente en un
combate; muerte que no pudo dejar de ser víctima propia cuando eran las
mismas aras el ASUNTO. EL SEÑOR RAINUCIO TERCERO, que después de haber
sido general de Sena y de Florencia, lo fue del ejército de la iglesia, con tal
estimación de Eugenio Cuarto, que le hizo el famoso presente de la rosa de oro,
corona en flor con que suelen los pontífices premiar a las mismas coronas,
bendiciéndola con ceremonias propias de honor tan singular.[10]

Derivóse así, sin romper el preciso hilo de la varona, esta nobilísima casa
hasta el primer duque de Parma y de PLACENCIA, EL SEÑOR PEDRO LUIS
FARNESE, que lo había sido antes de camerin, en lugar de cuyo estado se le dio
el primero, valeroso príncipe que en la reñida guerra que se excitó entre la
santidad de Paulo III y Ascanio Colona fue general de las tropas de la iglesia y

---

[9] The Guelphs and Ghibellines were two powerful parties that vied to fill the throne
of the Holy Roman Empire after the death of Henry V in 1125. The Guelphs were
papal supporters; their rivals favored the ascendancy of a Germanic emperor. It was not
until the fourteenth-century that the antagonism that had divided Italy abated. On the
death of Conrad III in 1152, Frederick I (1123?-1190) was elected Holy Roman
emperor and king of Germany, with the expectation that he could resolve a dispute
between family members who sided with factions of the Guelphs and Ghibellines. In
1158 he forced Milan and other Lombard cities to accept the absorption of Lombardy
but the victory was short-lived. His successor, Frederick II (1194-1250), also king of
Sicily, failed in his attempts to defeat Lombardy (a move that Pope Gregory IX opposed)
and saw the split between the Guelphs and Ghibellines widen. Frederick II founded the
University of Naples in 1224.

[10] Eugene IV, Gabriele Condulmer (1383-1447), Pope and successor of Martin V,
noted for his outstanding character and asceticism.

obtuvo victorias en las batallas que se [fol. 10] dieron hasta conseguir la total pérdida de Ascanio.[11]

Fue generosa prole suya EL SEÑOR OCTAVIO FARNESE, el Octaviano de los augustos príncipes que le han sucedido, y el Filippo del mayor Alejandro que ha celebrado el orbe, habiendo sido glorioso padre del que aplaude con la ilustre antonomasia del FARNESIO. Fue este héroe sin duda un Alejandro, tan mejorado que a no estar tan casada la fama con el otro, le hubiera desposeído aun del renombre, pues sin sus vicios y con más virtudes, hizo progresos que fueron como un compendio de hazañas y una quinta esencia de conquistas en que una plaza ganada valía bien una provincia, una provincia un reino, y un reino todo un mundo. No siendo tanto una Asia bárbara rendida, como un Belgio fortísimo recuperado y una Holanda poderosísima vencida, ni un Dario derrotado y un Poro rendido, como un famoso Henrico contenido y un París librado.[12] Y si el sitio de Amberes pudo tener paralelo en el Tiro[13] y el inmenso dique con que el griego Alejandro cerró para éste el mar, (19) puede ponerse a vista del milagroso puente con que para aquél atravesó el Farnesio el caudaloso escalde;[14] si el Macedón supo vencer el fuego del tirio bajel que abrasó aquella mole de madera; (20) siempre queda excediéndole el toscano cuanto Amberes a Tiro y cuanto el impetuoso fuego con que la Holanda atacó el puente farnesiano, al natural que hicieron prender los tirios en la griega máquina; venciendo nuestro héroe no sólo la naturaleza fulminante, (21) y armada del horror y el artificio; pudiendo bien decirse que el enemigo en las incendiarias naves que arrojó, había preparado avernos y combatía con volcanes: minas de aire que rompen la esfera para hundir las plazas. O bien naves navales, que formados de rayos, o antes hechas cada una un rayo universal, arrojan la tierra contra el cielo. Suceso en que se hizo más que terrible la fuerza del estrago, admirable el ánimo del príncipe, pues parecía que no podía haber firmeza

---

[11] Ascanio, son of Eneas and Creusa, was taken to Italy after the siege of Troy and succeeded his father as king of Livinia; he founded the patrician family of the Julian gens from which Julius Caesar descended.

[12] Indian king of Pundjab, adversary of Alexander the Great in 326 A.D.

[13] Ancient Phoencian port known for its imperial commerce.

[14] Peralta refers to Skaldic (Scaldic) poetry developed by Icelandic poets from the 9th to the 13 century. The skalds favored poems that praised kings, epitaphs and genealogies, as well as descriptions of the mythological engravings on shields (shield poems).

donde los mismos símbolos de la constancia (esto es los riscos y los [fol. 11] mármoles) la combatían. Si el otro fingió que Hércules le había avisado en sueños el triunfo, el nuestro llegó a tener hasta en medio del ardor de una violenta fiebre el verdadero interior aviso del combate, que en la plaza de Mastrie,[15] tomada por sus tropas, estaba para dar fe entre ellas mismas sobre puntos de nación, a que sin noticia alguna humana del suceso mandó acudir, pasándosele el rapto de la fiebre al del dictamen sin cuya prontitud hubiera pasádose también a estrago de su misma gente su conquista. (22) Fue un héroe a que ni aun las más difíciles empresas sirvieron de embarazo para obtener otras durante ellas, como lo vio la admiración en la ya referida de Amberes, pendiente cuyo sitio sojuzgó tres provincias, tomó a Bruselas, a Gante y a Malinas y se le entregó la célebre Nimega,[16] de más de otras menores plazas; que rindió circunvecinas a la del asedio principal, habiendo ejecutado estas empresas sólo con diez mil hombres, número insuficiente en otros aun para la conquista de una plaza. Laureles que, para cortarse sólo cada uno, pudieran haberle ocupado todo el brazo mejor que al otro Alejandro la invasión que, mientras se continuaba la arduidad de Tiro, hizo a la Arabia, donde no alcanzó (23) más victorias que las marchas. A quien seis provincias recobradas, esto es, las de Artúes, de Henao, de Brabante, de Flandes, de Malinas, de Frisia y grande número de plazas principales como, fuera de las referidas, lo fueron las de Tornay, Ruremunda, Odenarda, Bredá y otras se hicieron corto trofeo de su esfuerzo. Pero excesivo horror del enemigo, necesitado el Batavo a recurrir por protección a extraños; rebelión que no hubiera pasado a hacerse imperio si el celo del real tío por la religión y por París no le hubiera sacado de las fronteras de aquel país; encelado que no hubiera respirado si no le hubiese quitado el peso de sus armas con su ausencia. Parecía multiplicado en todos y que se veía un FARNESE querido en cada corazón, y otro imitado en cada brazo. Como que los mayores peligros aun no eran dignos de tocarle, los despreciaba tal que su intrépido arrojo parecía una temeridad de su ardimiento, y no era sino una inmortalidad de su valor, sabida [fol 12] sólo del corazón para la hazaña y concedida al público bien para el ejemplo, como se vio fuera de otras terribles ocasiones en el sitio de Odenarda (24) donde, habiéndole llevado una fatal

---

[15] Mastrie, a district of Tournan, France.

[16] City of Nijmegen in the Netherlands, founded in Roman times, which flourished under Charlemagne; the treaties of Nijmegen (1678-79) ended the Dutch War (1672-78) of Louis XIV of France.

pelota a varios capitanes y asistentes de cerca de la mesa en que comía, mandó impávido que la volviesen a cubrir, haciendo realidad en la campaña lo que aun no pudo ser idea de la stoa.[17] Fue el Marcelo y el Fabio, de la España que supo tener inmóvil a un héroe más grande que Aníbal, ya en el socorro que a su vista con inferiores fuerzas introdujo a aquella grande corte, reducida a teatro de la hambre y de la muerte, y ya en la Retirada, a quien puso la fama el nombre de la Grande, donde hizo más triunfante el ceder que el triunfar. Victoria de la misma victoria, pues sin sangre supo desvanecer la que le amenazaba. En fin puede decirse de él, si no con más verdad, con mejor mérito, lo que del otro Alejandro concluyó un grande historiador, esto es, que no combatió con enemigo que no venciese; que no sitió plaza que no expugnase ni entró en provincia que no sojuzgase, debiendo añadirse que no socorrió ciudad que no librase. (25)

Nieto fue de este famoso príncipe el belicoso EDUARDO que, aunque al principio separado, se reunió de suerte al afecto de España, que se interesó empeñada en su fortuna. Debió a sus contrastes todo lo que otros a sus felicidades, pues hizo ver en ellos un valor que siempre era victoria, aun cuando no obtenía; y una prudencia con que siempre regía aun lo que no mandaba. Fue singular en el arte con que supo ser todo delicadeza en el honor, y todo afabilidad en el gobierno, haciéndose un compuesto de prendas en que, de la manera que las virtudes propias, conspiraban los afectos ajenos, de suerte que lo que raras veces sucede en príncipes vecinos hicieron liga todos los de la Italia en su defensa contra los barberinos, Nepotes dominantes de la corte de Roma, de modo que parecía que toda ella le había hecho su estado. Y aun no fue tanta gloria suya haberlos coligado su afecto cuanto haberlos unido su razón. Fue ésta la de haber aquellos purpurados escasándole parte del prometido y del debido tratamiento, y de haber pretendido [fol. 13] desposeerle del ducado de Castro con pretextados medios, ofensas en que, añadida la violencia a la altivez, excitaron su justicia y su honor a la defensa. En cuya guerra tuvo en cuenta de razón a la victoria, llevándola siempre por delante, glorioso pero corto teatro en que no cabía la grandeza del actor, nacido para Marte de un imperio. Pero no dando al fuego del esfuerzo más materia que la que ardiese hasta llegar a la paz, se le apagó luego que aquélla apareció con la restitución de Castro.

Hijo fue de este ilustre héroe aquel otro generoso Alejandro, caballero del

---

[17] Stoa refers to an extended, roofed colonnade on a street or in a market square that was used for public meetings. See note 12 in *Oración*.

tusón de oro que con el nombre de príncipe de Parma hizo tan alta como su estirpe su virtud, manifestada en los elevados empleos de virrey de Navarra, gobernador de los Países Bajos y generalísimo de las armas venecianas.

CARDENALES DE ESTA CASA.

No es la única senda que hay para la gloria la que ha abierto Marte; tan real es el camino, que para su cumbre ha hecho Minerva, y a ponerse en razón el universo, es cierto que el valor fuera un ente de esfuerzo sin existencia en el gobierno de los hombres. ¿Demás de que quien quita a la sabiduría lo guerrero, si necesita vencer a la ignorancia que posee el imperio universal de los humanos, y tiene en cada cabeza una muralla? En el divino oráculo llevan la palma sobre las armas bélicas sus luces. (26) La que ha resplandecido en los insignes cardenales que ha producido esta familia en número de cuatro, ha sido bien notoria en los anales, entre cuyas venerables púrpuras sobresalieron elevados los dos ilustres hijos del señor PEDRO LUIS FARNESE, PRIMER DUQUE. Fue el primero el magnífico y piadoso Alejandro, que, no contento con la suntuosidad con que erigía templos a Jesu Cristo, pasaba a la liberalidad con que le mantenía en los pobres sus imágenes. Labró el que se ve en la romana corte consagrado al nombre de San Anastacio, y todos los que corren en la parte vecina del Socrate,[18] monte a quien, al contrario de los otros, lo coronó del cielo por la falda, y sobre todos el de la sagrada Compañía de Jesús donde después fue sepultado porque el mismo soberano señor le pagase en el [fol. 14] sepulcro todo lo que le debía del altar, o porque con una nueva Compañía de templo percibiese la urna tanto de gloria cuanto debiese llevar de culto el ara. Y no ciñiendo éste sólo a Roma, erigió los que veneran Viterbo en la Toscana, Mon Real en Sicilia y Aviñon en Francia; y superior a todos el que se admira cerca del lago de Vólsena en la misma Toscana, como en quien se habían de colocarlos los sepulcros de los príncipes de su serenísima familia.[19] Dejó en los pobres otros vivientes monumentos de su nombre, tanto más firme a la posteridad, cuanto más desleído entre las lágrimas con que universalmente le lloraron, de que testifican los elogios que le hizo una elegante pluma jesuita.

---

[18] Socotra, in Southern Yemen in the Gulf of Aden, with its high mountainous interior, was known to the Greeks.

[19] Viterbo, a Roman colony that passed to the papacy. Monreale, near Palermo, was known for the architecture of its famous cathedral. Volsinii, ancient city of Etruria, was probably the modern site of Orvieto.

(27) Pareció que de propósito formaba la naturaleza las necesidades para que las aliviase, o que la necesidad se había hecho una mísera abundancia de sí misma y que era ella la que socorría de ocasiones a su liberalidad, no habiendo alguna de persona, de estado o de familia que no se le ofreciese para emplearla, de suerte que no le faltó más que darse repartido en piezas a sí mismo. Aunque ni aun esto le faltó porque daba todo entero el corazón, fuente vital que corría inundando por las manos.

Y como que no debía ladearse de sangre tan grande varón, quien no se le igualese en mérito, fue el segundo esclarecido hijo del referido príncipe y hermano del primero EL CARDENAL RAINUCIO FARNESE, que en edad de diez y seis años adornado de la noticia de las lenguas más sabias. Y de las sacras letras fue destinado al arzobispado de Nápoles, creado cardenal, y después hecho arzobispo de Ravenna, patriarca de Constantinopla, obispo de Bolonia y de Sabina, y legado (o virrey) de la marca de Ancona[20] y del patrimonio de San Pedro, pagando tan altos empleos con un celo mayor que sus honores, como lo fue el que aplicó al bien de la iglesia en las diversas sesiones del Concilio de Trento, cuya observancia de sus dióses fue todo el premio de su empeño.

No fue menos admirable la vastidad de ingenio del SEÑOR OCTAVIO FARNESE, hijo de Rainucio Primero, cuarto duque de Parma, [fol. 15] quien propugnó públicamente por tres días continuos dos mil teses de filosofía. (28) Lámina de entendimiento prodigiosa donde cuperion no sólo impresas sino ilustradas éstas; maravilloso campo de doctrina donde pudieron estar los lugares de sus proporciones no sólo abiertos sino guarnecidos, y más maravilloso poder de talento, que tuvo fuerzas con que defenderlos. ¿Dos mil hojas fueran grande volumen encuadernadas en la comprensión que serían dos mil cuestiones extendidas para la disputa?

En fin ha sido esta regia familia, común compendio de todas las glorias. Regularmente se contentan las soberanas con los esplendores del dominio, teniendo ocupada en el centro la razón y embarazadas en las coronas las cabezas (motivo que en los que así sucede es bien una omisión feliz, que se disculpa con una virtud) pero ésta entre todas ha tenido siempre en competencia el juicio con el brazo y el ingenio con la fortaleza, siendo sus príncipes tan heroicos de sabios como de valerosos; porque como en las de la espada han sido grandes en las hazañas del entendimiento. Esto es restituir a la sabiduría el derecho que tiene a los imperios.

---

[20] Adriatic port; Roman-Byzantine cathedral (s. XI-XIII)

ALIANZAS O CASAMIENTOS. No ha sido menos gloriosa esta alta progenie por sus alianzas que por sus héroes, pues siendo los que han entrado en ella troncos reales, se le han unido al suyo como ramas; océanos de nobleza que, comunicados por los canales de estos vínculos, la hicieran rebozar de esplendor si no fuera tan entendida de grandeza. CON LA CASA URSINA. Y sin numerar las precedentes, fue la primera que se entroncó desde el primero duque la excelsa de los Ursinos, de las más ilustres de Roma, ramificada en las seis casas de los duques de Bracciano, de Gravina, de Monterotondo y de Castelo, de los marqueses de Monte-Santo Savin y príncipes de la Matrice, por medio de LA SEÑORA GERONIMA DE LOS URSINOS, que casó con el SEÑOR PEDRO LUIS FARNESE, primer duque de Parma.

CON LA AUSTRIACA. La segunda fue la augustísima austriaca española, árbol cesáreo, cargado en [fol. 16] la rama gótica de Recaredos,[21] Pelayos y Fernandos, y en la misma austriaca de Rudolphos, de Albertos y de Carlos por medio de LA SEÑORA DOÑA MARGARITA DE AUSTRIA, hija de nuestro invicto emperador Carlos V, que casó con el SEÑOR OCTAVIO FARNESE, segundo duque de Parma y de Placencia.

CON LA DE PORTUGAL. La tercera fue la real de Portugal, ilustrada de los Alfonsos, de los Juanes y de los Manueles por medio de LA SEÑORA DOÑA MARIA, hija mayor de D. Duarte, que lo fue del grande D. Manuel, la cual casó con el grande Alejandro, tercero duque.

CON LA ALDOBRANDINA. La cuarta la excelsa Aldobrándina, esclarecida con la gloria de descender del primero fundador de la Roma cristiana, como primero fiel de Jesu Cristo en ella, exaltada con los Clementes y los Juanes; aquel pontífice famoso, Octavio de este nombre, y este ilustrado cardenal, más honrado, que con la púrpura, con la elección que de su virtud hizo S. Pío, por medio de LA SEÑORA MARGARITA Aldobrándina, sobrina de Clemente, que casó con EL SEÑOR RAINUCIO PRIMERO, cuarto duque.

---

[21] Recared I [Reccared] (d. 601), Visigoth king of Spain (586-601), son and successor of Leovigild. He converted to Roman Catholicism, as did the Visigoths after the suppression of several Arian revolts.

CON LA DE MEDICIS. La quinta fue la serenísima de Medicis cuyo dosel bordan iguales las púrpuras reales y sagradas, y relievan las coronas enlazadas a las tiaras con los cosmes, y los Lorenzos celebrados, padres ambos, el uno de la patria y el otro de las musas; y sobre todo los pontífices León décimo y Clemente séptimo, por medio de LA SEÑORA MARGARITA DE MEDICIS, que casó con EL SEÑOR EDUARDO FARNESE, quinto duque de Parma.

CON LA DE MODENA. La sexta fue la antiquísima de éste, de los duques de Modena y de Regio, príncipes de Capri y de Corregio, derivada de la Ferrara y ésta del famoso Azón I. LLAMADO EL GRAN MARQUES, origen de los primeros duques de Baveria por Cunegunda Guelpha, su mujer. Familia en quien, como en una galería de la inmortalidad, penden de estatuas los Azones y Reinaldos, los Nicoláos, Alphonsos y Franciscos, por medio de LA SEÑORA ISABELA EE ESTE, HIJA DE FRANCISCO I, duque de Modena que casó con EL SEÑOR RAINUCIO SEGUNDO, sexto duque [fol. 17] de Parma, que había casado en primeras nupcias con Margarita de Savoya, de cuyo Regio himeneo no le quedó prole y tuvo el timbre de haber sido propuesto para rey de Polonia.(*)[22]

CON LA DE NEOBURG. La séptima ha sido la gloriosa de Neoburg, descendiente del grande Othon Primero, duque de Baviera. Fue este príncipe a quien dio este estado el emperador Frederico Primero, llamado Barbaroja (*),[23] cuyo hijo fue Luis Primero, a quien Frederico Segundo dio el Palatinado. BREVE GENEALOGIA DE ESTA CASA. Siguió a este Othon Segundo, EL ILUSTRE, de quien nació Luis Segundo, nombrado EL SEVERO, quien de Matilde, hija del Gran Rodolpho Primero, emperador, tuvo a Rodulpho, también Primero, elector y conde palatino, y a Luis Tercero. TRONO ANTIGUO DE BAVIERA. De Luis desciende la excelsa rama de los duques de Baviera y de Rodulfo la ínclita de los duques de Neoburg; verificándose así la gloria de proceder a un tiempo de dos grandes Rodulfos, en quienes comenzó a unirse esta alta estirpe a la augustísima de Austria, a quien después se ha vuelto a enlazar, habiendo servido de auspicio el primer vínculo al SEGUNDO.

LINEA RUDOLPHINA. De Rodulpho Primero, conde palatino, fue bisnieto Roberto Tercero, emperador de quien procedió la descendencia primogénita

---

[22] (*Año de 1674)
[23] (*Ano de 1180)

por seis generaciones; ilustre por la inmortalidad que le dejaron los dos Philippos, llamados EL INGENUO Y EL GUERRERO, de quienes el Segundo mereció este heroico renombre por la valerosa defensa de Viena en el sitio primero con que osaron las armas Othomanas robarla a nuestro Carlos; hazaña que tuvo su mayor gloria en no ser única porque se hizo mayor de ejemplo que de asombro, como tan copiada al natural en el segundo. Faltó esta línea en Othon Henrico,[24] que murió sin hijos, por cuya falta entró en el Palatinado electoral Federico Tercero, duque de Simmeren, de la rama que se sigue.

RAMA DE SIMMEREN. Fue el cuarto hijo de los de Roberto Tercero, Estéban, principio de la rama de Simmeren, duque de este estado y de Dos-Puentes, de quien nació Frederico, que produjo la serie de los pasados condes palatinos (de quienes fue el primero Frederico Tercero, ya insinuado) [fol. 18] que después de ocho generaciones masculinas expiró con Carlos, que falleció sin sucesión.

RAMA DE VELDENTS. Segundo hijo de Estéban fue Luis, conde de Veldents, cuyo bisnieto Vuolfango logró el que, para llenarle el hueco del girón que le quitó el ducado de Veldents, le diese el elector Othon Luis el principado de Neoburg. DE NEOBURG, JULIERS Y CLEVES. Hijo de Uvolfango fue Philippo Luis, duque de Neoburg, que casó con Anna, hija de Guillelmo, duque de Juliers y Cleves y bisnieto EL SERENÍSIMO SEÑOR PHILIPPO GUILLELMO, duque de Neoburg, de Juliers, elector palatino. De suerte que debe concluirse que esta ínclita electoral casa desciende (por un compendio genealógico) de Othon Primero hasta Rodulpho Primero, conde y elector palatino, origen de la rama Rudolphina. De éste hasta Roberto Tercero, emperador, y su cuarto hijo Estéban, raíz de la rama de Simmeren, y su segundo hijo Luis, conde de Veldents, que lo fue de la de este nombre. Y de éste hasta Vuolfango, bisnieto, raíz de la de Neoburg, hasta el SERENÍSIMO PHILIPPO GUILLELMO, ya expresado.

Unióse esta progenie a la de Parma por medio de LA SERENÍSIMA SEÑORA DOROTEA SOPHIA, hija de este feliz príncipe, que por la fecundidad de diez y siete hijos que produjo, pudo decirse el Jacob de los príncipes de Europa; más feliz que el fabuloso Júpiter aunque le cuente la ficción sus dioses y sus musas,

---

[24] Brother of emperor Otto I or Otto the Great, who rebelled against the emperor and was later made duke of Bavaria in 947.

que con más razón que aquel ilustre padre, (29) que viendo laureados tres hijos en los Juegos Olímpicos, se reputó el más próspero del mundo, debió juzgarse tal por la gloria de haber visto coronadas tantas augustas hijas en tronos y doseles que adora por los más ínclitos el orbe. Semejante a aquella vid[a] soñada por Astiages,[25] que como símbolo de su grandeza cubría con su verdor toda la tierrra. (30)

CASA DE BORBÓN.
La octava nupcial alianza ha sido la de la real casa de Borbón española, augusto tronco que ha parecido tan desprendido del cielo como sus mismas lises, pues como no ha tenido corona sin laurel no ha obtenido laurel [fol. 19] sin resplandor en sus Clodoveos,[26] sus Carlos y sus Luises, todos más grandes en la virtud que en el imperio, por medio de la majestad católica de LA REINA NUESTRA SEÑORA DOÑA ISABEL FARNESE, hija del SERENÍSIMO EDUARDO, príncipe de Parma que, como el mayorazgo, se adelantó la gloria, muriendo en vida de su padre y de LA SERENÍSIMA SEÑORA DOROTEA SOPHIA, que le tuvo por primer esposo, princesa a quien, como a un centro de luz parece que conspiran y no es sino que salen de él los rayos con que brillan hoy más que nunca tantos heroicos ascendientes; que ha unido la estirpe castellana a la austriaca y de que quien esperan Parma, España y todo el orbe celebrar una gloria prole en quien parezca haber tenido más parte su espíritu que su fecundidad.

Esta es la alta nobleza del serenísimo dueño que ha perdido Parma y toda Italia. Es esta venerada cualidad una prueba anticipada y una política presunción del mérito del que hereda. Comunican mucho las almas a los cuerpos porque determinando las acciones, imprimen a los espíritus un movimiento a que quedar enseñados. Y ésta es la sigilación de virtud que les derivan, modo mejor que el que discurrió el error de aquellos (*)[27] que pensaron, que las almas, descendidas del cielo, cogían el natural de los celestes globos que encontraban. Y esta misma favorable presunción compone toda la

---

[25] Astiages, the last of the Median kings.

[26] Chlodoveoch or Clovis II (634-657), king of the Franks and son of Dagobert I, inherited the throne in 638, which his mother Nautilda governed. He was king of Neustria and Borgoña and with his wife Batilde had three sons: Clotaire, Childeric, and Thierri.

[27] (*Priscilianistas)

obligación que firma el nacimiento en el registro de la cuna. En ella admite el mundo a la nobleza por fiadora de los hombres, que deben pagarle el honor que les da con la virtud que le prometen porque ella, no la sangre, es el caudal en que sólo es decente asegurarse. (31) De aquí es que si no cumple, es preciso que quede perdida en lo más bien parado de su lustre. Y así sólo debería reducirse a la que se continúa o la que se hace, con que el temor de perderla en los unos y la esperanza en los otros de adquirirla produciría en todos un aliento que haría las repúblicas unos reinos gloriosos donde en cualquiera se podría echar mano de un héroe. Y sería lo mismo un grande que un virtuoso. Corre en algunos [fol. 20] lo contrario, y entre ellos se estima más lo que menos se ha hecho y blasonan sus acusaciones. Pero estas son indignas excepciones que fundan la regla en lo contrario, principalmente entre los grandes príncipes derivados por una continua sucesión de géneros ascendientes en quienes se hace clima la casa, constelación en genio, temperamento la virtud y propia naturaleza el mérito, con que en estos ilustres todo el vivir es imitar. ¿Y en muchos el mismo imitar es exceder, de la manera que se vio en el difunto príncipe porque, como no había de haber imitado quien se hallaba con cada ejemplo en los recuerdos? Ya se pasó el funesto tiempo de aquellos monstruos de nobleza que salían del orden de su estirpe. El cuidado de la educación que los instruye para grandes, la ley de la religión que los obliga a justos, la misma adoración que los enseña a númenes, la vista de los vasallos que los registra claros; (32) el gobierno presente de los estados que los mantiene regulares, y en fin el equilibrio de los vecinos que los detiene iguales: todo ocurre a que, puestos en senda tan cerrada no puedan salir de ella los excelsos príncipes. Y es preciso que cueste mucho trabajo al vicio para abrirla y que le esté muy caro el poner escándolo al ejemplo. Esto es, como se entiende la sabida sentencia del que dijo que había menor licencia en la mayor forma. Y así, si no ha mentido la razón, debe ser lo mismo considerar un progenitor que ver un descendiente.

ELOGIO DE ITALIA. La Italia, asiento del alma político del orbe, país en quien siempre han estado a un nivel la fecundidad, la agudeza y el poder, tan deliciosa a un tiempo y tan magnífica que parece que, no necesitándose cada uno, el arte en ella es ambición y la naturaleza es ocio. Que vencedora juntamente y maestra de los hombres ha enseñado con triunfos y ha triunfado con ciencias; que hizo captivo el mundo para dar libertad a su razón. Madre de los más grandes guerreros y los más grandes sabios, de los varones más valerosos y de los más justos, donde mejor que en otra parte alguna se ha usado el estilo de la virtud y la lengua de la persuasión. [fol 21] En fin, la heredera del Asia y de la Grecia en los bienes de la grandeza y del saber; y en ella la antigua provincia de Toscana, dominio de los tuscos[28] derivados de los primeros lidios que, conducidos por Tireno, hijo de su rey Artis (que lo había sido de Hércules y de Omfale[29] la poblaron, dando a sus moradoes el nombre famoso de tirenos, (33) exaltados con la unión de las doce ciudades que erigieron. Estiman como unos de sus mejores realces a la noblísima ciudad de Parma, pero hoy más noble como patria del ilustre Farnesio que hoy lloramos. Patria siempre de grandes y esclarecidos hombres, constituida en colonia romana (34) por los insignes triumviros Marco Emilio Lepido, Tito Ebucio Caro y Lucio Quincio Crispino en el consulado de Claudio Marcelo y Quinto Fabio.

ELOGIO DE PARMA. Valiente, hasta vencer sola ella emperadores, pues cuando Romo se rindió al furor del primero de los Fredericos, habiendo éste sitiado a Parma con otra ciudad por batería (a quien había adelantado el triunfo con el nombre que le impuso de Victoria), supo vencerlo, haciendo despojos suyos hasta las mismas insignias del poder (esto es, la corona imperial y otras que después fueron majestuoso presente al emperador Henrico Séptimo), vengando a un tiempo y excediendo a aquella grande corte de la iglesia. Digna entonces más que nunca de su nombre, esto es, del de PARMA o ESCUDO, que le dio la antigüedad. Docta hasta adornar la célebre biblioteca de sus dueños con los cuarenta mil volúmenes que ostenta y hasta mantener un seminario de nobleza con ducientas [doscientas] y cincuenta plazas de caballeros en que cada uno, como un racional Fénix de honor, ilustra y es ilustrado en ciencia y prendas; y una insigne academia con el nombre de los Innominados, título en que con una antiperistalis de gloria el silencio del renombre se la ha pasado a grito de la fama. Ciudad en fin producidora a un tiempo de Apeles[30] y Alejandros, pues la inmortalidad que le dio el Grande que adoró por dueño, añadió la singularidad de los insignes pinceles que tuvo en el Corregio[31] y otros.

---

[28] Tusculum, city of ancient Latium. Its legend states that it was founded by Telegonus, son of Ulysses.

[29] Omphale, queen of Lidia, whom Hercules served as punishment imposed by the Delphic oracle for sacking the kingdom of Neleus, king of Pylos, whose sons (save Nestor) Hercules killed.

[30] Apelles, celebrated Greek painter who served the court of Phillip II of Macedon and Alexander the Great.

[31] Antonio Allegri Correggio, Italian painter who lived in Parma and who decorated

NACIMIENTO DEL SERENÍSIMO DUQUE.

Nació allí el ínclito difunto duque el [fol. 22] año de mil seiscientos y sesenta y ocho en el día diez y nueve de mayo. Tiempo que antiguamente hacía famoso la festiva celebración de la mentida divinidad de Pales (numen que los pastores adoraban) en concurso de la que Roma consagraba a los años de su fundación. (35) Días alegres y solemnes que, consagrados a la pacífica deidad del campo y a la fundación del mayor imperio, pudieron desde entonces ser auspicio del nacimiento del que siendo el más pacífico de los Farnesios príncipes, había de fundar en el feliz vínculo con que enlazó su regia estirpe a la de España, otra nueva dominación de la progenie más augusta. Y si el mes de mayo fue por los antiguos dedicado a Apolo, (36) bien hubiera podido la misma antigüedad, quizá menor errada, de dedicarlo a un príncipe de prosapia no sólo de heroicos Martes sino de generosos Apolos por el lucimiento de la grandeza y por el cuidado de las musas, en ninguna parte más protegidas que en una corte, que en su seminario, sus academias y teatro tiene multiplicados los Parnasos. Mes, que asignado por Rómulos los mayores y prudentes de quienes tomó el nombre, (37) debió preferirse para el natal de un príncipe que se derivaba de los mayores del orbe para ser uno de los más prudentes de la Italia. Mes entre todos fausto, como centro en que fija su trono la hermosa primavera; más glorioso que el famoso Boedromión[32] de los áticos, venerado por el concurso de los falsos misterios que en él se celebra (38), siendo los que en él regularmente adora nuestro culto los mayores de la religión. Pero, ¡qué auspicio más feliz, qué anuncio más glorioso que el de haber sido el día que, como se ha expresado, dio a luz al serenísimo príncipe difunto, el que en aquel año celebró cielo y tierra la ascensión del Señor, día en que el empíreo tuvo también su amanecer, rayándole su sol el horizonte de su eternidad! Ascensión la más recta de su luz (*)[33] y ascendente el más fortunado en el zodiaco de la gloria: todo virtud en el influjo y toda inmortalidad en la promesa.

Derivado así el serenísimo príncipe de tan gloriosos ascendientes, nacido

---

its convent of San Paolo and the dome of the cathedral.

[32] Boëdromion, third month of the Attic year corresponding to the latter part of September and early October. Boëdromica was a festival then celebrated in honor of the succor given by Theseus against the Amazons. Boëdromius was also a sobriquet of Apollo, in honor of his combat.

[33] (*Llámase así el punto que corresponde en la equinoccial al sol cuando asciende en el oriente.)

en tan ilustre patria y educado después con el reverente cuidado [fol. 23] que debía y, sirviéndole cada progénito de un maestro y cada ejemplo de un precepto, es preciso que creciese, haciendo cada memoria una generosa inclinación y cada aliento una alta cualidad. Pues con premisas tales no había de ser mejor Druso, nacido en los brazos de la discordia[34] y de la tiranía para haber salido tan excelente, que daba a conocer lo que podían índoles generosas ayudadas de educaciones soberanas. (39) Y aunque nuestra distancia es un velo de un hemisferio que nos quita la vista de sus acciones especiales porque la fama no suele volar muy lejos tan cargada, haciendo famosos sin que haga averiguados, nos basta entender que debió ser todo lo que heredó para decir que fue todo lo que debió. Antes parece que ha sido providencia de la suerte esta misma carencia de mayores noticias, como que era suficiente para saber lo que fue saber sólo lo que debió ser, no pudiendo obrar de otra manera la virtud. Debió, pues, ser prudente y lo fue; como Jano, a quien atribuyó la antigüedad los dos rostros con que atendía a lo presente y proveía a lo futuro, y como numen a quien veneró Roma por el fundador de su gobierno. Porque siguió a un Octavio, cuya diestra política después de haber con el valor defendido a Parma sitiada y manteniéndose magnánimo en su estado en el pontificado de Julio Tercero, que le era contrario, supo encantar su enojo y, lo que es más, hacer de adverso favorable el aspecto de aquella majestad que fue el primer luminar entre los Carlos de España y el quinto planeta entre los de Alemania, a cuyo amor volvió, siendo mayor hazaña esta restitución que una conquista. Debió ser, y fue justo, como Saturno, origen del soñado siglo de oro, y como Trajano, modelo del feliz estado de la integridad porque sucedió a un Rainucio Primero en cuyo gobierno se exaltó Parma tan rectamente dirigida que hasta en las escuelas que restableció, dio lo que era suyo a la razón y restituyó su estudio a la justicia. Debió ser, y fue piadoso, como Júpiter que, fingido en astro, es inclinación luminosa de la religión; y como Constantino que, elevado a emperador cristiano, es regio ejemplo del respeto a la iglesia porque tuvo a quien [fol. 24] imitar en el religiosísimo cardenal ya insinuado. Debió ser magnífico y liberal como Apolo que, entendido por el sol, influye la grandeza y la munificencia, y como Tito, que vivía sólo de beneficio porque no contaba por día el que no daba, como que el tiempo le corría por dádivas y la luz le alumbraba por merecedor porque tuvo en el mismo Alejandro, de quien recibir

---

[34] Discordia, evil goddess responsible for wars that divided towns and disputes in families and friendships.

este otro don de dar, y a quien dar esta otra liberalidad de haberle heco el retrato. Pero entre estas virtudes la que hizo que sobresaliese como característica de su heroico genio fue la justicia. La cual ejercitó de suerte que pudiera decirse que Astrea, desdeñando el firmamento como antes la tierra, había descendido a asistir a su lado con todo el séquito de los rectos juicios y de las benignas equidades de los premios honrosos y de las serias penas. Respecto de ella todo el orbe en su estado porque alcanzaba a los delincuentes en cualquiera parte adonde huyesen, no porque se complaciese del castigo sino porque había hecho al rigor otra piedad de ejemplos con que venía a perdonar a todos los que contenía. De manera que la severidad reinaba sin reinar (40), y la clemencia aun donde no mandaba. En fin parecía que la virtud gobernaba en la figura del príncipe y que no regía sino que producía sus vasallos. Por esto fue tan amado de ellos que se había pasado a simpatía la obediencia y con la prosperidad universal se había hecho fortuna la razón. Así dejó excedidos los sabios Ulises y los Nestores pacíficos, los justos Aristides y los rectos Catones, los Fociones moderados y los generosos Alcibiades.[35]

En fin gobernó pacífico su estado en que no fue menos glorioso que si hubiese seguido los ímpetus de Marte. Es la paz la hermosura para que trabajan los guerreros. Es el lazo del mundo y todos los amores de la humanidad. Es la dádiva de la naturaleza y la herencia de Dios, y si no le hubiera hecho el mundo más que para soldados no se hubiera hecho más que para no hacerse, y en breve quedarían por sus habitadores las ruinas, los estrados y las calamidades, regidos por el dominio de la muerte. Es la mansedumbre una cualidad que donde está como agrado cuando la siguen, está también como esfuerzo cuando se le oponen porque blandura y valor son una generosidad de dos renombres. Así el príncipe benigno compone toda la gloria de su vida del reposo en que mantiene

---

[35] Nestor, king of Pylos, whose life is chronicled in the Odyssey, was allowed to return to Pylos after the Trojan War. Aristides the Just, Athenian general and politican, celebrated for his valor in the battle of Marathon and known for his probity in public life. Phocion, Athenian general and orator, who sought to reconcile with the Macedonias, was condemned to drink hemlock. Cato the Elder or Cato the Censor [Marcus Porcius Cato], a politician, statesman and historian celebrated for his austere beginnings, served as a censor and sought to limit the impending corrruption of Rome. In 415 B.C., while preparing for the expedition to Sicily as army commander, Alcibiades (450-404) was charged with attempting to overthrow the Athenian constitution by mutilating the busts of Hermes. He escaped to Sparta and later returned to Athens. Socrates, his teacher and lover, accompanied him in battle.

sus estados porque ésta compone toda la prosperidad de sus vasallos. Y así el difunto ínclito duque formó toda la suya y de sus súbditos de la tranquila paz (41) en que supo su sabiduría mantenerlos. Con que hizo entre ellos florecer las artes, reinar la justicia y abundar la copia, pues siendo partos preciosos de aquella fortuna, era necesario un positivo maleficio de gobierno para hacerla estéril de felicidad.

No sé qué estilo es éste de los hombres de tener por menos brillante el esplendor de la paz que el de la guerra y del gobierno que el triunfo, como si fuera más resplandeciente el rayo que acaba que la luz que alumbra. Combatir por la patria, por el monarca o por la religión, glorioso ejercicio es del corazón que debe despreciarse a sí por sí, no hacer caso de la sangre por el ánimo ni cuenta del vivir por el obrar. Pero de ninguna de tan honestas causas da el impulso cuando de puro amado se halla un príncipe embarazado lo guerrero como lo vio en el excelso duque el orbe. ¿Quién puede dudarle en los entendimientos lo glorioso cuando le ven en los corazones lo triunfante? Codicia hubiera sido de laureles y tiranía de fama el habérsele entrado a la guerra por su casa y héchole corte por agaradarla a la victoria.

Pero lo que sobre todos sus heroicos mayores ha exaltado y exaltará su nombre fue el próspero ajuste del augusto himeneo concluido entre sus majestades, cuya recíproca felicidad les valió más gloria que la que pudieron producirles sus más ínclitos hechos, habiendo logrado unir la mayor princesa al más grande monarca, al rey más invicto, al más religioso, al más templado y al más justo. Que añadió al de su dominio los derechos de su heroicidad, imitando el esfuerzo la conquista que ya había hecho el amor y que no tuvo al trono por descanso de la majestad sino después de haber sido teatro de la virtud. Con tan gloriosa alianza consiguió en fin el [fol. 26] prudente Farnesio, que esta vez pudiese pagar la Italia a España, dándole una reina todo lo que le estaba debiendo por haber recibido de ellas tres emperadores pues, habiendo sido los más victoriosos que adoró, sobreexcederlos en las cualidades, los vence en la fortuna, produciendo sola una augusta tres príncipes. Esto es, tres héroes comenzados en cada uno de los cuales tendrá España con que recobrar juntos los Trajanos, los Hadrianos y los Teodosios que prestó, esto es, las tres mayores honras que entonces dio el Betis y las tres mayores glorias que celebró el Tiber. Fausto desempeño de la naturaleza suplirse de héroes y socorrerse de infantes, tener tálamos reales en que librar lo que debía a otros y caudal de otras proles con que afianzar doseles. ¡Raras profundidades de la providencia! Donde abundan las sucesiones se limitan y donde saltan se propagan porque los príncipes, reinando por Dios, son (si es lícito decirlo así) de la estirpe de la omnipotencia, y así tienen un nacimiento político de la dignidad que de ella se deriva. Les hace padres sin generaciones y a éstos les da filiaciones sin fecundidades. Y si Augusto tuvo por dicha singular suplir por medio de las adopciones de Tiberio y Germanio la falta de la posteridad natural que no logró (porque fecundo de laureles en la compaña no lo fue de brotes en el trono), asegurando así la sucesión en muchas basas como lo dijo el mayor político de los historiadores, (42) ¿con cuánta mayor razón debió juzgarse fausto y feliz el príncipe difunto, habiendo asegurado la suya en tantas reales columnas, no por la postiza generación de la adopción sino por la propia y legítima de una inmediata consanguinidad y de una doblada representación paterna?

Así puede decirse que el real anillo de este augusto consorcio fue sin duda como aquel misterioso que Apolo dio en sueños a Laudice, mujer del grande Antioco, en cuya preciosísima piedra se veía esculpida el ancla que fue símbolo de la firmeza de su sucesión como lo fue la de los descendientes de su famoso hijo, el gran Seleuco.[36] (43) Y si éstos confirmaron el auspicio con la señal que de ella sacaban [fol. 27] todos al nacer y celebraron siempre como a su autor aquel crecido numen de la grandeza y de las musas, cada uno de los reales infantes y de sus altos sucesores es ya y serán perpetuamente una real ancla de su augusta progenie y una ara en que se celebren tantos regios Apolos cuantos venera la historia excelos príncipes de esta familia, insignes favorecedores (como se ha insinuado) de las letras, antes será cada uno el ancla y el Apolo, el símbolo y el numen de su eternidad.

En fin dejó la grandeza de la tierra por el cielo y esta perpetua ausencia debió dejar también muy sola a aquélla. Hace mucha compañía un príncipe justo al universo; vale todo su imperio y así su falta lo despuebla. Es el alma de todas sus provincias con que su muerte los deja cadaveres de estado, y no los hereda quien los resuscita. Los demás justos sólo ilustran a las monarquías; los príncipes las ilustran y conducen. Aquéllos son estrellas que brillan; éstos, soles que alumbran y que influyen, y así no se cistean sus ocasos sino con todo el desaliento de su esfera. No hubiera de volver el del cuarto orbe y viera el mundo como le iba de desmayo; y así el que se pone para siempre, ¿qué aliento deja a sus estados?

---

[36] Seleucus I, Seleucus Nicator (d. 280 B.C.), king of ancient Syria, who founded the Greek colonies of Seleucia and Antioch.

MUERTE DEL SERENÍSIMO DUQUE. Pasó feliz a la inmortalidad, pasó a mudar de paz y a mejorar de gloria, y pasó lleno de sucesión real a hacerse ascendiente de luz y progenitor de eternidad. Con esa exaltación, ¿de qué le sirven nuestras voces, de qué toda la fama humana, cuando la que allá se entiende en el empíreo, con una ala le mide todo el vuelo? Sólo para nosotros le aplaudimos; sólo son nuestros elogios nuestras reglas. Esto es, por lo que el dolor sin perjuicio de las lágrimas debe hacerse consuelo y pasar también a hacer serenidad intelectual la natural tormenta del afecto del modo que los asirios y los frigios, después de los lamentos con que lloraban cada año la muerte de Adonis y de Artis[37] pasaban a la consolada celebración alegre de su culto. (44) Así debe esperar nuestra española monarquía tenerle por astro, que le influya[n] todas las fortunas y los bienes, pagándole a asistencias todo lo que le debe de memorias. Y si el cuerpo del famoso Orestes, que el Oráculo mandó buscar a los lacedemonios para la cesación [fol. 28] de sus calamidades, hallado y conducido a sus ciudades, les fue benigno influjo de sus dichas (45) con cuanta más razón conducido si ya no el cuerpo, el recuerdo (cuerpo mental de lo que se venera) del difunto príncipe por las ciudades del hispano imperio y especialmente celebrada en ésta, ¿será favorable influencia de sus prosperidades?

Tenía esta pena todo el derecho que había menester con los augustos vínculos de una duplicada representación paterna para poseer todos los reales pechos. Y conmoviendo todo el océano de su sentimiento, fue preciso que saliese hasta las orillas del imperio, mandando su majestad que en todo él se hiciesen las públicas fúnebres demonstraciones del que se debía, correspondientes a tan alto motivo en lutos y en exequias. No fueron tan bárbaros los escitas que no tuviesen la reverente costumbre de entender en la muerte de sus soberanos por todas sus provincias la tristeza. Porque como si necesitasen que el mismo cadaver les diese este último orden del lamento, les conducían por sus ciudades donde le celebraba cada una un funeral presente, piadoso estilo de la general pena debida a sus monarcas. Pero no han necesitado de esta funesta presencia las de la vasta monarquía española y especialmente la de este grande emporio del Perú, porque su fidelidad le sirve de todos los sentidos. Es consanguínea de la fe y así ve con el entendimiento. Es Lima la

---

[37] Attis is the castrated god of vegetation in Phrygian religion whose death is symbolic of the death and rebirth of plant life. Adonis' death is also symbolic of the yearly cycle of vegetation that was celebrated each spring in Adonia.

corte de la obediencia y el trono del amor porque el que tiene a su rey es de un calor que sabe disipar la niebla de la distancia de medio orbe, de suerte que a proporción de todo lo que se aparta de país, se le avecina de lealtad, siendo el movimiento de su afecto como el de las mayores esferas que todo lo tienen de extensión compensan de velocidad. No obstante ser todo obligación, ama de modo que parece que es mayor la suya porque es mayor su cumplimiento. En fin si tuvieran los reyes cielo para las ciudades, ninguna tuviera más gloria porque ninguna quiere con más contrición.

Llegó a ella la funesta noticia de la muerte del serenísimo príncipe con el aviso que entró el día treinta y uno de diciembre del pasado [fol. 29] en la real cédula siguiente, en que su Majestad se sirvió de participarla con el orden que queda ya insinuado.

Aviso y orden para las exequias.

EL REY.

CÉDULA REAL. Por cuanto el sensible contratiempo de la muerte del serenísimo duque de Parma, mi suegro, pone justamente mi obligación y cariño a hacer ostentación del preciso e inevitable dolor que de él me resulta con todas aquellas fúnebres demonstraciones que más pueden acreditarle, he resuelto que en lutos, exequias, honras y demás afectos se procedan conforme y arreglado a lo que se ejecutó en la muerte de los serenísimos delfines, mi padre y mi hermano, sin que falte cosa alguna. Por tanto mando al virrey de las provincias del Perú, presidentes de las Audiencias de aquel reino y gobernador de Cartagena, que teniendo presente la cédula que se despachó en veinte y dos de marzo de mil seiscientos y noventa y tres, sobre la moderación del exceso de lutos, cumplan y ejecuten lo que, como viene dicho, se practicó en los casos expresados; dando a este fin las más precisas y convenientes órdenes, cada uno en la jurisdicción que le corresponde. Y respecto de ser tan corto el gasto que resulta de estos lutos para los que se le han de poner, y tan crecido el que de él para mi real hacienda y de no dar lugar las necesidades presentes a usar mi liberalidad, es mi voluntad, sea por cuenta de los ministros de mis Audiencias y sus dependientes, el que en ellos se hubiere de hacer sin que de mi real hacienda no otros efectos se convierta cosa alguna para este fin, avisándome del recibo de este despacho. De Buen Retiro, a siete de abril de mil setecientos y veinte y siete.

YO EL REY.

Por mandado del REY nuestro Señor
Don Francisco Diez Román.[38]

[fol. 30] Palabras verdaderamente ponderables son la[s] de esta real cédula
y dignas de que las repita la atención. El sensible contratiempo de la muerte del
serenísimo duque de Parma, mi suegro, pone justamente mi obligación y mi
cariño a hacer ostentación del preciso e inevitable dolor que de él resulta en
todas aquellas fúnebres demonstraciones que más pueden acreditarle. ¡Qué
inexorable ees la muerte, pues no resuscitan estas expresiones! Y fuera gran
lástima que se malograran en las cenizas sino prestaran tanta alma a la memoria
y no dieran tanta vida a la grandeza. Cláusulas son tan grandes que para
imprimirse en tantos corazones se han tirado en las prensas de dos mundos.

Por esto aplicó luego S. E. todo el empeño de su superior ánimo a las más
correspondientes demonstraciones del real duelo, representando a la majestad
no sólo el poder sino el afecto con aquel celo que le hace aun más virrey que
su caracter. Es éste en S. E. un rey invisible con que se manda a sí mismo todo
lo que otro aun no supiera obedecer. En cada una de sus cualidades tiene de
que formar un ilustre hombre; y después de haber hecho todo lo que produce
más triunfante la guerra, ejecuta todo lo que la paz tiene más justo. En el ara es
oblación todo el palacio y en el palacio parece ara el dosel. No son los imperios
la material extensión de su gobierno porque no consiste el poder en mandar
mucho sino bien. Y esto es por lo que parece que vuelve a descubrir éstos S. E.
con que dentro de breve debe esperarse que ande la opulencia por las calles.
Abrir las fuentes de las minas y cerrar los estanques de las cajas, medios son
naturales de llenarse; celar la real hacienda tan exacto y pagarla tan pronto
parecen dos asuntos contrarios y son una justicia. De modo que bien puede
decirse de S. E. lo que de otro grande ministro cantó un panegirista, esto es, que
ha hecho más sin las armas, (46) habiendo hecho con ellas lo que puede
ejecutarse más glorioso.

Hizo luego S. E. despacho para que indispensablemente se ejecutase lo
mandado en la referida real cédula con inserción de ella y de la 22 de marzo de
1693 (constituida en fuerza de ley como si estuviese [fol. 31] incorporada entre
las de estos reinos) en que se determina la forma de los lutos que se han de traer
así por muerte de las personas reales como por la de los vasallos con la de sus
funerales, mandando que impreso se publicase por bando en el estilo

---

[38] The complete text of the king's seal is in Appendix A.

acostumbrado, como se ejecutó el día octavo de enero del presente año según de él consta en la secretaría de cámara del real gobierno.

En cuya consecuencia siendo en esta nobilísima ciudad la obediencia un eco del orden y en esta ocasión un doloroso deseo del precepto, tenía ya desde la noticia prevenida la ejecución y apareció luego toda en duelo, habiendo hecho como un empeño del amor el desempeño del sentimiento inmediato de la reina; que no sé que se tiene la adoración de la majestad cuando se duplica la corona en la hermosura y el pesar del vasallo, cuando considera esta deidad política afligida porque (digámoslo así) ¿qué no ha de deber hacer la ofrenda cuando ve sobre las aras el dolor?

Mandó S. E. convocar a los señores de la Real Audiencia a acuerdo en que se resolvió se celebrasen las exequias del serenísimo príncipe en el templo de esta santa iglesia catedral que, como el superior, se había destinado siempre a las de sus reales patrones y de las soberanas inmediatas personas que les perteneciesen, en la misma forma en que se habían solemnizado las del serenísimo señor Luis, delfín de Francia, augusto padre de S. M. Y por más que se procuró equilibrar el juicio entre la moderación ordenada y el desempeño deseado, no pudo dejarse de inclinar a todo lo que, sin disgustar la ley, fuese servir al celo, porque hay en éste excesos que no son transgresiones cuando, para proporcionarlos, hace la comparación con lo infinito.

Costumbre ha sido decorosa en tan altas funciones dirigirlas por el cuidado de un señor ministro como que hasta la diligencia de ir autorizada y salir del acierto, como definición. Así encomendó S. E. el de las exequias prevenidas al celo del señor doct. don José de Santiago Concha, marqués de Casa-Concha, del orden de Calatrava y oidor de la referida Real Audiencia, ministro de la clase [fol. 32] de aquellos grandes varones que nacen para hacer justas leyes y erigir grandes obras. Llamaron a Lúculo el *Xerxes togado* por la magnificencia de las suyas.[39] Paralelo es que nadie le ha estrenado pero que aun nl le viene bien de estrecho por el excelso talento y la incomparabilidad de los asuntos. Lo que entre todo singularmente admira es el arte, con que sabe unir siempre dos cosas

---

[39] Luculus was known as "the togaed Xerxes" because of the magnificence of his laws and works. "As for his works on the sea-shore and in the vicinity of Neapolis, where he suspended hills over vast tunnels, girdled his residences with zones of sea and with streams for the breeding of fish, and built dwellings in the sea—when Tubero the Stoic saw them, he called him Xerxes in a toga" ("Lucullus" in *Plutarch's 'Lives'* in Perrin 1958, 2:599).

bien contrarias, esto es, la extensión que da al tiempo y el límite a que reduce el gasto. Entregó la suntuosa obra del túmulo que se había de erigir al maestro Manuel Sánchez,[40] perito arquitecto. La experiencia que había tenido del artificie era ya una fianza abonada del acierto, como lo manifestó en el de la fúnebre máquina que se construyó en la forma que va a referirse.

DESCRIPCION DEL TÚMULO.

Es el sepulcro la cuna de la inmortalidad que nace entre las cenizas que él recibe; el depósito de la resurrección que guarda los despojos de que ha de vestirse, el padrón del desengaño que escribe los ejemplos de que avisa. Manifiesta más con lo que oculta porque elocuente de todo lo que calla, se tiene todo el grito del silencio que alcanza a toda la eternidad de su quietud; razón porque se les dio a todos el título de monumentos. Es a un tiempo el puerto en que descansa la virtud y el escollo en que choca la impiedad, estímulo de la heroicidad por la memoria de los justos y freno de la soberbia por el paradero de los ambiciosos.

La religiosa costumbre de darlos a los que fallecen ha sido siempre el rito más universal que se halla en los humanos. Pues los mismos que tanto se han diversificado en el gobierno, en el estilo y en el culto se han conformado simpre en el sepulcro, atribuyéndole una veneración mezclada de horror a un tiempo y de piedad; como que los que en él yacen son los habitadores de un mundo superior en que los espíritus, mientras más divididos son más poderosos, vasallos de un inmortal imperio en que cada uno es un príncipe que respeta este caduco. Allí mientras más se apartan de la vista más se [fol. 33] acercan a la estimación porque perdidos de la memoria los defectos de la naturaleza, se miran sólo las virtudes, siendo aquéllos, como las manchas del sol, que en la

---

[40] Manuel Sánchez was an accomplished artist whose hand is evidenced in many works. A copper engraving of Farnese's tomb is included within the pages of *Fúnebre pompa* and carries the description: "El maestro Manuel Sánchez lo hizo—el pitipié—Johannes Josephus a Espinosa me sculpsit Limae Anno 1728." Medina (1960, 3:310 and 4:276) records two other instances of Sánchez's work: "Primera hoja con un gran escudo de armas, grabado en cobre por Manuel Sánchez" in José de Aguilar's *Sermones varios, predicados en la ciudad de Lima* (Bruselas: Francisco T. Ferstevens, 1684) and "Frontis grabado en cobre por I. a Palomo, y dibujado por Manuel Sánchez, que representa al Santo, con vistas del Paraguay, Tucumán y Lima" in Pedro Rodríguez Guillén's *El sol, y feliz año del Perú, San Francisco Solano, apóstol* (Madrid, 1735).

distancia quedan oscurecidas por la misma luz. El tiempo, que todo lo consume, es el que perfecciona la veneración que es como una familia de fama que, sembrada en el campo de la eternidad, tarda en nacer a proporción de todo lo que ha de durar. Y esta alta reverencia es la que forma otra grande parte de la religiosidad de los sepulcros. Así se construyeron siempre por todos los mortales a las cenizas de los suyos, pero entre todos fueron siempre los más señalados lo que se erigieron a los grandes hombres y a los ilustres príncipes en los cuales, de la manera que fue un hipérbole de la vanidad aquel exceso que hacía extravagante a la piedad y delincuente a la magnificencia, al contrario es una reverente muestra del dolor la proporcionada grandeza que hace reglada la veneración y justa la suntuosidad. Y así se dispuso este regio túmulo si no como le soberbio sepulcro de Efestión, formado de millones arrojados, (*)[41] o como el carro en que Arideo[42] condujo el cuerpo de Alejandro, adornado de diamantes perdidos; como el sepulcro de Teseo[43] erigido en medio de la ciudad de Atenas con la celebración y sacrificios que lo auguraban glorioso, o como el de Timoleón,[44] a quien la de Siracusa fabricó en su real plaza el monumento que adornaron de columnas y pórticos, haciendo famosa con su nombre su estructura, llamdo así el Timeleonteo. (47)

Es el templo de la Santa Iglesia Catedral de Lima uno de los más suntuosos del universo por la extensión de su proporcionada planta y por la elevación de sus voladas bóvedas; por la grandeza de sus magníficas capillas, por la altura de sus hermosas torres y el número de sus ricas alhajas: sagrado digno teatro del culto de un Perú en que la devoción necesita recobrarse de la admiración. Componerse de cinco naos, nombre que en el idioma griego significa templo, y por esto mal invertido vulgarmente en el de nave. Las dos primeras colaterales ocupan las capillas: en la media ya el espacio cuyo plan forma un [fol. 34] rectángulo, el cual se divide en el que obtiene el coro en el

---

[41] (*Doce mil talentos. Freins hemlus. Supl. Quint. Curt. Plutarc. Arrian. Diodor. Sicul.)

[42] Arideus, bastard son of Phillip of Macedonia and brother of Alexander the Great. Upon his brother's death, he was named king and married Eurydice.

[43] Theseus, Athenian hero whose works are compared to those of Hercules. Guided in the labrynth of Crete by Ariadne's thread, he fought and killed the Minotaur. He was killed by king Lycomedes.

[44] Timeleon, Greek general known as the scourge of tyrants, liberated Syracuse; he was known for his love of laws and freedom.

atrio o tránsito debajo del crucero y en el altar mayor. Compónese éste de una área elevada media vara del pavimiento horizontal a que se asciende por tres gradas y procede y forma como un pronao o vestíbulo suyo que ocupan en las funciones sacras el virrey, Real Audiencia y cabildo. Y éste es el sitio regularmente destinado a las exequias semejantes. En él se elevó el túmulo con tan excelente estructura que parecía otro templo que había nacido dentro del primero; y por esto un heredero de su aplauso, como primogénito de la magnificencia, la cual debida a las mejores reglas fue uno de los mejores partos de la arquitectura.

Es ésta una armonía de mármoles o una consonancia de nobles materias. Es la gloria de las ciudades y la madre de las maravillas. Apenas hay ciencia o arte que no le haga dádivas en su caudal, siendo como la otra estatua a quien todos los dioses le contribuyeron. En esta ocasión ejercitó sus perfecciones en la forma que va a referirse, excusando la prolija individuación de sus más delicadas divisiones.

Constaba la iconografía o planta del excelso túmulo de un perfecto cuadrado de diez varas o treinta pies de raíz o lado, y de perímetro o ámbito de ciento y veinte, de suerte que contenía novecientos cuadrados. Su altura era de setenta y uno que, dividida por la mejor arquitectura en tres cuerpos simétricos y proporcionados, permitió al primero treinta y cuatro pies, al segundo veinte y dos y al tercero quince, en razón sesquilátera.

Levantóse el primero sobre un socolo [zócalo] o sotabanco de cinco pies de altura sobre que se elevaban ocho columnas, cuatro en medio de él en los ángulos de otro cuadrado interior (paralelo y concéntrico al primero) de diez y seis de lado y de perímetro de sesenta y cuatro, con diminución proporcionada a la perspectiva que habían de formar a la vista del fúnebre teatro. El módulo de las extimas era de un pie, de suerte que el diámetro de su sólido era de dos. Eligióse para toda la obra la hermosura de la orden de Corintia, como que [fol 35] ni tiene la rudeza de la toscana, la desnudez de la dórica y la jónica, ni la delgada estructura de la compósita, necesitando el grande intercolumnio de la frente y el peso de dos cuerpos que debía sostener el primero, de mayor solidez; concurriendo en ella a un tiempo la fuerza y el adorno; aquélla por constar de menor número de módulos y éste por la belleza de sus capiteles, teniendo sus columnas una airosa majestad semejante a la de un héroe fuerte a un tiempo y hermoso galán y coronado de laureles. Llámase módulo el semidiámetro o mitad del grueso de la columna y es la medida proporcional de todas las cinco órdenes, el cual en ésta se divide en diez y ocho minutos o partes. Y si el origen de las hojas o caules de que ésta se adorna y del nombre que tiene de Corintia, fue el de haber en Corinto observado un insigne arquitecto las hojas de la planta que había florecido en un vaso colocado sobre un noble sepulcro de cuya hermosura enamorado la trasladó a los capiteles de sus obras; parece que tenía también por esto mejor derecho para tan regio túmulo.

La altura de este cuerpo fue como se ha expresado, de treinta y cuatro módulos, que es la suma de todas las medidas. Dividida está en las tres partes principales de pedestal, columna y cornijón, se asignaron a la primera cinco módulos, a la segunda con basa y capitel diez y ocho y a la tercera se dieron cóncubo, arquitrabe, friso y cornija, once, subdividiéndose cada una de estas partes de esta fuerte. El pedestal o [e]stilóbata, en su basa (formada de zócalo, trono o cordón, y otras menores parte) en su [e]scapo o neto, y su cornija compuesta de su pestaña, friserolo [frisolera] y corona con varios listoncillos, y su gola, dando a cada parte de éstas sus protecturas (que es lo que sale al aire fuera del perfil o firme de cada neto). La columna en su basa (formada de plinto, toro o cordón inferior, scocias, astrágalo o listones y toro superior), el el [e]scapo, neto o limpio de la columna, con los ornatos que después se expresarán; y en el capitel adornado de sus cuatro órdenes de caules u hojas de que las superiores se dicen caulícolos o roleos, y de su ábaco o tablero.

[fol. 36] Los pedestales, hermosamente funestado en sus netos de algunos símbolos de la muerte coronados, iban incluidos en el socorro o sotabanco universal, adornado de semejantes tristes jeroglíficos con pintura de colores blanco y negro que se eligieron para toda la obra.

Volaba de una a otra columna extima por todos cuatro lados un arco formado de una media elipse (a quien los prácticos llaman rebajado) cuyos diámetros eran, el mayor de veinte y cuatro pies y un tercio (que componían el claro) y el menor de doce, el cual se orlaba de una faja enriquecida de vistosas labores y en su medio se leía esta inscripción, que es la que daba el nombre a la idea del insigne túmulo: MAUSOLEUM FARNESIANUM. Título que merecía no sólo por la excelencia de su fábrica y la semejanza de su figura sino por representarse erigido por la inmortalidad, no ya poética ni fabulosa sino cristiana y verdadera como en una noble competencia de la famosa reina de Caria, la doliente Artemisa, según en la descripción del segundo cuerpo se dirá.[45]

---

[45] Caria, ancient region of Asia Minor. Queen Artemisia ruled ancient Caria, conquered Rhodes, and established the mausoleum at Helicarnassus in memory of her husband and brother Mausolus.

Construyóse aquél en la capital del reino, que lo era la ciudad de Halicarnaso; éste en la que lo es del más rico del mundo, aquél entre el palacio y templo de la mentida Venus. Y éste a vista del palacio y en el mayor templo del dios verdadero, y si aquél lucía con mármoles soberbios (cuya supérflua vanidad hizo decir al filósofo de Clazomenia (el célebre Anaxágoras) o cuanta plata convertida en piedras.[46] Brillaba éste con adornos sagrados, recuerdos inmortales y brillantes luces de suerte que bien podía decirse un mausoleo corregido y una católica magnificencia.

Cargaban sobre el arco el arquitrabe hermoseado de sus tres fajas, sus dos astrágalos o golas enriquecidas de sus globos o granos, y coronado de su cimacio o gola, a que seguía el friso adornado de una conforme variedad de labores de lises (blasones del serenísimo duque) de la letra F., primera de su nombre coronada y otros adornos de ramos de olivas y laureles enlazados en significación de las que, como símbolos de su pacífico [fol. 37] y prudente gobierno, se unían a los de los triunfos obtenidos por sus progenitores a que sucedía la cornija compuesta de sus dentellones, del equino vestido de sus óvalos, de la corona, faja y golas, adornado todo de unos genios o cargadores que lo ennoblecían.

Este fue como el cuerpo de este cuerpo pero el alma con que se pretendió informar, aspiraban (aunque con la debil pluma mía) a prestársela las inscripciones, símbolos y jeroglíficos que con los pensamientos de motes y poesías intentaban formarle (del modo que alcanzó hecho celo el ingenio) como unas potencias de concepto y unos sentidos de cadencia por donde se explicaba.

Fue la primera la inscripción sepulcral o epitafio que se colocó sobre las basas de las dos columnas de la frente en dos tablas labradas en óvalo, y hermosamente orladas de un vistoso y relevado marco de color de oro, con variedad de roleros y sestones tendidas de dos volantes genios que las reclinaban hacia las columnas. La primera, como en la que le elogiaba la regia nobleza y la exacta justicia del príncipe difunto, se veía coronada del escudo de las armas propias de la casa farnesia, esto es, de los seis lilios o lises azules en campo de oro y rematada al pie de una tarjeta que brillaba con la libra o balanza de Astrea atravesada de la espada, símbolo ordinario de la igualdad que en el fiel del medio aritmético y geométrico equilibra los derechos de la comuntativa y

---

[46] Pre-Socratic philosopher of Clazomenae who believed that the sun was a white-hot stone. Hence the reference to the conversion of stones.

proporciona el premio y castigo de la distributiva. La segunda tabla, como en la que se celebra la sabia prudencia y el arte de la paz en que sobresalió, mostraba en su frente una breve tarja en que estaba pintado el escudo de Minerva con la cabeza de Medusa (divisa significativa de la sabiduría y de la fuerza, con que hace inmóviles a los que la admiran) y al pie otra en que se veía un ramo de oliva sobre un trofeo, dando a entender o que la paz es la que corona los triunfos o la que triunfa de las armas. Decía, pues, el epitafio así. [fol. 38]

> D. O. M.
> SISTE VIATOR.
> Magnum mortalitatis, & immortalitatis mirare monimentum.
> QUIPPE.
> Quem tot Immortalium Cœlestis Progenies effecit Cœlo natum, Tot mortalium devota reverentia luget terra conditum. Quem tot Virtutes effecere Immoralem, Mortalem vel una ostendit Libitina.
> Quem Clarissimum Lumen Orbis conspexit,Luctuosissimam aspicit umbram.
> OH TRISTISSIMA SORS!
> Cunct, vel in subfelliis, tibi, Mors, patrantur. Obiit namque
> SERENÍSS. PRINCEPS
> FRANCISCUS
> PARMÆ, ET
> PLACENTIÆ DUX.
> Sacrosanctæ Romane Ecclesie Vexillerser.
> FARNESSIADUM Celsissima Proles.
> Ex antiquissimis Impetatorum Aulicis in Italiam venientibus, Consulibus Urbisveteris, Ecclessiæque perpetuis deffensoribus.Cuius proinde præclarissima Stirps Ecclesiæ debuit dici Benemerita, Ut pote quæ tot retro fæculis Romani Status extitit Propugnaculum.
> Cuius Progenitores
> Parmam Ecclesiæ subrogarunt:
> Ut pote qui Duces Ecclesiæ, & Parmæ præcellurunt, meriti nomine in Dignitatem abeunte.
> CUI

Ursina, Austriaca, Lusitanica, Aldobrandina, Medicea, Estensis, Neoburgica, [fol. 39] et Borbonnia Familiæ
(PRIMA ORBIS NOMINA)
Velut glorioso Trunco inferre, Virtutem, honoremque perpetuo germinant.
IN QUO
Quot Rami, tot Coronæ, & Thiaræ:
Quot folia, tot Lauri, & Purpuræ frondefcunt.
CUI
Si nihil egissent clarum tot fortisiimi héroes,
Sufficeret natus vel unus ALEXANDER,
CORAM QUO
Vel Magnus ipse proclamatur minor,
CUI
Tot Belgium obsulit Triumphos, quot prælia;
CUIUS
Tot Gallia experta est egregia facinora quot bellicos insessus, Parifiis, Religioneque insimul libertatis.
PROH DOLOR!
Tot Numinibus genitus, a Numinibus deploratur abreptus: Verum inter Numina fulgens, a potiori maiestate Statui imperat:
Ur pote qui tot Virtutibu, quot Stematibus, splenduit decorarus.
Bella, quæ, quia cunctis Imperantibus gratus, Hostes non potuit debellare, quos non habuit. Ecclesia in pace constituta, Vexillifero
Ecclesiæ implicuit Bellum. Inter tot Italie, peneque universæ Europæ, ruinas Parmensis Dominatio florens tali adsistente manu stetit.
IDEOQUE
Gloriosior Pacis, quam Belli artibus [fol. 40]
Italiæ, & Orbis extitit ornamentum.
Deme Discordiam de terra, nec Laures, nec Trophæa videres: Pietate, Justitiam, Prudentiam, Magnanimitatem, Munificentiam semper coleres.
Sic FARNESIUS coluit, Ur in universo ipsius statu Astrea pro Principe, Virtutes que pro Incolis viderentur habitare.

Proindeque fideliitate in amorem evecta, Populorum extitit
Delitiæ.
DOROTHÆ Æ SOPHIÆ, NEOBURGICÆ, ex Fratre Vidnæ,
annuente Roma, in consortium copulatus, Successionem,
quam thoro non habuit, sanguine obtinuit. Vacuumque
Naturæ Fortuna replente,
ELISABETHAM,
Filiæ Iure habitam, ur Orbitatem Orbe compensaret, Primam
Parmensem Hispaniarum adorabilem adoravit Reginam.
Cuius Regiæ fœcunditas ope Tot et Cœlo cernet FARNESIA
Progenies Posteros, quot Hispania Principes.
QUAM OBREM
Pio, Justo, Pacifico, Magnoque Heroi,
Ut Virtuti Parentis obsequatur, Dolorique mæstissimæ
obsecundet Reginæ,
EXCELENTISIMUS MARCHIO DE CASTEL-FUERTE, PERUVII
PROREX,
Urbis Regiæ luctibus sequutus,
Regium hoc FARNESIANUM
MAUSOLŒUM,
INQUO
Vel ipsa GLORIA, Artemisie referns amorem, FARNESIOS
Cineres ebibit inter Astra, ardore quo flagrat erga Augustos
Dominos,
Zelantissime ponere curavit. [fol 41]

Era éste primer cue[r]po como un excelso trono en cuyos ángulos reinaban
cuatro hermosas estatuas que representaban la Naturaleza y la Virtud, la Gracia
y la Gloria; los cuatro mayores bienes del hombre mortal e inmortal, y los cuatro
puntos cardinales de la esfera de la felicidad terrena y celestial, con la
correspondencia de haberse colocado en el primer lado las de la Virtud y la
Gracia como que, siendo el mérito y el premio, formaban un mismo orden, y
en el segundo la Nobleza y la Gloria como que la una era una terreste gloria y
la otra una nobleza eterna. Y aunque aquellas dos prendas naturales debieran
anteceder como principios, precederán aquéllas las otras sobrenaturales por
haberse colocado en la frente del túmulo en consideración a la su superior
grado.

Admirábase, pues, la estatua de la Gracia en la figura de una bella ninfa, vestida de purpúreo traje (color debido al fuego de su afecto) y coronada de inmarcescibles rosas bien como una casta Venus, madre del verdadero amor y de las sacras Gracias, nacida de las aguas de las lágrimas, con una hoguera el pecho y una tarja en la diestra, airosamente reclinada a la parte exterior con este jeroglífico:

Una regia corona y un collar precioso

MOTE.
UT ADDATUR GRATIA. CAPITI TUO,
ET TORQUES COLLE TUO. (48)
[Para que se añada gracia a tu cabeza,
y cadenas a tu cuello.]

SONETO.
Con principios la Gracia omnipotentes
Arte es supremo de formar deidades,
Si haciendo de un poder dos majestades,
Compone de una luz dos reflugentes.

Corona es más feliz, que esos lucientes
Diademas, que de tantas libertades
Se labran su esplendor; si en más lealtades
Sus reflejos fabrica indeficientes.

Collar divino, insignia es luminosa,
Que en la orden constituye de inmortales
Con las pruebas de heroicos ardimientos.

Así del gran FARNESIO honró especiosa
En su cuello sus llamas celestiales,
En su frente sus altos pensamientos.

[fol. 42] Debajo de la estatua referida y en el último tercio superior del neto de la columna, que le correspondía, inmediato al capitel, se veía otra sagrada empresa, en que se pintó una viña dominada de un trono, en que se veía floreciente un ramo de oliva, y en distante perspectiva varios pueblos, con este misterioso MOTE: VINEA FUIT PACIFICO, IN EA QUÆ HABET POPULOS [Pacífico tenía una viña, en la cual había mucha gente] (49).

COPLA
Premio fue de la suave
Paz, con que reiné en los pueblos.
La GRACIA, que fue la viña,
En que se inebrió mi pecho.

Venerábase la estatua de la GLORIA representada por otra resplandeciente
ninfa, todo cielo y estrellas el ropaje y toda la luz la frente; más pomposa y
luciente que la fingida Berecintia[47] (ufana por los dioses que había producido)
(50) como verdadera madre de más ciertos númenes, con un sol en el pecho y
una tarja en la diestra en que se veía como celeste empresa un tubo óptico o
telescopio luminoso ilustrado de este divino mote: GLORIAM SAPIENTES
POSSIDEBUNT [Los sabios poseerán la gloria] (51) y explicado con este

SONETO.
Es la visión de la deidad gozosa
Luz infinita, que a la luz creada
Se añade allá, con que la vista armada
Lo que antes no alcanzó ve luminosa.

Instrumento de dióptrica gloriosa,
Antojo y sol, que augmenta sublimada
Perspicacia mental, que limitada,
Lumbre era oscura, ceguedad hermosa.

Este el justo posee héroe amado,
Y éste, oh duque inmortal, la confianza
Cree, que gozas de astros coronado.

Si en este Olimpo, donde no hay mudanza,
Quien fue más perspicaz, más ve augmentado,
Quien más *sabio* imperó más *gloria* alcanza.

En el último tercio del neto de la columna que correspondía debajo de la
[fol. 43] estatua ya expresada, en la forma que en la primera se veía otro
jeroglífico conforme al asunto referido en que se delineó un jardín (figura del

---

[47] Berencintia, sobriquet given to Cibeles in Frigia because in mount Berecino she
had a particular shrine (*Berencintia mater*); it also refers to the idol carried in
processions to favor the fertility of the earth.

celestial paraíso) en cuya luciente amenidad cogía feliz mano algunos lilios (símbolos de la pureza de la gloria y blasones propios de la casa farnesia) con este sabio mote: UT PASCATUR IN HORTIS ET LILII COLLIGAT [Para que pazca en las huertas y recoja lirios] (52) y esta COPLA.

> Lilio he sido, y lilios gozo
> Del huerto eterno en las luces,
> Que es bien, que se coja en glorias,
> Lo que se sembró en virtudes.

En el lado posterior, paralelo a la frente del túmulo y que la hacía al altar mayor, se ostentaba sobre el primer ángulo, siguiendo al que ocupaba la estatua de la GRACIA, la de la VIRTUD, como de un mismo séquito, representada en la figura de otra ninfa vestida de rozagante traje; más de suerte que en ella el mismo adorno era severo y austera la belleza, prendida por joya la testa de Medusa, cubierta la propia de un brillante yelmo, ceñido éste de una oliva y rematado de la nocturna ave de Atenas y una hasta en la siniestra mano bien, como una Minerva o Palas verdadera, toda sabiduría y toda esfuerzo. Mostraba con la diestra una tarja formada de la piel, que fue trofeo y manto de Hércules en que se reconocía esta divisa: Un trono, cuya altura llegaba a las estrellas. Informadas sus gradas de este mote: IBUNT DE VIRTUTE IN VIRTUTEM [Irán de virtud en virtud], acomodadas con este (53)

> SONETO.
> Esa de la virtud siempre brillante
> Altura fiel, que reverente osada
> El cielo escala, y de vigor armada
> Lo aspira penetrar cumbre gigante.
> Trono es, cuya eminencia radiante
> Ostenta un firmamento en cada grada,
> Si es cada una una prenda practicada,
> Por donde va al Olimpo el pie constante. [fol. 44]
> Mas quien (oh excelso duque esclarecido)
> Con heroicidad más verdadera
> Al inmortal Alcázar ha ascendido.
> Si a no ser infinita su alta esfera,
> De virtud en virtud no hubieras ido,
> Pues todas las tuviese en la primera.

En la columna inferior, correspondiente a la descrita estatua, se veía otra empresa formada al mismo intento en que, aludiendo al valor con que siempre defendieron los héroes farnesios a la iglesia, se habían pintado dos llaves circumvaladas de un cerco de lilios con este mote: VALLATÆ LILIIS [Con los lirios de los valles]. Y esta

COPLA.
Los lilios, que siempre ufanos
Con la fe que la han servido
A la iglesia han defendido,
FARNESIOS son soberanos.

Al lado derecho de esta sobre el ángulo siguiente al que ocupaba la estatua de la gloria, brillaba colocada la de la NOBLEZA, representada por la figura de otra ninfa en traje de una diosa coronada, con el manto entre celeste y rojo, como que que se hubiese cortado de un celaje, de suerte que parecía bien una real Juno mejorada, diosa de los imperios y de la nobleza, como reina antiguamente adorada de las esferas y los dioses, con cetro de oro en una mano y en la otra una tarja en que se había delineado la siguiente empresa. Una excelsa palma, cuyas sublimes hojas ceñía una corona y a cuyo pie se veía postrado el tiempo. Era su mote: IN PERPETUM CORONATA TRIUMPHAT [Encoronada triunfa para siempre]. (54) Explicábale el siguiente

SONETO.
Es de una alta progenie generosa
Notoria a cielo y tietta la nobleza;
Alcuña el uno fiel de su pureza,
De su mérito la otra [e]scena hermosa. [fol. 45]
Palma es, que sobresale gloriosa;
Y recta siempre con feliz firmeza,
Coronando de sí misma su grandeza,
Triunfa del tiempo excelsa y vigorosa.
¿Mas cuál habrá más clara a cielo y tierra,
Más excelsa, y del tiempo más triunfante,
Que la FARNESIA en culto, en paz y en guerra?
Pues de la iglesia ha sido el fuerte Atlante.
Pues la copla establece, el vicio aterra;
Y tanto ha fulminado infiel gigante.

En la columna inferior correspondiente se reconcía otra divisa al mismo asunto, en que estaba pintado un frondoso árbol cuyos frutos eran varias coronas de oro y de laurel en cuyo tronco se ingerían por uno y otro lado dos ramas de otros dos árboles que le acompañaban fecundos de coronas reales. Mote: ASÍ TRONCOS REALES ME ALIMENTAN.

COPLA.
De los reales troncos, que
Se unen a mi excelsa estirpe,
Pagado está el lustre, pues
Todo lo que dan, reciben.

Adornánabse las cuatro columnas referidas, demás de jeroglíficos que oronaban sus [e]scapos, de varios festones con otras muchas divisas que seguían los asuntos de cada una. La primera, que pertenecía a la GRACIA, con la del misterioso libro de los siete sellos del Apocalípsis (símbolo de los sacramentos por donde se comunica) con el divino cordero, que sólo pudo abrirle. La segunda, que se dedicaba a la GLORIA, con la de la Delta o triángulo equilátero (celestial cifra de la divina Trinidad) ceñido de lucientes rayos. La tercera, que tocaba a la VIRTUD, con la de un escollo combatido de las ondas. Y la cuarta destinada a la NOBLEZA con la del escudo de las armas farnesias.

[fol. 46] En las cuatro columnas del cuadro interior se veían otros tantos símbolos. En la primera, por representación de la prudencia del serenísimo duque, un círculo en cuyo centro estaba colocado un ojo que veía a toda su circumferencia. Mote: SIC PROVIDET OMNIA PRÆSENS [Así el presente preve todo]. Y esta

REDONDILLA.
Con atenta providencia
Se hizo del duque excelente
A todo tiempo presente
Eternidad la prudencia.

En la segunda, por significación de la paz con que hizo florecer su estado en medio de la tempestad de las pasadas guerras, se veía una oliva, exempta de los rayos, que por todas partes fulminaba un turbulento cielo. Con este mote: INTER TOT FULMINA FLORET [Florece entre tantos rayos]. Explicado de esta

Redondilla.
De mi paz al arte exacto
Entre tanto rayo ardiente
Mi estado vi floreciente,
Aun más que el laurel, intacto.

En la tercera columna, por símbolo de la real prole con que por medio del augusto himeneo de sus majestades dejó propagada su sucesión el sabio príncipe, se pintó un olmo cargado de los racimos de una frondosa vid, que mantenía. Con el siguiente mote: SIC FŒCUNDIOR ALIIS [Así es más fecundo para los otros]. Adelantado de esta

Quintilla.
Más que otras plantas fecundo,
De la augusta vid hermosa,
En que hoy más mis realces fundo,
Con copia ilustro gloriosa
A Parma, a España y al mundo

[fol. 47] En la cuarta, por empresa de los dos reales casamientos, esto es, del referido de sus majestades, en que volvió a unirse la estirpe farnesia la austriaca y el nuevamente ajustado entre los serenísimos señores príncipes de Brasil, don Carlos y doña Mariana Victoria, infanta de España, sobrina y nieta del difunto héroe, en que asimismo se le ha vuelto a unir la lusitánica, se pintó Himeneo coronado de rosas, dando segundo lazo a tres diademas que tenía anudados.[48] Pensamiento insinuado de este mote: TRIPLEX DIADEMA REVINCIT [Vence una triple corona]. Y aumentado con esta

Redondilla.
De Austria y Luso los blasones
Me he anudado en nuevo lazo.
¿Qué no harán, si cada brazo
Se tiene tres corazones?

---

[48] María Ana Victoria, daughter of Felipe V, married Don José, prince of Brasil, in 1729 after Louis XV broke their engagement.

Dentro del espacio de las columnas referidas colocado el camarín en que se veía tenida en el aire de cuatro alados genios a regia tumba funebremente magnífica, como cubierta de un majestuoso paño de terciopelo de color violado, orlado de rica franja de oro cuya almohada compuesta de igual estofa y de semejante adorno con borlas también de oro, era sepulcral trono en que yacían como desengaños las excelsas insignias de la corona y cetro ducales atravesados del estoque; cenizas de poder de que formara la muerte su trofeo, si la virtud no las hiciera su padrón. Era cielo de este caramín una bien arqueada bóveda en que estaban pintadas las dos virtudes propias, que sólo se ejercitan en la tierra de las tres teológicas, esto es las de la fe y de la esperanza, con los trajes e insignias notorias, en acción de elevar ambas un corazón al cielo, con el mote: TE SPES ET ALBO CLARA FIDES VEHIT VELATA PANNO [Te lleva la esperanza y la clara fe velada en un paño blanco]. Que aunque imitado de poeta étnico, (*)[49] se [fol. 48] puso por la propiedad literal y porque tal vez no se dignaron de citarlos los más sagrados oráculos de la verdad, relevándose la luz de la razón en las mismas tinieblas de la pluma. Al lado de la fe se leía este otro divino: EX FIDE VIXIT [Vivió de fe]. (55) Y al de la esperanza éste: SPE SALVUS FACTUS EST [Fue salvado por la esperanza].

En la primera bóveda de la frente, formada del arco principal de este primer cuerpo, se ostentaba el jeroglífico siguiente, en alusión a la feliz sagrada circunstancia que, como se ha expresado, tuvo el regio natal del esclarecido príncipe. Pintóse ascendiendo sobre el horizonte un sol con la sagrada cifra del santísimo nombre de Cristo contenida en su círculo. Las letras eran las griegas X. P. enlazadas, que corresponden a las CH. R. latinas, como antiguamente se significaba, y este mote: ASCENDIT LUMINE SACRO [Subió en una luz sagrada].

SONETO.
Asciende el sol en el purpúreo oriente
A la alta gloria del zenit sublime;
Y todo es luz, es dicha cuanto imprime
Al que horóscopo alcanza tan luciente.
¿Qué será, oh claro sol resplandeciente,
La luz con que tu fuego inmenso amine
A quien, porque su honor más grato estime,

---

[49] (*De Horacio)

Te concediste fulgido ascendiente? (*)[50]
Y que el auspicio fausto inmarcesible
Que dio al natal Farnesio tu asistencia?
Tanto es su gloria a la piedad creíble,
Tal fue de sus virtudes la excelencia.
Pues donde el astro eterno es infalible,
No pudo ser falible la influencia.

Coronaba este primero cuerpo un remate triangular, frontispicio o tímpano de altura proporcionada al claro o intercolunio principal, el cual debió interrumpirse hermosamente por haberse de poner en el centro del cuadrado interior del segundo cuerpo [fol. 49] la estatua de que después se hará la descripción con cuya última parte hubiera quedado maravilla, si no dejara admiración que gastar a los siguientes.

SEGUNDO CUERPO. Dispuesta así éste, primera mole, se celebraba sobre su sólido la segunda según la estructua de la orden compósita que debía seguir a la Corintia con que aquélla brillaba. Y siendo toda su altura de veinte y dos pies, fue el módulo que compitió a todas partes, de cerca de un palmo o de once dedos, debiendo reducirse a los treinta y dos módulos en las proporciones que requiere esta orden. En cuya consecuencia se dieron al zócalo o sotabanco, basa, [e]scapo y capitel de la columna, arco, aquitrabe, friso y cornija los que según las más modernas reglas pertenecen a esta última hermosura de las fábricas, que es como la corona de la arquitectura.

Las cuatro columnas del cuadrado exterior se ostentaban funestamente ilustrada de ornatos iguales a los del primer cuerpo y en la parte superior de sus [e]scapos se veían otros jeroglíficos que continuaban con su muda elocuencia, expresando todos aquellos pensamientos que cabían en estos símbolos que ministran los más propios adornos de estas máquinas, como que son una pintura de discursos y unas imágenes de afectos que los llenan.

En la primera de las dos que hacían frente al coro, sobre el ángulo que en el primer cuerpo ocupaba la Gracia, se veía pintado un copado cedro que,

---

[50] (*) Llámase ascendiente el astro o el signo que sube o nace por el horizonte o el Oriente al tiempo que alguno nace, y este lugar en el cielo se dice horóscopo. El astro, que es tal ascendente, imprime sus luces o radiaciones en el que nace con tal virtud que domina en los accidentes naturales de su vida.

incorruptible y fecundo, era figura no sólo de la incorrupta justicia del serenísimo duque (más inflexible al odio o al favor que la que celebró un panegirista de un grande varón) (56) sino de la real prole en que por medio de su augusta hija se había ya multiplicado; desempeñada así la palabra que a su virtud le había dado el cielo con las del *Sicut Cedrus Libiani multiplicabitur*, y este mote: INCORRUPTIBILITATE FŒCUNDUS [Fecundo por su incorruptibilidad]. Explicado en la siguiente [fol. 50]

COPLA.
De incorrupto, y de fecundo
Me exalta el cielo constante;
Pues por sola una justicia
Me da dos eternidades.

En la segunda columna, correspondiente al ángulo que en el primer cuerpo poseía la gloria, se observaba delineada una libra o balanza, colocada entre estrellas, representando la constelación del signo de este nombre y continuando la signifcación de la rectitud y equidad del difunto príncipe que, como virtud característica suya, pedía multiplicados símbolos con el siguiente mote: MELIOR LUMINE FULGET [Brilla mejor en la luz]. Declarado en esta

QUINTILLA.
La que de Astrea mi celo
Libra rigió indeficiente,
Como virtud de mi anhelo;
Como signo hoy más luciente
La hago reinar desde el cielo.

En la tercera columna y primera del lado del altar mayor, correspondiente al ángulo en que se hallaba la virtud, se veía pintado en el cielo el sol, y debajo de él un fósforo natural (que así llaman los modernos una piedra de cierta mina que, expuesta por algún tiempo al sol, bebe sus rayos con tal maravilla que alumbra por sí como substituta de su luz) en significación de la que del sol eterno cree la piedad que goza más luminoso mientras más próximo a sus rayos el justo príncipe, con el siguiente mote: PROPIUS FULGENTIOR ARDET [Arde de veras más brillantemente]. Y esta

REDODIILLA.
Si antes ardía serviente
A la eterna luz divina,
Hoy que cerca me ilumina,
La bebo más refulgente.

En la cuarta columna, correspondiente al ángulo en que reinaba colocada
la nobleza, se reconocía delineado entres estrellas [fol. 51] un escudo (que en
la lengua latina tiene el nombre de PARMA), sobre el cual estaban varios laureles,
coronas y bastones con el verso de Horacio (levemente invertida la dicción de
Palma en la de Parma) que le servía de mote: PARMA QUE NOBILIS EVEHIT AD
DEOS [El noble Parma es llevado a los dioses]. Y esta

COPLA.
Escudo es PARMA, y escudo
Fueron sacro los FARNESIOS:
¿Qué mucho, si al cielo sirven,
Eleven su gloria al cielo?

Sobre la cornija de este segundo cuerpo en los ángulos de las columnas
referidas brillaban colocadas cuatro estatuas hermosamente armadas de los
héroes más famosos de esta casa en el orden siguiente.
La primera de las dos que poseían la frente de este cuerpo era la del
SEÑOR PEDRO LUIS FARNESE, EL PRIMERO, que dio principio al glorioso
ejemplo que ilustraron sus posteros de defensores de la iglesia, como general
que fue de sus tropas en el pontificado de Pascual Segundo; puesta en acción
de señalar como quien guía al cielo con la diestra y teniendo en la siniestra su
bastón. Leíase en el pedestal en que insistía esta inscripción: PRO ARIS ET FOCIS
[Para el hogar y la casa]. Y debajo esta

QUINTILLA.
A la iglesia y a su estado
Fue el grande PEDRO el Primero
Que srivió, tan esforzado,
Que está aun triunfante su esmero
En cada nieto copiado.

La segunda estatua, erigida en el ángulo del lado derecho, era la del invicto ALEJANDRO FARNESE. Lucía con armadura igual a la primera, coronado de laurel y representando la misma acción de señalar al cielo, pero vibando en la mano diestra la [fol. 52] fulminante espada, y sujetando con la planta el cuello de un rendido león, figura y blasón de los estados de Flandes que sojuzga. Leíase en su basa esta inscripción: PRO RELIGIONE, ET REGE [Para la religión y el rey]. Explicada en esta

> QUINITILLA.
> Domé al Belga; destrocé
> La herejía; di librada
> A París, conque se ve,
> Cuanto deben a mi espada
> España, Francia y la fe.

Veíanse en los extremos del arco sobre las impostas de las dos columnas extimas de este segundo cuerpo dos águilas en acción de desplegar el vuelo, en símbolo de los sublimes espíritus de los dos héroes referidos, que conducían al cielo el del difunto príncipe. Y en el mismo arco las palabras con que en Virgilio habla Eneas a las palomas que le sirvieron de guía en su camino, mejoradas aquí cuanto va del averno, adonde fabuloso se dirigía aquél al cielo, adonde verdadero voló el nuestro; y son las que con el duplicado sentido que les da el haber sido ambos progenitores famosos generales, expresan este mote: ESTE DUCES [Sed caudillos]. Declarado en esta

> REDONDILLA.
> Como no elevaré al cielo
> Las felices ansias mías,
> Si con tan lucientes guías
> ¿Y a mí es gloria el mismo vuelo?

La tercera estatua y primera de la frente que miraba al altar mayor era la del SEÑOR OCTAVIO FARNESE, que brillaba adornado de manto y corona ducal. Y habiendo sido el más feliz de su ínclita estirpe, así por la alianza del casamiento con que la unió a la augustísima de Austria (que entre todas las imperantes de la Europa ha tenido [fol. 53] con la razón del mérito la autonomasia de feliz (57) por medio de Margarita, hija de nuestro famoso emperador; como de la fortuna de haber mantenido la posesión y recobrado el derecho de su estado, tenido por gloriosa prole suya al más ilustre de los Alejandros, y sido segundo principal tronco de casa tan excelsa, se le puso en la basa la inscripción siguiente: PARMA FŒLIX [Bienaventurado Parma] con esta

COPLA.
El más feliz me aclama Parma amante
Que mucho fuese en esplendor concorde
Todo dichas el tronco, en cuyas ramas
Todas méritos son las producciones.

La cuarta estatua y segunda de aquella frente era la del SEÑOR RAINUCIO FARNESE, EL SEGUNDO de los antiguos de este nombre, que se ostentaba airosamente armado, teniendo en la diestra una preciosa rosa de oro y un bastón en la otra. Este, como general que fue del ejército de la iglesia y aquélla por la que, según queda insinuado en su lugar, le envió el pontífice Eugenio Cuarto, como presente concedido sólo a los mayores príncipes, lo que en su basa decían esta inscripción: ECCLESIÆ GRATISSIMUS [Muy agradecido a la iglesia]. Y esta

COPLA.
No sólo a los monarcas me igualaste,
Sagrado Eugenio, en numen me erigiste.
Pues don, que la deidad misma consagra,
Le hace el altar a aquél que lo recibe.

Las otras cuatro columnas del cuadrángulo interior se adornaron de otros jeroglíficos desnudos de poesías castellanas, pues por la distancia no pudieran leerse.

En la primera se ostentaba delineado un lilio azul (blasón farnesio) ingiriéndose en otro cándido (timbre borbonio) con el mote: [fol 54] SIC LILIA LILIIS [Como lirios entre lirios].

En la segunda se pintó otro lilio mezclado de aquellos dos colores, bajando del cielo, en significación de la nueva progenie que se espera sucesora del parmense estado con el mote del sabido verso: (57) COLEO DEMITTITUR ALTO [El baja de una alta colina].

En la tercera resplandecía un sol en cuyo centro o corazón brillaba, no apagado de sus rayos, un lucero con el mote IN CORDE SOLIS [En el corazón del sol], aludiendo a la fuerza que dicen los astrólogos que adquieren un planeta cuando se halla en conjunción central con este luminar, lo que explican con las palabras referidas, y expresa la actividad de la influencia con que el difunto príncipe, unido ya al sol de justicia, favorecerá, alcanzándoles una próspera fortuna a sus dominios y al hispano imperio.

El la cuarta se veía airosamente pintado un bello fénix que en la cúpula de un templo (suponiendo serlo el del sol en la ciudad de Heliópolis, adonde se dice que volaba este prodigio alado a ofrecerle sus cenizas) le consagraba las suyas, como origen de que había renacido; en significación de la gloria con que el dichoso espíritu del ilustre duque se ofrece hoy regenerado de sus mismas cenizas a su inmenso criador en la Heliópolis de la felicidad, con el mote: CINERES RENOVATA REPENDIT [Renovada, pesa las cenizas].

En medio de este interior cuadrado se levantaba sobre una digna peaña la estatua de la INMORTALIDAD vestida de ropaje azul sembrado de brillantes astros y coronada la gloriosa frente del mismo sol que la ceñía. Antes formaba ella misma otro más refulgente, como que era la luz del de la eternidad. Tenía en la diestra una luciente copa que aplicaba a los labios en acción de beber lo que entre estrellas contenía. Y es que, haciéndose esta vez la que era arquetipo divino, copia del original humano, representaba la fineza de la amante reina de Caria, la afectuosa Artemisa, no doliente ni trágica sino gozosa y feliz, no en afecto de lamentar muerte alguna que sintiese sino con el júbilo [fol. 55] de celebrar la vida que prestaba, siendo de todas las vidas y la más gloriosa de las duraciones. Bebía, pues, como la otra, unas cenizas, pero unas cenizas luminosas porque les servía de esplendor el labio, haciéndolas ya desde entonces semillas de luz que habían de brotar después eternidad. Eran éstas las que se figuraban del difunto príncipe y se expresaban con el mote: EBIBIT INTER ASTRA [Bebe entre los astros]. Y no estando en lugar apto para que pudiese facilitarse a la vista el soneto con que esta alegoría se explicaba, se puso éste en la pilastra opuesta a la del púlpito con la pintura de la misma INMORTALIDAD y es el siguiente, que comprehendía todo el asunto del excelso túmulo.

SONETO SEPULCRAL
EN este mausoleo luminoso,
Que de Artemisa afrenta es elegante,
Yace hoy la excelsa sombra, oh caminante,
Del que de Parma fue sol poderoso.
　　Ni de la estirpe el esplendor famoso,
Ni de la alta virtud la luz brillante
Mantenerle pudieron más constante
Dentro de lo mortal lo generoso.
　　Mas no: miente la Parca: que la gloria,
Cuando al grande FARNESIO inmortaliza,
Triunfa de ella con ínclita victoria.
　　Pues con el claro amor que lo eterniza,
Entre los hombres deja la memoria,
Y entre los astros bebe la ceniza.

En la bóveda del mismo cuadrado interior lucía pintada la suprema de las virtudes, la ardiente Caridad, adornada de traje purpúreo y en el pecho descubierto el corazón, exalando una luciente llama con el sagrado mote del apóstol NUMQUAM EXCIDIT [Nunca fallará]. (58). Y a sus pies una águila fijando la perspicaz vista en un replandeciente sol, con las palabras de la visión divina: FACIE AD FACIEM [Cara a cara] (59).

Coronaba la frente principal de este segundo cuerpo el remate triangular o tímpano [fol. 56] que le perfeccionaba toda la hermosura en que lucía.

TERCER CUERPO. Elevábase sobre el tercero, que era la corona de toda la funeral máquina, el cual sobresalía con la altura de quince pies que con la tarja del escudo de las armas farnesias, llegaba a la eminencia de diez y ocho. Formábase de una hermosa cúpula que, afirmada sobre un zócalo o sotabanco de tres pies, tenía el radio o altura de nueve sobre cuyo ápice o punto vertical, cargaba el remate con el escudo referido, que coronaban fulgidas estrellas, con el mote que volaba al aire, deducido al verso horaciano: FERIAM SIDERA VERTICE [Llegaré a las estrellas en la cumbre].

En el primer cuadrante esférico de la expresada cúpula que hacía frente al coro se veían pintadas la España y Parma en las bellas majestuosas figuras la primera de una augusta reina, y la segunda de una ilustre princesa, ambas vestidas de luctuoso duelo aquélla con el real manto sembrado de castillos y de leones de oro y ésta de los lilios propios timbres suyos. Parecían las dos sentadas, dándose las manos en acción de pésame pero con los semblantes a dos haces de afecto, manifestando en ellos un dolor gozoso de la gloria que creían; y un gozo doliente de lo que perdían: uno y otro expresado en este mote: DOLENT, ET GAUDENT [Sufren y gozan al mismo tiempo].

En medio de los arcos principales de todas las cuatro frentes del primer cuerpo dominaban colocados los escudos de armas de los señores duques de Parma, y en los del segundo los de España y Lima, pero los de esta segunda en los de los dos lados.

Así quedó erigido el túmulo en que la hermosa magnificencia de las columnas, el airoso enlace de los astros, la animada perfección de las estatuas, la aplicada significación de los jeroglíficos, el vario adornado de las divisas y blasones, y en fin la proporcionada simetría de los cuerpos, formaban un sentimiento suntuoso y un panegírico fabricado en las exequias de tan grande príncipe en que la memoria de su nombre era otro eterno monumento que de los materiales de la virtud le labró entonces la razón, y le conservará siempre la fama. [fol. 57]

SOLEMNIDAD DE LAS EXEQUIAS.
VÍSPERAS.

Llegó el día séptimo de mayo en que debían celebrarse las vísperas de las exequias del serenísimo señor duque difunto. Y prevenidos ya los tribunales y demás cuerpos de comunidades literarias y nobleza, concurrieron con triste y reverente afecto en el palacio al debido cumplimiento de los pesantes.

Son los sagrados y militares bronces como unas máquinas de los afectos públicos que augmentan la fuerza de sus expresiones. Y así desde las once horas del día (tiempo del referido cumplimiento) comenzaron a hacer las de este regio duelo los de las campanas y de la artillería, disparando la de esta ciudad colocada en el dique o tajamar del río opuesto a ella y toda la de la plaza de Callao continuados tiros de hora en hora. Demonstraciones soberanas que duraron hasta que se terminó la regia funeral función de las exequias en el día siguiente en la forma practicada en las del serenísimo señor delfín.

Enlutado así del clamoroso ruido el aire, entraron a los pésames dispuestos los tribunales referidos, dando principio el superior del señor marqués de Casa-Concha, igual al sentimiento de que ya había hecho padrón el excelso túmulo.

Entró después el regio y pontificio tribunal de la Santa Cruzada con todos los ministros que le componen, y su comisario delegado apostólico, el doct. D.

Bernardo Zamudio de las Infantas, del Orden de Santiago, capellán de honor de su M. y arcediano de esta Santa Iglesia. Manifestó su pena con la profundidad propia del celo con que siempre lo anima el ingénito amor a su monarca.

Sucedió el venerable deán y Cabildo eclesiástico, acompañado de sus ministros y capellanes de coro, y su dean el doct. don Manuel Antonio Gómez de Silva, obispo electo de Popayán, expresó su tristeza con la [fol. 58] significación más viva a un tiempo y grave que correspondía a la alta soberanía del objeto y a la ilustre cualidad de su caracter.

Siguióse el nobilísimo Cabildo de esta ciudad presidido de sus alcaldes D. Luis Carrillo de Córdova y D. José de Santa Cruz y Centeno, que representando dignamente aquélla, daban al pésame que recibían.

Sucedió la Real Universidad dirigida por su rector el doct. D. Vicente Foronda, canónigo más antiguo de esta Santa Iglesia, en que puede decirse que iba Minerva a lamentarse muerta en un príncipe en quien había animado tan prudente.

Continuaron la triste ceremonia el Colegio Real y mayor de San Felipe regido por su rectro, el doct. D. Pedro Bravo de Castilla, digno labio para las expresiones de tan noble cuerpo.

El Real de San Martín, condecorado de su rector, el R. P. Mro. Silvestre Moreno, de la Compañía de Jesús, móvil proporcionado a la esfera de tan insigne ateneo.

Y el Real de Santo Toribio, presidido de su rector, el doct. D. Francisco Xavier de Gabriel, singular guía para la dirección de su virtuoso seminario.

Siguió a estos doctos cuerpos el del Tribunal del Consulado con sus cónsules y el prior D. José de Tagle, cuyo público acreditado celo representaba bien el de todo su comercio.

Sucedió después (como que no formaba tribunal) la nobleza de esta ciudad a cuyo ilustre compuesto presidía el mismo superior objeto de su pésame, como lo era su excelso virrey, con que se supo allá entender con su comprehensión su sentimiento.

A las tres horas de la tarde se habían formado en la Plaza Mayor ocho compañías de infantería de las milicias de esta ciudad y del comercio: cuatro de las primeras y cuatro de las segundas, con tres de a caballo, ilustrándolas la presencia de sus jefes, que fueron los siguientes.

JEFES Y CABOS SUPERIORES.

[fol. 59] El señor cabo general de las armas de este reino, D. Luis de Guendica, del Orden de Santiago y general del presidio del Callao.

D. Salvador de Milla, teniente general de caballería.
D. Andrés de Salazar y Muñetones, comisario general.
D. Pedro de Encalada Tello de Guzmán, sargento mayor del batallón de esta ciudad.
D. Juan Baptista de Zavala, sargento mayor del comercio.

CAPITANES DE CABALLOS.
D. José de Rosas y Cegarra.
D. Juan Bernardo de la Vega.
D. Francisco de Alday.

CAPITANES DE INFANTERIA DEL BATALLON.
D. Francisco de Echave y Vilela.
D. Francisco de Robles y Maldonado.
D. Miguel de Mudarra y Roldán.
Dulcinea. José de Quesada y de los Ríos.

CAPITANES DEL BATALLON DEL COMERCIO.
D. Martín de Olavide.
D. Martín de Zelayeta.
D. Juan Antonio de Tagle.
D. Manuel Victoriano Pérez.

Ordenáronse estas tropas en ala por el espacio, por donde había de pasar Su Exc. con los tribunales y nobleza, de suerte que las cuatro compañías del batallón de esta ciudad hacían frente a la del palacio desde su puerta hasta la esquina que da vuelta a la catedral, y desde allí hasta la misma iglesia, teniendo a sus espaldas las compañías de caballos referidas. Y las cuatro del comercio estaban tendidas, haciendo frente a éstas por las dos líneas expresadas, de manera que unas y otras formaban una bélica valla para el tránsito del regio duelo. Todos los jefes y capitanes referidos manifestaban en su militar luto el sentimiento [fol. 60] con que asistían a la fúnebre función, siguiendo este mismo las milicias con la demonstración del abatimiento de las armas y el triste sonido de los pífanos, cajas y clarines que, rompiendo el aire a la sordina, eran ronco clamor de un mustio Marte.

Salió su Exc. del palacio en cuyo primer patio estaba puesta también en ala una de las compañías del presidio del Callao que sirve de guardia de a pie de Su Exc., regida de su capitán D. Manuel de Caycuegui del Orden de Santiago, precediendo el ilustre acompañamiento que en grave y triste marcha le asistía de esta suerte.

Iba delante de la nobleza sin distinción de precedencia alguna entre los caballeros particulares y los títulos, entre quienes el Excmo. señor conde de la Monclova se ostentó más grande mientras se quiso menos distinguido.

Seguíase el Tribunal del Consulado con sus ministros y asesores, sus cónsules y priores ya referido.

Sucedían los reales colegios, autorizados de sus rectores ya nombrados, esto es, de Santo Toribio y los de San Martín y San Felipe, todos con bonete y mangas de bayeta negra y un extremo de la beca revuelto sobre el hombro (señal de triste duelo) en quienes se comprehendía número considerable de doctores graduados.

Procedía después de la Real Universidad, asistida de sus maceros y bedeles de su contador y tesorero e ilustrada de sus maestros y doctores y de los catedráticos de todas sus doctas facultades, presididos de su rector ya mencionado, y adornados en ceremonia de las insignias de la doctoral borla y de la muceta o capirote, que en significación de duelo traían sobre el brazo.

Siguióse

EL CABILDO DE ESTA CIUDAD, COMPUESTO DE

Don Diego de Arce y Salazar, teniente de escribano del Cabildo.

Doct. don Felipe Santiago Barrientos, catedrático de Vísperas y Leyes y procurador general.

[fol. 61] Don Augustín de Chavarria Soloaga, regidor perpetuo.

Don Pablo de Segura y Zarate, depositario general y regidor perpetuo.

Don Francisco de los Santos y Agüero, chanciller real y regidor perpetuo.

D. Miguel de Hazaña, regidor perpetuo.

Don Diego Miguel de la Presa y Carrillo, regidor perpetuo y escribano mayor del Mar del Sur.

Don Enrique Lobatón y Hazaña, regidor perpetuo.

Don Andrés de Zavala y Vilela, regidor perpetuo.

El marqués de Santa María, regidor perpetuo.
Don Pedro Romero Camaño de Sotomayor, regidor perpetuo.
D. Pedro Lescano Centeno, alférez real.
Don Francisco Calixto de los Santos y Torres, oficial real de Lima futuario.
Don José de Allende Salazar, del Orden de Calatrava, contador oficial real.
Don Francisco de Arnao, factor, oficial real.
D. Francisco Antonio de los Santos, del Orden de Calatrava, oficial real jubilado.
Don José de Santa Cruz y Centeno, alcalde ordinario.
Don Luis Carrillo de Córdova, alcalde ordinario.

Sucedía el Real Audiencia en que se comprehendía

EL TRIBUNAL DE CUENTAS DE ESTE REINO.
Con los siguientes señores:
D. Ignacio Manrique y Saldías, alguacil mayor.
D. Juan de Vergara, del Orden de Calatrava, contador mayor del Juzgado de bienes difuntos.
El conde de Fuente Roja, contador.
D. Cayetano Mansilla de la Cueva, contador.
D. Gerónimo Fernández de Obregón, del Orden de Santiago, contador.
D. Pedro Camacho del Corro, del Orden [fol. 62] de Santiago, contador.
D. Augustín Carrillo de Córdova, regente del referido tribunal y superintendente de la Real Hacienda.\

Seguía el regio superior senado de

LA REAL AUDIENCIA, COMPUESTA
DE LOS SIGUIENTES SEÑORES:
Señor doct. D. Pedro José Bermúdez de la Torre y Solier, alguacil mayor.
Señor doct. D. Gaspar Pérez Vuelta, fiscal de lo civil.
Señor D. Juan Gutiérrez de Arcel, alcalde del crimen.
Señor D. Miguel de Gomendio, alcalde del crimen.

Señor D. José de Cevallos y Guerra, conde las Torres, oidor.
Señor D. Alvaro Bernardo de Quiróz, oidor.
Señor D. Alvaro Bolaños y Moscoso, del Orden de Santiago, oidor.
Señor doct. D. Pedro de Echave y Rojas, del Orden de Alcántara, oidor.
Señor doct. D. José de Santiago Concha, marqués de Casa Concha, del Orden de Calatrava, oidor.

Sucedía en majestuosa representación del regio duelo en Excmo. señor D. José de Armendáriz, marqués de Castel-Fuerte, comendador de Chiclana y Montizón en el Orden de Santiago, teniente coronel de las reales guardias de Su M. y virrey de estos reinos, manifestando el sentimiento que su celo inspiraba a un tiempo y recibía del concurso.

Iba Su Exc. asistido de su guardia de alabarderos.

Seguíase su ilustre familia que parecía más suya como copia del afecto que como séquito de la persona. Eran los que por entonces la componían por hallarse los demás ausentes:

El doct. D. Silvano Luján, capellán mayor de la real capilla del palacio.
D. José de Mujica, secretario de cámara de Su Exc.
D. Manuel de Isuriaga, caballerizo y mayordomo mayor.
[fol. 63] D. Manuel Santos de San Pedro.
D. Gerónimo de Calatayud.
D. Felipe de Linzuaín.
D. Antonio de Villar y San Felix, gentiles hombres.

Cerraba este fúnebre acompañamiento la Compañía de Lanzas con su capitán D. Juan de San Miguel y Solier.

La condecorada cualidad de las personas, la superior autoridad de los tribunales, la triste gravedad de la marcha, el suspenso silencio del concurso, la respetuosa disposición de las milicias y sobre todo la majestuosa representación y la sublime presencia de su Exc. formaban una funeral pompa digna de haberse hecho en la muerte aun de aquellos héroes cuyo culto heredaron las aras a las piras, y capaz de haber solemnizado la del soberano a quien se consagraba, aun cuando hubiese sucedido a nuestra vista.

Así entró Su Exc. en el catedral templo por la puerta mayor, llamada del perdón, semejante al decantado Eneas cuando, acompañado de los más famosos varones que imperaba y después de prevenidas las ceremonias y las víctimas, iba al túmulo del ilustre Anchises.[51] (60)

> Ille e concilio multis cum milibus ibat
> Ad TUMULUM, magna medius comitante caterva.
> [El iba con muchos millares desde el concilio al túmulo, en el medio de la intervención de un enorme número de gente que lo acompañaba.]

Ocupó Su. Exc. su silla y sitial, formado uno y otro con la almohada de terciopelo de color violado, adornado de preciosa franja de oro, en medio del atrio del tránsito debajo del crucero, y tuvieron sus asientos la Real Audiencia y Tribunal de Cuentas al lado del evangelio; el Cabildo al de la epístola según la costumbre y la Real Universidad y colegios los que en órdenes posteriores les pertenecían, llenando toda la nobleza los que en las dos naos colaterales y entradas de las puertas (llamadas de los naranjos y judíos) se le estaban destinados.

Se había ya dado al túmulo toda la iluminación que se había prevenido en la numerosa cera que lo orlaba. Llenaba ésta todas las líneas que formaban el zócalo inferior, los capiteles [fol. 64] de los pedestales y los balaustres de las cuatro escaleras, que a sus cuatro frentes estaban magníficamente dispuestas para la subida a su amplio pavimento. Coronaba igualmente todas las cornijas de los cuerpos; y a los dos lados de la excelsa máquina ceñía en repetidas vueltas los filetes de dos elevadas agujas que la acompañaban. Así todo aquel esplendor se hacía a un tiempo el objeto y la luz conque a no tener la obra tanto resto de suntuosidad, se la hubiera confundido lo mismo que la esclarecía. Y así se vió, que la tierra no sólo sabía reflectir sino gozar también su parte de sol, pues tenía tanto caudal de fuego empleado en luces.

Las tres naos del templo aparecieron adornadas en todos sus muros y pilastras de tantas fúnebres poesías (que en tarjas orladas de excelente pintura se expresaban) que parecía que todas las musas igualmente sentidas habían cuidado de colgarlos. Y era que la ciudad había conseguido en esta ocasión que el ingenio se igualase al celo con que cuando en otras se explica el afecto con

---

[51] Anchises, Trojan shepherd of Greek mythology who was seduced by Aphrodite, who bare him Aneas.

el pensamiento, en otra se ponderá con el sentimiento la agudeza. Todos los jeroglíficos y símbolos que en ellas se veían componían un símbolo uniforme, que lo era el de su amor a sus monarcas.

El numeroso concurso del pueblo, que en ondas de luto parecía que inundaba el templo, es un vago teatro de tristeza a quien ya lo arrastraba la admiración al túmulo, ya lo llevaba a las composiciones la razón y ya el oído lo inclinaba a la armonía de los sacros oficios: tres objetos que a un tiempo eran impulso y remora de su aplicación.

Cantóse la vigilia, comenzando por un invitatorio con música de armoniosa y funesta composición en que supo el arte reducir el sentimiento a melodía, acompañada de variedad de acordes instrumentos. Y las lecciones de sus tres nocturnos se dividieron, cantando la capilla los del primero con alternos coros, y los señores del Cabildo de la Santa Iglesia los del segundo y tercero. Fueron los que asistieron a tan alta función los siguientes:

[fol. 65] SEÑORES DEL CABILDO DE ESTA SANTA IGLESIA.
DIGNIDADES Y CANONIGOS.
Señor doct. D. Manuel Antonio Gómes de Silva, dean y obispo
     electo de Popayán.
Doct. D. Bernardo Zamudio de las Infantas, del Orden de Santiago,
     capellán de honor de Su Maj., comisario delegado apostólico
     de la Santa Cruzada y arcediano.
Doct. D. Bartolomé de Lobatón y Hazaña, maestre escuela.
Doct. D. Felipe Manrique de Lara, tesorero.
Doct. D. Domingo Vásques de Acuña, canónigo.
Doct. D. Andrés de Paredes y Armendáriz, canónigo y provisor de los
     monasterios de religiosos de esta ciudad.
Doct. D. Fernando Román de Aulestia, canónigo.
Doct. D. Ignacio Blasco de Moeva, canónigo.
Doct. D. Fernando Cavero, canónigo teologal.
Doct. D. Andrés de Munive y Garavito, canónigo penitenciario,
     catedrático de primas de canones en esta Real Universidad,
     provisor y vicario general de este arzobispado y juez ordinario
     del Sto. Oficio de la Inquisición.

RACIONEROS.
Doct. D. Santiago de Alcedo.

Doct. D. José Fausto Gallegos.
D. Roque de Almanza.
Doct. D. Andrés Nuñes y Rojas.
Doct. D. Juan José de la Canal.
D. Andrés de Angulo.

MEDIOS RACIONEROS.

D. José Gijón.
Doct. D. Diego Román de Aulestia.
Doct. D. Pedro de Zubieta.

Acabada la vigila con el psalmo del *Miserere* y *Benedictus* (en cuya composición apuró [fol. 66] la música todo el esmero de sus dulzuras dolorosas) volvió Su. Exc. a su palacio asistido del mismo funeral acompañamiento con que había salido, quedando éste prevenido para la concurrencia principal de acción tan grave.

DÍA DE LAS EXEQUIAS.

Amaneció el siguiente día destinado a la fúnebre solemnidad de las exequias, que lo era el octavo del mes de mayo, segundo después del de la gloriosa ascención del redentor. Singulares circunstancias que errara mucho en no tenerlas por accidentes la admiración cuando suele valerse de menores el elogio. Pues si se ocurre a pedirle a la antigüedad un paralelo, le dará ella desde luego en las exequias de Teseo celebradas en el octavo día del mes que llamaban Pyanepsión[52] (61) o porque en el octavo de otro había llegado a la patria; o porque todos los de este número en los meses eran consagradas a Neptuno por ser el ocho el primer cubo después de la unidad, y por esto ser símbolo de la sólida estabilidad de la virtud que se atribuía a aquel numen en cuyo undoso imperio estaba fijo el de la tierra. Y por eso era llamado Asphalio[53] o Establecedor porque ¿cuál correspondencia más análoga puede darse para la circunstancia de haberse dedicado el día octavo referido a las exequias de un

---

[52] Pyanepsion, the fourth month of the Attic year in which the Pyanepsia feast was held in honor of Apollo and Minerva and in memory of Theseus' return. It corresponds to the last of October and the first of November.

[53] Asphalio, the nickname of Neptune. In *The Oddysey*, an Asphalio figures as herald of Menelaus.

príncipe cuya sólida virtud estableció tan firmemente la justicia en sus estados? Si se atiende a su propio suceso, se encuentra ya en el mismo día y ya en el mes mucho más legítimo y más glorioso, aunque fúnebre, auspicio de su eterna dicha. Ver Parma la fortuna de su nacimiento con la ascención en mayo y celebrar Lima las exequias de su muerte el nacimiento de su inmortalidad tan cerca de la ascensión y su natal: raro círculo es de gloria, prodigioso período de eternidad. Tanto ascender de Dios para un humano, muchas señales son de que es divino; tanto subir a la vista de la cuna y del sepulcro a la del trono y túmulo, muchos anuncios son de su ascender. Cuando nace una estrella [fol. 67] al tiempo que asciende el sol en el oriente, llaman orto o nacimiento cósmico del astro, pues ¿por qué tan repetidas ascensiones del eterno en ambos nacimientos no los harán olímpicos, esto es, gloriosos?

Luego que amaneció el lúgubre día comenzaron a concurrir en la Santa Iglesia todas las parroquias y Religiones de la ciudad. Las primeras fueron las siguientes.

La de la misma Santa Iglesia y su sagrario cuyos curas rectores son los doctores don Fernando de Beingolea y Zavala; D. Bartolomé Carrión de Villafante, catedrático de vísperas de canones en la Real Universidad; don Lucas de la Portilla y don José de Sarricolea.

La de Santa Ana cuyos curas rectores son los doctores D. Pedro de la Serna, consultor del Santo Oficio de la Inquisición, y D. Santiago de Vengoa.

La de San Sebastián cuyos curas rectores son los doctores D. Juan de Campos y D. Juan de Oyarzábal, examinador sinodal.

La de San Martín cuyo cura rector es el doct. D. Matías de Ibáñez y Segovia.

Siguiéronse los padres de la congregación del oratorio de San Felipe Neri.

Sucedieron la religión de predicadores del Patriarca Santo Domingo.

La Religión del serápico padre San Francisco.

La Religión de San Augustín, luz de los doctores.

La Religión real y militar de Nuestra Señora de las Mercedes.

La Religión de San Francisco de Paula.

La Religión de la sagrada Compañía de Jesús.

La Religión de San Juan de Dios.

La Religión Bethlehemítica.

A las cuales acompañaron las Casas de Recolección de cada una, que fueron las siguientes:

La de Santa María Magdalena, dominica.
El Convento de Santa Rosa, dominica.
La Recoleta Descalza de Santa María de los Angeles, franciscana.
La de Nra. Señora de Guía, augustiniana.
La de Nuestra Señora de Bethlehem, mercedaria.

[fol. 68] A cuyos divinos sacrificios se destinaron en el cuerpo del templo por el lado derecho las capillas dedicadas a la purísima concepción de Nuestra Señora, a la Santa Rosa, y a los tres santos Reyes Magos; y por el siniestro las consagradas a Santa Isabel y a Santa Ana.

Fueron después pasando en su orden las referidas parroquias y Religiones a cantar delante del túmulo sus responsos, habiéndose repartido a cada sacerdote asistente una grande vela de cera.

Venida la hora proporcionada a dar principio a la solemnidad, volvió a salir Su. Exc. de su palacio con el mismo acompañamiento de Real Audiencia, Cabildo, Real Universidad, colegios, Consulado y nobleza, y en el mismo orden y precedencia con que habían procedido a las vísperas que quedan referidas.

A que asistieron en la plaza las milicias de ciudad y comercio debajo de la conducta de sus jefes, formadas en las alas en que se ordenaron la tarde antecedente, descripción que se excusa porque la repetición que en la acción fue majestad se hiciera inutilidad en el papel.

Entró Su. Exc. en la iglesia y ocupó su superior asiento, obteniendo los suyos los tribunales y los demás cuerpos.

Bajó el Excmo. e Illmo. señor arzobispo D. Fr. Diego Morcillo Rubio de Auñón al coro con los señores de su sacro Cabildo, vestido de capa magna y de muceta negra y seguido de su decorosa familia, recobrando su celo la demostración de sentimiento que la tarde pasada le había usurpado un accidente. Y aun de esta suerte no faltó, asistiendo desde aquella pura habitación de sus afectos su fino corazón, destinado más que a formar su vida, a manifestar su celo en servicio de su soberano.

Volvió a arder el túmulo de suerte que el día, que apaga como a estrellas de fuego las antorchas, pareció que les añadía esplendor o que el mismo se encendía de ellas. Su luz, como más eficaz en la mañana (propia fortuna del que sube) ilustraba aquel poético adorno que cubría las pilastras y muros de la iglesia; de manera que nunca el sol pudo tener en este idioma con más razón nombre de Apolo que cuando parecía que alumbraba lo mismo que [fol. 69] había inspirado. El concurso excedía aventajadamente al de las vísperas a la proporción en que excedía lo principal de esta función a aquélla y más, teniendo en su partidor todo el crédito del orador, red invisible de las almas y espiritual cadena de los entendimientos.

Dio luego principio al solemne acto la misa, a que concedía fácil aspecto el claro, que se había dejado al camarín sin embarazo de la tumba, y formaba una magnífica y funesta sagrada perspectiva. Cantóla el dean de esta Santa Iglesia, doct. D. Manuel Gómez de Silva y le acompañaron de diácono D. Andrés de Angulo, racionero, y de subdiácono el doct. D. Pedro de Zubiera, medio racionero.

Acabado este inefable sacrificio en cuyo tiempo toda la admiración se pasó a culto, salió Su Exc. Ilustrísima a ocupar su silla en medio de la frente del coro, acompañado de todos los prebendados, que igualmente ocuparon sus asientos al uno y otro lado, con los curas rectores de la misma Santa Iglesia, según su precedencia.

Subió al púlpito el M. R. P. Mro. Francisco Rotalde, catedrático de prima de teología dogmática en esta Real Universidad, calificador del Santo Oficio de la Inquisición y prepósito de la Casa Profesa de Nra. Señora de los Desamparados de la Compañía de Jesús. Sólo al verle pendió todo el concurso de sus labios con una expectación que ya le era un aplauso adelantado. Pero si pudo hallar aun más que presumía, se quejará su opinión hasta allí de su elegancia. La agudeza en la invención del tema, el orden en la división del discurso y la proporción del estilo en el elogio, la sublimidad del pensar en los conceptos, la pureza de las palabras en las cláusulas y el ajuste de la aplicación en las pruebas, tomaron una insigne obra de elocuencia, que ella sólo da a la memoria del difunto príncipe en la gloria de los hombres otra bienaventuranza de alta veneración y otra inmortalidad de heroico ejemplo. Va puesta al fin de este libro: ánimo ha sido aplaudirla de grande donde todos la han de ver mayor.

Fenecida la panegírica fúnebre oración, [fol. 70] comenzó la música de los responsos; y cuatro prebendados que en los cuatro ángulos del camarín del túmulo ocupaban prevenidas sillas, revistidos de capas negras, cantaron otros tantos en seguida y autorizada serie con las circuiciones sagradamente acostumbradas alrededor del camarín. Fuéronlo los siguientes:

Doct. D. Bernardo Zamudio de las Infantas, arcediano.
Doct. D. Felipe Manrique de Lara, tesorero.
Doct. D. Bartolomé de Hazaña, maestro escuela.
Doct. D. Andrés de Paredes y Armendaris, canónigo.

Cantó después el último responso el dean doct. D. Manuel Gómez de Silva, y con él dio fin la solemne funeral acción de las altas exequias a cuyo tiempo hicieron la última demonstración de la tristeza pública todas las campanas de la ciudad con un frecuente doble, y todos los cañones negado a la luz del día, le despidió grato al celo común y poseído del propio sentimiento.

APOLO FUNEBRE

QUE ACOMPAÑADO DE UNA MELPOMENE doliente decantó lacrimoso en varias poesías la muerte del SERENÍSIMO SEÑOR EL SEÑOR FRANCISCO FARNESE, DUQUE DE PARMA y de Placencia, celebró el túmulo erigido en Lima a su memoria.

Anima el celo del obsequio debido a su soberano con tan universal ardor a esta ciudad que ha comprehendido en estas ocasiones a todas las comunidades sacras y seculares que profesan letras. Y así aunque el canoro arte de la poesía es más para inspiración que aprendido, porque Apolo ha estado siempre tan sobre sí de numen, que sólo responde en el altar que quiere. Sin embargo no [fol. 71] faltándole culto en cualquier país literario, ha sido costumbre que aquéllas hayan ofrecido a tan regios fúnebres asuntos el noble tributo de sus composiciones. Y habiendo en éste contribuídole con el adorno de excelentes tarjas, se pondrán aquí las de la universidad, Religiones y colegios, a que se seguirán las de la Academia de Matemáticas y Elocuencia establecida (a ejemplo de las que ilustran las más grandes cortes) para el adelantamiento de uno y otro instituto, más útiles en regiones tan distantes por una virtuosa e ilustre compañía, en quien parece que asiste aquel numen más frecuente y de quien tiene la honra de ser el director el autor de este libro.

[Los folios enumerados 71 hasta 107 contienen poemas escritos en latín y en español presentados por las siguientes instituciones, a conclusión de los cuales se introducen los versos de la Academia de Matemáticas y Elocuencia: Poesías la Real Universidad de San Marcos (5 poemas en latín, 4 en español); Poesías de la Religión de Santo Domingo (un poema en latín, 4 en español); Poesías de la Religión de Nuestra Señora de las Mercedes (un poema en latín, 8 en español); Poesías del Colegio Máximo de San Pablo de la Compañía de Jesús (ocho poemas en latín, 10 en español); Poesías de la Religión de San Francisco de Pavla (un poema en latín, 2 en español); Poesías del Colegio Real y Mayor de San Felipe[54] (un poema en latín, 3 en español); Poesías del Colegio de San Martín[55] (4 poemas en español); y Poesías del Real Colegio Seminario de Santo Toribio[56] (4 poemas en español).]

Notas Marginales

(1) Herodot. libr. 2 in Euterpe.

(2) Hecho por Porsena para sepulcro suyo. Plin. l. 36. c. 12.

(3) Herodot. ubi supra.

(4) Plutarc. in Alexand.

(5) Idem. [Consentes Di were the twelve deities (six male, six female) whose guiled statues stood in the forum in the late republic.]

(6) Ecce tu dormies cum patribus tuis. Deuteron. 31.16. Et dormieris cum patribus tuis. reg. 7.12.

(7) Visi sunt oculis insipientium mori; illi autem sunt in pace. Sapient. 3.2. & 3.

(8) This note is missing.

(9) Agatocles. Freinchemius in supplem. Quint. Curt.

(10) Plutarc. in Romulo.

(11) Virgil lib. 4.

(12) Freinshemius lib. 2. suplem. Quint. Curt. cap. 3 in fine.

(13) Reg. 1.18. v.1.

(14) Reg. l. 2, c. 1. v. 11-12, 21.

(15) Plutarc. in Alcibiade. Cel. Rhodigin. lib. 17. c. 20.

(16) S. August. De Civit. Dei. l. 18 c. 5. Ludov. Vives. lit. c.

(17) P. Francisc. Benicus. Oratione XVII in orbita Cardie. Alexand. Farnes. Sansovinus. Famil. illustr. Ital. lib. 3. Chronic. Onuphr. Vit. Paul. III. Gregor. Leti. Ceremoniale Politico, tom. 1. lib.2.

(18) Hugo Victorin. Lyranus in postillis & aliq apud Ricciolum. tom. 2. Almagestil. l. 9 sect. 1. q. 7.

(19) Quint. Curt, lib. 4. c. 2.

---

[54] The composers were rector Felipe Antonio Portocarrero Lazo de la Vega, José Jorge de Valverde y Ampuero, Bartolomé de Zárate y Agüero, and Francisco de Laxa y Valdés.

[55] Two poems in this section were written by Pedro de Concha y Roldán and Manuel Bernardo de Navia y Bolaños, both lawyers for the Audiencia Real.

[56] The four poets were the baccalaureates Juan de la Cueva, Fabián Tafar, Nicolás de Gorostizaga, and Alonso de Anzieta.

(20) Ibid. cap. 3.

(21) Strada. Decad. 2. lib. 6.

(22) Strada. Dec. 2. lib. 3.

(23) Quint. Curti. lib. 4. c. 3.

(24) Strada. Lec. 2. lib. 2.

(25) Itaque cum nullo hostium unquam congressus est, que en non vicerit: nullam urbem obsedit, quam non expugnaverit: nullam gentem adiit, quam non calcaverit. Iustin. lib. 13. c. 16. in sine.

(26) Melior est Sapientia quam arma bellica. Eccles. 9. 18. Melior est Sapientia, quam vires, & vir prudens, quam fortis. Sap. 6. 1.

(27) P. Francisc. Bencius. Orasione in obitu. CARDINAL ALEXAND.

(28) P. Franc. Remond. l. 2. Epigr. 69.

(29) Diagoras. Aul. Gel. Noct. Atticar. l. 3. c. 15.

(30) Herodot. l. 1. Iustin. l. 1. c. 4.

(31) Virtute decet, non sanguine niti. Claudi. in 4. Consul. Honor.

(32)… Cuntis tua gentibus esse Facta palam, nec posse dari regalibus usquam Secretam vitiis. Claud. in 4. Consul. Honor. [This note is entered erroneously as (23).]

(33) Herodot. lib. 1 in Clio, Velleius Patercul. lib. 1. Plutacr. Tacit. Valer. Maxim & alii apud Bernecer. in notis ad Iustin. lib. 2. c. 1.

(34) Livius lib. 39. n. 55.

(35) Varro. lib. 5. Ovid. Fastor. lib. 4. Plin. lib. 18. cap. 26.

(36) Cel. Rhodig. lib. 25. c. 30.

(37) Macrob. Saturnal. lib. 1. c. 12.

(38) Petau. in Uranoleg. Variar dissert, lib. 4. cap. 7.

(39)… Quid mens rite quid indoles Nutrita faustis sub penetralibus posset. Horat. Carm. l. 4.
Od. 4.

(40) Quin etiam fontes expulsa corrigis ira. Et placidus de licta domas. Claud. in Manlii Theodiric. Consul.

(41) Pax maiora decet, peragit tranquilla potestas, Quod violenta nequit. Claud. in Manlii Theodoric. Consul.

(42) Tacito lib. 1. Annal. Quo pluribus munimentis insisteret.

(43) Iustin. lib. 15. c. 4.

(44) Macrob. l. 1. Saturnal. c. 21.

(45) Herodot. in Clio. l. 1.

(46) Armati referan vires? Plus egit inermis. Claud. In laud. Stilicones.

Paneg. 1.

(47) Idem Plutar. in Timoleont. Ad hac corpori Monumentum in foro fecerunt, quod porticibus einxerunt, ibique palestris inædificatis, paraverunt juventuti gymnasium; quod Timoleontæum apellavere.

(48) Proverb. 1. 9. In hoc cognoscimus, quoniam in eo manemus & ipse in nobis. Joan. Ep. 1. 5. 13. Quia ego in Patre, & vos in me, & ego in vobis. Joan. 4.

(49) Cantic. 8. 11, 12 precedes this note, followed by Introduxit me in cellam vinariam, ordinavit in me charitatem. Ibid. 2. 4. Comedite amici, bibite, & inebriamini, Charissimi. 5. 1.

(50) Lata Deum partu, centum complexa nepotes Omneis Coelicolas, omnes supera alta tenentes. Virg. 6.

(51) Proverb. 3. 35.

(52) Cantic. 6. 1.

(53) Psalm. 83. 8.

(54) Sapient. 4. 2.

(55) Paul. ad. Rom. 1.

(56) Justique tenorem Flectere non odium cogit, uom gratia suadet. Claud. Paneg. Manl. Theodor.

(57) Bella gerant alii, tu Fœlix Austria nube. [This note is misnumbered as 59, followed by 57, which I have numbered as such.[

(57) Iam nova Pro genies etc.

(58) 1. ad Corinth. 13. 8.

(59) Ibidem. 12.

(60) Virg. Lib. 5.

(61) Plutarc. in Thecco.

APPENDIX A

Don Joseph de Armendáriz, marqués de Castelfuerte, caballero del Orden de Santiago, comendador de la Encomienda de Montizón y Chiclana en el mismo Orden, teniente coronel del regimiento de las reales guardias de infantería española, del Consejo de su Majestad, virrey gobernador y capitán general de estos reinos del Perú, Tierrafirme y Chile, etc.

Por cuanto en el aviso que de España llegó a esta ciudad el día 31 del pasado, se ha recibido la sensible noticia de la muerte del serenísimo señor, el señor duque de Parma (que santa gloria haya) comunicada por el Rey nuestro Señor (que Dios guarde) por su real cédula de 7 de abril del año pasado de

1727, mandando en ella lo que en estos reinos se ha de practicar en el uso de los lutos, exequias, honras y demás actos, a fin de que se ejecuten con la moderación que previene la piadosa consideración de su Majestad, que es el del tenor siguiente.

EL REY.

Por cuanto el sensible contratiempo de la muerte del serenísimo duque de Parma, mi suegro, pone justamente mi obligación y cariño a hacer ostentación del preciso e inevitable dolor que de él me resulta con todas aquellas fúnebres demostraciones que más pueden acreditarle: he resuelto que en lutos, exequias, honras y demás actos, se proceda conforme y arreglado a lo que se ejecutó en la muerte de los serenísimos delfines mi padre y mi hermano, sin que falte cosa alguna. Por tanto mando al virrey de las provincias del Perú, presidentes de las Audiencias de aquel reino y gobernador de Cartagena que, teniendo presente la cédula que se despachó en 22 de marzo de 1693 sobre la moderación del exceso de lutos, cumplan y ejecuten lo que como viene dicho se practicó en los casos expresados, dando a este fin las más precisas y convenientes órdenes cada uno en la jurisdicción que le corresponde, y respecto de ser tan corto el gasto que resulta de estos lutos, para los que se le han de poner, y tan crecido el todo de él para mi Real Hacienda, y de no dar lugar las necesidades presentes a usar de mi liberalidad, es mi voluntad sea por cuenta de los ministros de mis audiencias y sus dependientes el que en ellos se hubiere de hacer, sin que de mi Real Hacienda ni otros efectos se convierta cosa alguna para este fin, avisándome del recibo de este despacho. De Buen Retiro a 7 de abril de 1727. YO EL REY. Por mandado del Rey nuestro Señor D. Francisco Diez Román.

Y respecto de mandar su Majestad particular lo deliberado sobre el punto de lutos y túmulos en casos de fallecimientos de personas reales en la pragmática que se mandó observar por cédula de 22 de marzo de 1693, [fol. 2] he determinado reasuntarle a este bando, para que se publique en esta capital y las provincias de su dependencia, a fin de que tenga el debido cumplimiento; y es del tenor siguiente. YO EL REY.

Por cuanto considerando será muy conveniente a mi real servicio y bien de la causa pública de los vasallos de mis dominios de las Indias moderar el exceso que hasta ahora ha habido en el uso de los lutos para que mediante esta provincia se ejecuten los crecidos gastos que en estas clases de personas ocasionaba la inmoderación que en esto se practicaba con menoscabo de sus caudales y otros perjuicios, he resuelto por la presente (que quiero tenga fuerza de ley, como si estuviera incorporada en las de la nueva Recopilación de las Indias). Por lo cual mando que de aquí adelante los lutos que se pusieren todos mis vasallos de las Indias de ambos reinos del Perú y Nueva España e islas adyacentes por muerte de personas reales sea en esta forma. Los hombres han de poder traer capas largas y faldas caídas hasta los pies, y han de durar en esta forma hasta el día de las honras, y las mujeres han de traer monjiles de bayeta, si fuere en invierno y en verano de lanilla con toca y mantos delgados que no sean de seda, lo cual también ha de durar hasta el día de las honras, y después se pondrán el alivio de luto correspondiente. Que a las familias de los vasallos de cualquier estado, grado o condición que sean sus amos, no se les den ni permitan traer lutos por muerte de personas reales, pues bastantemente se manifiesta el dolor y tristeza de tan universal pérdida con los lutos de los dueños. Que los lutos se pusieren por muerte de cualquier de mis vasallos aunque sea de la primera nobleza sean solamente capas largas, calzones y ropilla de bayeta o paño, y sombreros sin aforro, y que sólo puedan traer luto las personas parientas del difunto en los grados próximos de consanguinidad y afinidad, que son padre, madre, hermano o hermana, abuelo o abuela, u otro[s] ascendientes, o suegro o suegra, marido o mujer, o el heredero, aunque no sea pariente del difunto sin que se puedan dar a los criados de la familia del difunto, ni a las de sus hijos, yernos, hermanas, ni herederos, de suerte que no se puedan poner lutos ningunas personas de la familia aunque sean de escalera arriba. Que los ataúdes en que se llevaren a enterrar los difuntos no sean de telas ni colores sobresalientes, ni de seda sino de bayeta, paño o holandilla negra, clavazón negro pabonado y galón negro, o morado, por ser sumamente impropio poner colores sobresalientes en el instrumento donde está el origen de la mayor tristeza; y sólo se permite que puedan ser de color y de tafetán doble, y no más; los ataúdes de los niños hasta salir de la infancia y de quienes la Iglesia celebra misa de ellos si no solamente el pavimiento que ocupa la tumba o fereto, y las hachas de los lados, y que solamente se ponga en el entierro doce hachas, o de [fol. 3] ellos con cuatro velas sobre la tumba. Que en las casas del duelo, solamente se pueda enlutar el suelo del aposento donde las viudas reciben las visitas del pesante y poner cortinas negras, pero se han de poder colgar de bayeta las paredes. Que por cualquiera duelos, aunque sean de la primera nobleza, no se ha de poder traer coches de luto ni menos hacerlos fabricar para este efecto, pena de perdimiento de los tales coches, y las demás que parecieren convenientes, las cuales quedan al arbitrio de los jueces, y a las viudas se les permitirá andar en silla negra pero no traer coche negro en manera alguna, y también que las libreas que dieren a los criados de escalera abajo sean de paño negro, calzón, ropilla y capa corta. Que por ninguna persona de cualquier estado, calidad, o preeminencia que sea se pueda traer otro género de luto, que el queda referido, el cual haya de durar por tiempo de seis meses y no más; y en las honras que se hiciesen por personas reales se han de poner los hombres faldas caídas hasta los pies, como queda dicho. Y mando a virreyes, presidentes de las Audiencias y demás gobernadores guarden, observen y cumplan lo aquí contenido, y lo hagan guardar y cumplir inviolablemente, haciendo se publique ésta mi cédula en las ciudades donde residen y que lo hagan imprimir, y atentamente la distribuyan entre todos los gobernadores, corregidores y alcaldes mayores, según el distrito del gobierno superior de cada uno, para que en cada partido se publique y pregone, y nadie pueda pretender ignorancia y contra su tenor y forma no vayan ni pasen, ni consientan ir, ni pasar en manera alguna pena de privación de sus oficios en la cual incurra el que fuere remiso o negligente y lo disimulate en cualquier manera. Y mando a los de mi Consejo de las Indias y Audiencias de ellas tengan particular cuidado en las residencias, que vinieren, y causas que determinaren si los dichos jueces han sido remisos en la ejecución de condenarles en la dicha pena, imponiéndolas las demás que conforme a la calidad de la culpa les parecieren convenientes; y ésta mi cédula y lo que por ella mando en fuerza de ley, ha de empezar a obligar y practicarse el día de su publicación en las ciudades, villas y lugares que fueren cabezas de partido en aquellos reinos y que remitan testimonio de haberlo ejecutado al dicho mi consejo. Fecha en Madrid a veinte y dos de marzo de mil seiscientos y noventa y tres años. YO EL REY. Por mandado del Rey nuestro Señor D. Antonio Ortiz de Otarola.

Por tanto, y conviniendo al bien común la observancia de lo contenido en los insertos reales despachos, y que se arreglen todos inviolablemente a lo que en ellos se manda, se publicará por bando en esta ciudad y demás partes de este reino para que llegue a noticia de sus vecinos y moradores, y ninguno alegue ignorancia, y cumplan lo [fol. 4] que su Majestad manda sin exceder de ello en manera alguna, y las justicias ordinarias cuiden de su cumplimiento con apercibimiento que de cualquiera omisión se les hará cargo en sus residencias, y se pasará a la demonstración que convenga. Fechó en Lima a 8 de enero de 1728.

EL MARQUÉS DE CASTELFUERTE
POR MANDADO DE SU EXC. EL MARQUÉS MI SEÑOR.
DON JOSEPH DE MUXICA

En la Ciudad de los Reyes del Perú, en ocho días del mes de enero de mil setecientos y veinte y ocho años, Blas Romero, negro ladino en lengua castellana, que hace oficio de pregonero, estando en la plaza pública mayor de esta ciudad, pregonó el bando de las hojas antecedentes en las partes acostumbradas en concurso de mucha gente, y en la forma ordinaria, y con asistencia del ayudante Francisco de Agüero, siendo testigos los sargentos Feliciano Zapata, Alonso Días de Herrera, y Francisco Cabejal, de que doy fe. D. Diego Delgado de Salazar, escribano de su Majestad, y de la Guerra.

En el Puerto del Callao, jurisdicción de la Ciudad de los Reyes del Perú, en ocho días del mes de enero de mil setecientos y veinte y ocho años, estando en su plaza pública y más partes acostumbradas, en concurso de mucha gente, y por voz de Felipe Santiago, negro ladino en la lengua española que hizo oficio de pregonero, se publicó el bando de las seis hojas antecedentes de la fecha de hoy día, y según y como en él se contiene con asistencia del Cap. D. Francisco de Otaloa, ayudante principal de este presidio, siendo testigos los sargentos Augustín de Santillán, Manuel Fernandes, y Alejandro de Cisternas, que los son también de dicho presidio, y estuvieron con la guardia de él presentes, y de ello doy fe. Francisco Machado y Mejía, escribano de Majestad, y público.

[Es copia del original que queda en la Secretaria de Cámara de mi cargo, Lima 14 de enero de 1728.]

Poesías de la Academia de Matemáticas y Elocuencia del Doctor D. Pedro de Peralta

Barnuevo y Rocha, contador de cuentas, y particiones de esta Real Audiencia, y demás tribunales, catedrático de prima de matemáticas en esta Real Universidad y director de la Academia, autor de esta relación.

A la muerte del serenísimo señor Francisco Farnese,
duque de Parma y de Placencia.
ROMANCE
¿Qué es esto, canoro Numen?
¿Qué esto, brillante Febo,[1]
Que del carro descendido
Abismos haces los cielos?
¿Cómo ese templo, que claro
Famoso blasón de Delfos
La parnasea falda ocupa,
Yace ardiente Mongibelo?[2]
¿Cómo de sombras se enluta
Ese, en que estaban luciendo
El fuego en lámparas mil,
El oro en estatuas ciento?
¿Ese sagrario de dones,
Ese erario de misterios,
Que del sacrílego galo
Fue codicia y escarmiento?

---

[1] Phoebus or Apollo.
[2] Ancient Sicilian name of Etna.

¿Cómo las Musas, que bajan
    Desde el bicípite asiento,
    Melpómenes lagrimosas,[3]
    Himnos entonan funestos?
¿Cómo del pierio coro,[4]
    Cómo del rostro febeo,
    Un eclipse es cada rayo,
    Un gemido es cada acento?
¿Cómo el délfico milagro
    Yace triste mausoleo,
    Y en trípode sepulcral
    El oráculo es lamento?
¿Cómo allí el dolor resuena,
    Venciendo cuanto gimieron
    Los eléctricos suspiros,
    Los adónicos extremos?
El sol de Parma expiró:
    El honor de los FARNESIOS:
    ¡Oh, dolor! ¿cómo estar puede
    unto a lo inmortal lo yerto?
¿Cómo a un tiempo ha de expresarse,
    o deplorable, y lo excelso,
    Y con dos inmensidades
    Ha de poder un acento?
El que de tantos augustos
    Alto descendiente regio
    Se hizo esfera de virtudes,
    Al ser de sus líneas centro.
El que pacífico Numen,
    De tantos fue heroico nieto,
    Que del Vaticano olimpo
    Bélicos Atlantes fueron.

---

[3] Melpomene, Muse of tragedy, whose image boasted the motto *Melpomene tragico clamat moesta boatus* [Sad Melpomene cries out with resounding tragedy].

[4] Pierides, another name for the Muses, who worshipped in the district of Pieria in Thessaly and Mt. Helicon, in Boeotia.

Progenie del Gran Monarca,(*)[5]
A quien el cerúleo velo
Corrió el oriental Neptuno,
Para darle orbes sabeos.
Prole de Duarte feliz,
Por quien glorioso Himeneo
Consiguió al Farnesio Marte(*)[6]
Dar la lusitana Venus.
De Carlos, y de Alejandros
Sucesor; a quien naciendo
La Fama fajó en laureles,
Y meolló sobre trofeos.
En quien desposada estuvo,
Con tanto esplendor excelso,
Toda la austríaca gloria
Con todo el honor tirreno.
A cuyo valor del orbe
Todos los reales dueños
Le pusieron con lo amado
Imposible lo guerrero.
Que de su estado a la nave
(Del timón por privilegio)
En la tormenta común
Le tuvo el cielo sereno.
Que al Austria volviendo a unir
El Austria en vínculo nuevo,
La bella Tetis FARNESIA
Enlazó al BORBÓN Peleo.[7]
Este de virtudes trono,
Este de glorias compendio,
¿Posible es, que reina sombra
En la región del silencio?

---

[5] (*) El Rey D. Manuel de Portugal.
[6] (*) Alejandro Farnese, que casó con María, hija mayor de don Duarte, Infante de Portugal.
[7] Thetis, mother of Achilles, given by the gods in marriage to Peleus.

¿Posible es, que a lo celeste
  Pudo vencer lo terreno,
  Y lo efímero no pudo
  Defenderse con lo eterno?
¡Qué inexplorable la Parca
  Aun se atreve a los ejemplos,
  Y el mundo no viera reglas,
  Sino supliera recuerdos!
Pero no: no está culpada
  La Parca: pues por tenerlo,
  La misma inmortalidad
  Le dio a la muerte el precepto.
No le merecía el orbe:
  Pero el quitarle tan presto
  No fue culpa de la tierra
  Sino impaciencia del cielo.
Y pues reina en mejor orbe,
  Y de mayor firmamento
  Es constelación toscana,
  Y brilla signo FARNESIO:
Su luz prestará al hispano
  Y enviará al parmense suelo
  Por auxilios las fortunas,
  Por órdenes los sucesos.

Del Mismo.
OCTAVAS.
Armoniosa deidad de la tristeza,
  Canora pena, doloroso canto,
  Que formas del desmayo otra belleza,
  Y haces otra dulzura del quebranto:
  Hoy, que con más vigor, con más pureza
  Necesito, Melpómene, tu llanto,
  Desciende, y porque más doliente expire,
  Invoca tu al asunto a que me inspire.
Murió el grande Farnesio. ¡Oh, qué osadías

Tiene de Cloto el golpe fementido;[8]
Pues para pronunciar tus tiranías,
Hasta al dolor le enseña lo atrevido!
¿Cómo después el sol forma los días,
Si hasta el mismo esplendor ha fallecido,
Y sin su luz, porque al sepulcro ardiera,
Sólo quedó en incendio de la esfera?
No ya de los Heráclides el lustre,[9]
En que Hércules vio a Jove propagado;
No de los frigios el blasón ilustre,[10]
En que Teuro vio a Dárdano copiado,[11]
Fue a un sombra del que nunca el tiempo frustre
Honor de los Farnesios aclamado:
Pues para hacerse mérito, y herencia,
La virtud fue a pedirles la ascendencia.
Mas que de Jove descender famoso,
Fue el alto Olimpo defender brillante;
Si más que el heredar lo luminoso,
Fue en Alcides copiar lo fulminante:[12]
¿Qué será, cuando a cielo más glorioso
Tantos han propugnado lo radiante,
Que parece, que Alcides más fieles
Hacen generación de los laureles?
Díganlo los Luises generosos,
Los Rainuncios lo digan inmortales,
En quienes tuvo el Tíber valerosos
Ejércitos a un tiempo, y generales;
Del Vaticano olimpo tan celosos,

---

[8] Clotho, one of three Fates (also called the Moerae or Moirai) who spun the web of life. The other Fates are Lachesis, who measured Clotho's web, and Atropos, who cut it.

[9] Heraclidas, descendants of Hercules [Herakles].

[10] Phrygians, from the ancient region of Central Asia Minor of Phrygia.

[11] Teucer, ancestor and king of the Trojans. Dardanus, son of Jupiter and Electra, who founded the Troy dynasty.

[12] Sobriquet of Hercules.

Que competidos siempre, y siempre iguales,
De triunfos coronando sus empleos,
Se vio, que hasta de sí fueron trofeos.
Dígalo aquel héroe soberano,
Que todos los heroes fue en un pecho,
Numen de esfuerzo reducido a humano,
A quien el orbe todo es templo estrecho;
Que en lo que el juicio obró, y obró la mano
El sólo otra prosapia se hubiera hecho;
Pues es de la virtud que en él impera
La eternidad la antigüedad primera.
El mayor Alejandro, el más triunfante;
Calle envidioso al Macedón la historia;
Que restado el dominó de imperante,
Mas del Farnesio dominó la gloria;
Si en extensión más noble, y más brillante,
Digna de más honor, de más memoria,
Con valentía conquistó indefensa
Un orbe de arduidad en cada empresa.
De tanto, pues, héroe prodigioso,
De Parma en floreciente beneficio,
Descendieron del duque generoso
Al ánimo el valor, la paz al juicio:
La paz, cuyo fecundo ramo hermoso
Blanco es feliz del bélico ejercicio;
Pues los triunfos, que aspiran sus doseles,
Si olivas no han de ser, no son laureles.
Mas (¡Oh, dolor!) ¿qué rayo encruelcido
La obra de tantos siglos ha arruinado;
En quién tanto blasón se admiró unido
Que origen pareció, no derivado?
Que al tiempo que en la sangre ha descendido,
En la virtud subió tan elevado,
Que a la cumbre inmortal, de donde vino,
Lo heroico que sacó, volvió divino.
Por quien ya coronándose lucientes
De las glorias iberas las toscanas,

Los lilios ya Farnesios florecientes
A las lises se unieron castellanas;
Y volviendo a enlazar más refulgentes
El Austria al Austria en luces soberanas,
La neobúrgica rama, vez segunda
Vuelta al trono español, prendió fecunda.
Llore la España, pues; sus mundos lloren,
Del regio sentimiento a la influencia,
Siendo el dolor con que su pena adoren
Una oblación en traje de obediencia;
Sientan aun los confines que se ignoren,
Y desde allá con trágica asistencia
Sea del gran FARNESIO al nombre sólo
Un túmulo de sombras cada polo.
Mas no: que no se llora a quien venera
La tierra con elogios inmortales;
A quien de luz corona verdadera
El Olimpo con glorias celestiales;
Y pues en solio más luciente impera,
Cesad las quejas ya, cesad, mortales;
Que nunca guardan fúnebres querellas
Lágrimas, que se enjugan con estrellas.

Del mismo.
Al túmulo erigido al serenísimo señor el Señor
FRANCISCO FARNESE, Duque de Parma y de Placencia,
por el celo del Excmo. señor marqués de Castelfuerte,
virrey de estos Reinos.

SONETO.
Este encendido templo luctuoso,
Esfera funeral, en que luciente
Víctima es cada antorcha, estrella ardiente
De un sol en el ocaso doloroso.
Todo es altar, en lo que hace fervoroso
De Lima el celo otra oblación doliente
A la augusta deidad, que en lo que siente

Otro imperio se forma lacrimoso.
¿Qué mucho? si del numen más perfecto
    Que ocupó su dosel, de obsequio tanto
    Es inspirada para el alto efecto,
Si haber no pudo en tan fatal quebranto
    Ni más fidelidad para el afecto,
    Ni mayor influencia para el llanto.

Del Mismo.
SONETO.
Supende, oh, Lima, el doloroso llanto,
    Serena la aflicción, cesa el lamento;
    Que ya Apolo detiene el triste acento,
    Y muda en himno el lastimoso canto.
Ya tu monarca pausa en dolor tanto,
    Ya tu reina mitiga su tormento;
    Y elevada la vista al firmamento,
    Gozo contemplan lo que fue quebranto.
Astro vereran de la esclarecida
    Constelación FARNESIA la brillante
    Llama que acá lloraron extinguida.
Y si inmortalizar quieres lo amante,
    No agrades a la muerte entristecida;
    Imítale al héroe lo constante.

Del mismo.
A la ventaja con que suplió el serenísimo
señor duque de Parma su falta de sucesión
con el augusto himeneo de sus majestades.

La deidad sabia a un tiempo e invencible,
    Que nació del celebro más brillante,
    La mejor sucesión fue del tonante:
    Razón viviente, discreción visible.
Así, oh tú, que en imperio inmarcesible
    Reinas, excelso duque radiante,
    Del que tu mente unió lazo constante

Línea dejas de gloria inextinguible.
Pues en la augusta real Minerva ibera,
Que del ibero sol hiciste aurora,
Más fecunda tu luz eterna impera.
Dejando ya en la prole que te adora
La mayor majestad por heredera,
La mayor duración por sucesora.

Del mismo.
En elogio del señor marqués de Casa-Concha,
del Orden Calatrava, oidor de esta Real Audiencia,
a quien confió Su. Exc. la dirección de estas Exequias.

SONETO.
Este excelso de estrellas Mongibelo,
En que a luces la muerte fulminada,
Encelado de horror yace postrada,
Al peso ya de un refulgente cielo.
Es maravilla, que al ardiente anhelo
De un héroe se erige levantada:
Sube; mas de su altura está copiada:
Arde, mas de las llamas de su celo.
Togado Alcides, es, que esta zona
Al alto Atlante se subroga, y mide,
Cuando de arduos empeños se corona.
Ninguna empresa en su vigor se impide;
Pues ven, que hasta los juicios proporciona;
Pues ven, que hasta las fábricas decide.

EIUSDEM.
IN FUNEBRI MOLE SERENISSIMI
FRANCISCI I. Parmæ, et Placentiæ Ducis,
Limæ erecta in Cathedrali Templo.
CARMEN SEPULCRALE.
Quæ Pyra, quæ moles Templo nunc inclyta Cœlum
Aut petit, aut fulget sed tetrica flammis
Herculeos imitata rogos? Quæ funebris ara
Lumine, sed lugubrem, terris affectat Olympu[m], Funeribus
        constructa dei? Quod Caria Templum,
Quod Regina dolens mirum splendore Sepulcrum
Americæ demissit amans? Sed marmore toto
Visuntur flores; summis sed LILIA plinthis
Alti testantur domini radiantia Nomen.
Quid moror? Heu dolor! Elysias FARNESIUS Heros
Fatali Superum jussu migravit in umbras.
Tantan nè Parcæ potuere exscindere vitam?
Tanti nè cineres brevi conduntur in Urna?
LILIA tot faustis florentia cœlitus Astris
Crudeli potuit ferro succidere Clotho?
Hic est, qui veniens antiqua ab origine gentis
Germanæ, Tuscæque, Viris descendit ab altis:
Progenie natus sacra, quæ terrestris Olympi
Alcideis produxit ovans tot celebris Orbi,
Qnos Tiberis plausit præclaris unda Trophæis;
Terrarum Sancti magnum Iovis incrementum.
Hic est, quem lætus Farnesius æthere vidit
Lumine se crevisse suo: Mars ille triumphans,
Belgica qui domuit; quem nunc vel Batavus horret:
Temnere qui potuit Scaldis gurgite firmus
Ignivomos Erebi navales ore Typhæos:
Maior Alexander Magno, quem Græcia plaudit;
Quos que ille optavit potuit qui quærere mundos.
Hic est purpureo quem tot velamine Patres,
Quos Terra excoluit, Cœli quos Sydera cingunt,
Exornant, quem tot Romæ summa Astra Thiaris:
Inclyta Progenies, quæ tot servata per annos

Culmen utrumque tenet Bellonæ, & Palladis arce;
Quà simili cultu præfulgent Thronus, & Ara.
Hic, qui pacifico frontem Diademate cinxit;
Qui Pacem coluit PARMA, parmamque removit;
Bellaque non gessit, gratus vel ubique triumphans:
Quem nec laurigeras puduit gestare secures
Clarior, ornatus viridi splendore Minervæ:
Cuius amore parens terras Astræa revissit,
Indigetes que Deas Virtutes missit in Urbes.
Quid doleo? Cur tantus habet præcordia mœror?
Vivit adhuc, vivit FARNESIUS inclytus Astris:
Invida Sors nescit tantum perstingere Numen:
Luce favet terris, animo iam regnat Olympo.

Del mismo.
CANZONE A LA REGINA SIGNORA.
Nelle Essequie fatte in Lima al Serenissimo Signore
FRANCESCO I. Duca di Parma e di Piacenza.
Sacra Regia Beltade, heroica Diva,
De i cori riverenti,
Piu che de i vasti popoli peina;
Da cui, perche possente e fausto viva
Delle Spagnole genti
L'impero ch' il tuo Ibero Sol domina,
L'influenza divina
Riceve si fedel, che del suo Cielo
Co' i raggi che gli sparge rifulgenti
L'altro Sol del tuo zelo
Par, che, perche piu degno à te s'inchini,
Insieme fai la Sphera, e l' ilumini.
Di FARNESE e NEOBURG glorioso honore,
Che innesti piu Regali
I Gigli gia Tyrrheni à i Gigli Iberi:
Del piu Grande Alessandro alto splendore;
Che con augusti strali
Del piu Grande FILIPPO il core imperi:

Da cui con fregi alteri
Il bel Tronco germoglia à i Throni Hesperii
(Al Thusco, à lo Spagnol) Rami immortali,
Che ne i due Hemispherii
Al Olympo portando l'aurea fronde
Varchin del mondo le Polari sponde.
De i due Primi Rodolphi Augusta Prole,
In cui splendon le glorie
Del Austriaco gia, e del Palatino;
Della piu Regia Sphera chiaro Sole:
Or ch' il piu gran dolore
Luctuosa è nebbia al tuo folgor divino
(Oh che crudel destino!)
Dal Torrido Orbe, che di Phebo gira
Il piu vibrante ardore,
Ascolta cio ch' il tuo penar m' inspira:
Concedi, ch,s' è tua, à te io voglia
Per sollievo offerir la stessa doglia.
Doglia è ben quanto in terra si riguarda:
Periodi piangenti
Sono i giri del Ciel, del Orbe i moti;
Degli Astri è la Carriera mesta e tarda;
Queruli vanno i Venti,
Cadono i fior, i fiumi stanno immoti;
I Regni piu rimoti
Dal Gange Eòo al Maragnone adusto
Risuoneran dolenti
Fra alti sospiri d'un lamento giusto;
Et i due Poli rigidi e canuti
Geli saranno in pianto risoluti.
Del Parma nelle ripe gia feconde
Si vedon lagrimanti
Non le deboli gia tristi Sorori
Ch' al Eridano fer tragiche l'onde;
Ma gli Allori triomphanti
Di tanti antichi Principi, e Maggiori,
Di tanti Difensori

Del Vatican, che furon di sua Sphera
E gli Alcidi, è gli Atlanti:
Perche ad onta fatal di Parca fera,
Per distrugger la morte con le glorie,
Piangono si, ma piangono vittorie.
Per questo nella Sphera in cui risplende
Il Templio adamantino,
Ch'al'Immortalità si è consecrato,
Per il lato che in contra si distende
A la Sphera vicino
Nel cui centro si scorge collocato
L'Orbe ch'è destinato
A i caduchi mortali, atro s'ingombra
L'Edificio divino
D'insegne di dolor, di luto, e d'ombra;
E le Stelle che l'ornano di fuori
Fumi lucenti son, pallidi ardori.
Ma per entro à la fabrica gloriosa
Tutto è lieto splendore:
Ivi hanno il lume in se gli eterni muri;
L'Aurora ride vaga, e rugiadosa
Con piu púrpureo albore;
Cento Soli il Sole è piu chiari, e puri:
Vittoriosi, e sicuri
Del Templo stan gli Heroi, che immortali
Di Marte nell'ardore,
O di Minerva nelle glorie uguali,
Geniti, e Genitori alti, e felici
Furon della Virtù chiari Phenici.
Là fra gli Heroi celebri, e divini,
Ch'ornano di splendori
La Farnesia, e l'Austriaca Famiglie
Fra gli Estensi famosi, e fra gli Ursini
Pieni d'alti folgori;
Fra i Medici, di gloria meraviglie,
Ch'in Porpore vermiglie
Han del Tronco immortal l'eccelse frondi;

Fra i Regi, che gli honori
Fur di Luso, di fregi si fecondi,
Il gran FARNESIO si lucente siede,
Che ne sembra l'Origin, non l'Herede.
Miransi quì da l'una e l'altra parte
D'or piu bello che l'oro
Efigiati i gesti piu egregi
Del Thusco Alcide, del Farnesio Marte.
La materia, e' l lavoro
Han da quello che scolpono i lor pregi:
Quinci gli inclyti fregi
Si scorgon delle Belgiche vittorie.
Con immortal decoro
Quindi impresse vedrai le Franche glorie:
E per virtute di Triomphi tali
I vinti stessi stanno quì immortali.
Miransi là nell'onde fluttuanti
Dello Scalde famoso
Contra le terre, gli huomini, ed i cieli
Insieme fulminati, e fulminanti
Vomir piu pavoroso
Un Inferno i navali Mongibeli.
Di fame e morte anheli
I Parisini quì caddon giacenti:
Mà Tropheo glorioso
Son d'ALESSANDRO e l'arme, e gli Elementi:
E lor che pugna, auxilia, e si ritira,
Tutto è senno il valor ch' in lui s'ammira.
Con questo ed altri Heroi l'immortale
FARNESE rilucente
Respira ether vivifico, e sereno:
Della Corona in vece gia Ducale
La fronte risplendente
Cinge Diadema d'Astri e gloria pieno.
Ui'l merto non vien meno,
Perche gli manchi di gueriero il fregio:
Che fu sempre eccelente

De gli Allori di Pace l'alto pregio:
Poiche, piu che'l Valore, la Prudenza
Vince con la Giustitia, e la Clemenza.
E poiche eterno nel'Olympo vive
(O del Hispano Impero
FARNESIA Deità, che'l mondo adora)
Cessin del Regio cor le doglie schive;
Cessi il pianto severo;
Torni chiara à apparir tua Augusta Aurora:
Il tuo lume ristora
La medesma cagion di tuoi lamenti:
No'l miri quì, è pur vero;
Mà poiche con riflessi piu lucenti
Gli occhi de la tua luce alza, ed accende;
Piu visibile stà chi piu risplende.

Del Doct. D. Diego de Villegas y Quevedo
A las exequias del serenísimi señor duque de Parma
Francisco I.
SONETO ACROSTICO.
E sta funesta rumba, oh, peregrino,
Luscinda ección es, que te dicta el desengaño
Dulcinea ándote en el fatal suceso extraño
U na clara señal de tu destino.
Q uien, por más que blasone de divino,
V encerá este mortal preciso daño?
¿E n qué razón imprimirá el engaño
Dulcinea ogmas inciertos, que su error previno?
E stiudia en este libro macilento
P ara defensa de la propia ruina
A visos del ajeno desaliento;
R egistrando su trágica doctrina,
M ás, que al lóbrego horror del escarmiento,
A la piadosa luz, que te ilumina.

Del mismo.

ENDECHAS REALES.

Este panteón funesto,
    Que a ser lúcido aspira,
    Desmintiendo con llamas
    La adusta palidez de las cenizas.
Este luctuoso monte,
    Que al cielo se encamina,
    Siendo su color mustio
    Voz pavorosa, que el fracaso explica.
Esta en fin abrasada
    Melancólica pira,
    Que entre mudos ardores,
    Aun mas que como luz, su horror brilla.
Memorias son dolientes
    De la paga precisa,
    Que a inexorable Parca
    Hizo el aliento de la mejor vida.
De un claro sol tirreno
    El ocaso publican,
    Y de sus muertas luces
    En el dolor latiendo está la ruina.
De aquél, cuyas virtudes,
    Gloriosamente unidas,
    Fueron dichoso móvil
    De la veneración, y de la invidia.
De aquél, cuyo talento
    Unió en concordia amiga
    Nobles lilios de Parma
    A los augustos leones de Castilla.
Del gran duque Francisco,
    Porque todo se diga,
    Con referir su nombre,
    Cuando en él sólo lo que fue se cifra.
De éste, pues, se repite
    En fúnebre armonía
    La muerte, porque tenga

Mayor desahogo el llanto, al repetirla.
Caduca ya su pompa
  Desengaños intima,
  Y pensiones mortales
  Esta urna respetable simboliza.
Y así tú, o caminante,
  Que ligero registras
  La senda del olvido,
  Suspende el paso, y la atención aplica.
Lee en esta negra tumba
  La historia de su vida,
  Y a la luz de su muerte
  Ejemplo toma, y su virtud imita.

Del mismo.
SONETO.
Suspende, oh caminante, la carrera,
  Deten el veloz paso inadvertido,
  Y a costa del asombro de un sentido
  Mira esta luz, que avisos reverbera.
Yace en esta doliente mustia hoguera
  El claro sol de PARMA anochecido
  Su esplendor a cenizas reducido,
  Y a esta urna breve su encendida esfera.
Asunto es ya de la funesta historia
  Aquel, a quien el trono le fue templo,
  De Atropos inclemente al duro estrago.
Aprende su virtud en su memoria;
  Copia en su fin tu más activo ejemplo,
  Pues lo que en él fue golpe, en ti es amago.

De D. Francisco de Robles Maldonado y Alcózar,
capitán de infantería, batallón de esta ciudad.
SONETO.
Esa fúnebre máquina brillante,
  Etna de humo, y de luz, que pavoroso
  En cada antorcha arroja doloroso

Un lamento de incendio radiante.
Padrón del desengaño es elegante,
   Que se hace por su horror más luminoso;
   Donde al ánimo está más poderoso
   El héroe que en él yace constante.
Mas si del gran FARNESIO es monumento,
   No es sepulcro, no es túmulo, no es pira:
   Que a un tiempo es trono, es capitolio, es templo.
Pues reina justo en más sublime asiento,
   Triunfa donde más ínclito se admira,
   Y de la fama es ya deidad su ejemplo.

De don Francisco de Salas y Villela.
   ROMANCE HEROICO.
Sacra voz gemidora del Parnaso;
   Deidad del aonio coro lamentable;[13]
   Llorosa inspiración, triste armonía,
   Que influyes en los fúnebres pesares:
Pues hoy ellos con sumo dolor justo
   Construyen a la heroica a la alta imagen
   Del gran duque de Parma este elevado
   Real suntuoso túmulo brillante;
Pues hoy en este antártico hemisferio
   De este máximo héroe incomparable
   Se repite la trágica memoria
   En devotos horrores funerales.
Inspíreme tu mente fatigada
   Contristados acentos desiguales,
   Porque sea en tu auxilio intercadente
   Aun el mismo socorro disonante.
Pues en los desconsuelos de la muerte
   De un príncipe tan justo, e inimitable
   Aun las más destempladas influencias
   Son las voces más propias, y elegantes.
Pero ya de la diosa macilenta,

---

[13] The Muses.

Que es allá en melancólicos altares
Deidad entristecida, a quien adoran
Lóbregas lacrimosas soledades.
En métricas amargas melodias
Oigo atónito el trémulo lenguaje;
Y ya en lúgubre músico silencio,
Me infunde sus funestas facultades.
Que murió, dice, el duque esclarecido,
Y Atropos a sus hechos relevantes,
Cortó el hilo luciente de sus glorias
Con la cruenta tijera inexorable.
Que murió; y que su estirpe luminosa,
Aun con ser concedida a eternidades,
No le dio inmunidad contra el agudo
Negro arpón de la Parca formidable.
Que murió, sin que austríacos, borbonios,
Lusitanos, neobúrgicos linajes,
Aun siendo sus esferas refulgentes,
De este rígido ocaso lo librasen.
Mas como las virtudes nunca mueren,
Pues son como planetas incesantes,
Cuya luz fallece aun en la noche
De los hados más crueles y fatales.
El duque soberano, por las suyas,
Mereció en ellas mismas subrogarse,
Haciéndolas suntuosas herederas,
Del tesoro inmortal de su cadáver.
Y así mienten las Parcas; miente el sordo
Imperio del olvido intolerable;
Pues lo tienen con vida más gloriosa
Sus altas cualidades inmortales.
Miente el falso diós Termino,[14] que en Roma
Soberbia oposición hizo el tonante,
Si dice, que en sus aras le ha tenido

---

[14] (*) Colocado en el templo de Delfos en el Parnaso y en el monte Tarpeio por Tarquino en Soberbio.

La alteza parmesana incontrastable,
Pues vencedor heroico de la muerte
Logró ocupar pacífico triunfante
En el rudo combate de su vida
De la fama de los ínclitos anales.
Repetido se sostenta en sus aciertos,
Continuando en virtuosos ejemplares,
Propagado se admira en su prudencia;
Y se ve sucedido en sus piedades.
Y así miente la horrenda Libitina,[15]
Si trémola sus negros estandartes,
Pensando que su alteza ha padecido,
Sus funestos destrozos implacables.
Que el justo no fenece, se transporta;
Va a eterna libertad desde la cárcel;
De ser hombre se pasa a ser estrella;
Y entonces, cuando expira, es cuando nace.
Ninguno entre sus altos ascendientes,
Ni entre sus purpurados admirables,
En la piedad y el culto de las aras
Hubo más religioso, y observante.
Gobernó tan pacífico su estado,
Que abundarle logró en prosperidades;
Pues hizo providente, que Amalthea[16]
En él su cornucopia derramase.
¿Qué mucho? si es honor de aquel caudillo(*)[17]

---

[15] Venus Libitina, goddess of funerals and guardian of ritual laws; also, the register conserved in her temple in which the names of the dead were inscribed for the purpose of rendering offerings to them. The *Lex Julia Municipalis* contains the phrase *libitinam facere*, to celebrate funerals.

[16] Jupiter's wetnurse, often depicted as a suckling goat or nymph. This daughter of King Melisseus was said to have nursed him with goat's milk while her sister Melissa (a bee) offered him honey. Jupiter rewarded her one of the goat's horns, with the promise that it would always be abundant, hence *cornu Almathae* or *copiae*, cornucopia.

[17] (*) Alejandro Farnesio el invicto, gobernador de Flandes, que introdujo por orden de Filippo II socorro a París en el mayor rigor de su asedio.

Que tanto honor dio a España, Italia y Flandes,
   Transcendiendo la Francia, y conteniendo
   La cólerica furia al Borbón Marte.
Y así, oh tu serenísimo alto duque,
   Pues ya es astro tu espíritu radiante:
   Gira Olimpos de glorias sempiternas,
   Coronado de luces inefables.
Y la regia ISABELA, que es fecunda
   Refulgente hermosura de tu sangre,
   Y es del Jove de Iberia Juno augusta,
   Viva con él perpetuas majestades.

De D. Angel Ventura Calderón y Cevallos.
SONETO.

Esa, que ardiendo horrores, alta pira,
   Obelisco es de luces eminente;
   Etna fatal a un tiempo, y refulgente,
   Que llamas melancólicas respira:
Esa máquina excelsa, que conspira
   (Encelado más noble, y más prudente)
   Tropa, que escala fulgida y ardiente
   El sacro Alcázar en que Jove gira.
Regio es Panteón, que erige a la memoria,
   Del héroe FARNESIO esclarecido
   El que del Gran Felippo es fiel traslado.
Bien se vincula en él su augusta gloria;
   Pues de un sol a cenizas reducido
   Un verdadero Fénix ha formado.

De don José Bernal.
ROMANCE HEROICO.

¿Adónde arrebataba el sollozo,
   Tan triste, te retiras, Melpómene
   Que escondiendo las luces al influjo,
   Tu invocación sagrada aun no conscientes?
¿Qué es esto, Rimac? tu raudal canoro
   Tan mustio corre, que en tu mal parecen

Las silenciosas ondas de tus aguas
Lágrimas, que del llanto se desprenden.
¡O triste infausta Lima! ¿aun no has sanado
De la herida fatal, que tan reciente
Lamenta tu dolor por LUIS PRIMERO,
Cuando nuevas desdichas te acometen?
¿Qué estrago es éste, que amagando sustos,
Asalta al corazón tan de repente,
Que obligando a la pena persuasivo,
Ni aun permite dudar lo que se teme?
¿Qué regia pompa en funeral adorno,
Abatido el honor de los doseles,
Entre los desengaños, que trasluce,
Pavorosos asombros nos ofrece?
Mas ya de tanto horror la justa causa
Por noble impulso la lealtad advierte;
Que congoja, que aflige al soberano,
Todo el dominio su dolor trasciende.
Cuando al alma un pesar violento oprime,
Del daño el cuerpo todo el mal padece;
Pues si siente FILIPPO, alma del orbe,
¿Cómo el orbe podrá no entristecerse?
Bien, pues, oh Lima, en llanto, y luto ostentas
De tu esplendor las luces deficientes;
Que cuando el sol se eclipsa, el aire todo
Entre pálidas sombras se oscurece.
Bien de aquel fiero impulso penetrante
La eficacia en tu pecho herida sientes:
Que al duro golpe que recibe el tronco,
Doloridas las ramas se estremecen.
Y bien el que en tu esfera sustituye.
Aquel supremo ardor que te mantiene,
Como en la luz le imita lo brillante,
Del desmayo le copia lo doliente.
Pero no, que por sí todo el lamento
Pérdida tanta con razón merece;
Que en méritos sublimes la desgracia

Con preciso dolor al llanto mueve,
¿Y qué estrago mayor hacer pudieron
De la Parca las iras inclementes,
Que al corvo golpe de fatal guadaña,
Destrozar el honor de los FARNESES?
AL GRAN DUQUE DE PARMA: ¡Oh, qué inhumana
Arruinó de una vez tantos laureles,
Cuantos siendo en su estirpe excelsos troncos
De su nombre se hallaban ya pendientes!
El sacro honor de púrpuras, y tiaras,
La piedad, la virtud, el celo ardiente,
Con que en mando, o auxilio de la iglesia,
Fue el Atlante, y la esfera su progenie.
La memoria de aquel magno Alejandro,
Que tanto en gloria al Macedón excede,
Cuanto dista lograr triunfos tendidos,
Del duro afán de sojuzgar rebeldes.
Oh, dígalo confusa la Batavia,[18]
O agradecida Francia lo confiese,
Cuando muerta París, le dio la vida,
Cuando incendios burlando, tomó a Amberes.
Pero, ¡Oh, FRANCISCO! como ya más claras,
Tu virtud, y justicia resplandecen,
Allá en la esfera, en que la luz activa
De groseros vapores está indemne.
Como ya más seguro, alegre reinas
Donde en la posesión de eternos bienes
Ni a la esperanza engaña lo posible,
Ni amenaza al temor lo contingente.
Vive, pues, inmortal; y si en tu gozo
La gloria accidental aumentos tiene,
El mayor, al morir sin prole, sea,
Ver, que en la herencia tu dominio asciende.
Porque volviendo en CARLOS a sus regias
Lises, las del blasón que tú le ofreces,

---

[18] Latin name for Holland.

El círculo feliz, que las reune,
majestuosa corona les guarnece.

Del Mismo.
Letra.
Infandum Regina iubes renovare dolorem:
…quis talia fando temperet a lachrimis… Virg.
Soneto.
Renovar de tu pena lamentable,
    Sacra reina, el pesar mandas doliente:
    Pero, ¿cómo ha de haber voz obediente,
    Si el precepto se ordena en lo inefable?
En mal, en que es la causa inexplicable,
    El llanto expresará más elocuente
    De su grave dolor la fuerza ardiente,
    Pues mueve un corazón inalterable.
Tú nos mandas llorar; mas el lamento
    No sólo es un obsequio necesario
    Que a tu imperio le ofrece el rendimiento.
Que cuando al alma ofende lo contrario,
    Si la razón influye al sentimiento,
    Se hace el dolor preciso voluntario.

De D. Eusebio Gómez de Rueda,
Contador ordenador del Tribunal de Cuentas
de este reino.
Soneto.
Aunque la Parca atroz, o soberano,
    O duque excelso, con la cruel herida,
    Que fue (¡oh, dolor!) estrago de tu vida,
    Al mundo mostró así, que eras humano.
No logrará el olvido impío, villano
    Sepultar tu memoria esclarecida,
    Porque está en juventud siempre florida,
    Tendrá la duración del tiempo cano;
Y mucho más; pues si la luz viviente
    Extinguir quiso en ti la Parca airada,

La dejó con el golpe más luciente:
La dejó con la ruina mejorada
Porque ahora gozas vida permanente,
Y antes tenías vida limitada.

Del mismo.
SONETO.

El gran duque de Parma sin aliento
De vivo desengaño es fiel trasunto,
Pues se ve traslado hoy en un punto
Del regio trono, a triste monumento.
Aquel, en quien aplauso, y rendimiento
Ayer se empleaban, mueve a horror difunto;
Y el que era de la fama heroico asunto,
Trágico tema es hoy del sentimiento.
En urna breve grande héroe yace,
La majestad a polvo reducida
Funesto triunfo de la Parca fuerte:
Pero el consuelo de allí mismo nace.
Pues si el dominio pierde con la vida,
Feliz la gloria adquiere con la muerte.

POESÍAS DE INGENIOS PARTICULARES
Del doctor D. Pedro José Bermúdez de la Torre y Solier,
aguacil mayor de la Real Audiencia de esta
ciudad de Lima, corte del Perú.
ROMANCE.

¿Qué incierto vulgo de acentos
La región del aire ocupa,
Que el oído los atiende,
Y el corazón los escucha?
¿Qué asombro es, el que a la vista
Le tieene la acción confusa
Suspena en la novedad,
Embargada en la ternura?
Imán de los afectos
Perezosamente lucha

Entre el horror, que defiende
Lo que la atención apura.
¡Oh!, como presago el susto
Se halla mejor en la duda,
Y hasta la curiosidad
Se niega lo que procura!
¡Oh!, como de los sentidos
La actividad cede mustia,
Y por no hallar al dolor,
Mañosamente se turban!
¡Qué naufraga la razón
En el discurso fluctúa!
¡Qué valiente que está el miedo
De parte de lo que anuncia!
Hasta el aire en vapor denso
Su cóncavo vago enluta,
Y al más oculto peñasco
Sus sentimientos consulta.
El mar en la opuesta roca
Lágrimas de dolor suda,
Siendo padrón de su enojo
La cólera de la espuma.
La cuarta esfera el sollozo
Mueve en repetida angustia,
Y su combustible ardor
Deshace en quejas sulfúreas.
Lo vegetable en la tierra
A lo sensible se ajusta,
Y se vale para el llanto
De la ansia que el eco hurta.
Sin ley el humano aliento
Resistido se apresura,
Y mal hallado en el pecho,
Piensa salvarse en la fuga.
Mas ¡ay! que el común desorden
Con tristes voces divulga,
Que aquel Atlante fallece,

Que a Parma y Placencia ilustra.
Aquel gran FARNESIO, aquél,
   Que en la fama se vincula;
   Aquel que naturaleza
   Supo hacer de la fortuna.
Aquél, que los corazones
   Gobernó con tal industria,
   Que en la voluntad de todos
   Pudo encontrar con la suya.
Aquél, que ingenio y valor
   Estrechó a unión tan segura,
   Que no dio herida la espada,
   Sin ser golpe de la pluma.
¿A qué pasión por rebelde
   No dio sepulcro en la cuna,
   Muriendo para escarmiento
   La que nació para injuria?
¿Qué envidia llegó a fijarle,
   El diente tenaz que oculta,
   Que aun al seguro de celo
   No peligrase calumnia?
¿A qué discordia, que al tiempo
   Amenazó edades muchas,
   En dulce tranquilidad
   No estrechó a fácil coyunda?
¿Y es aquél éste, que yerto
   Se mira en forma difunta?
   ¿Que no cupo en mucho solio,
   Y cabe ya en breve urna?
¡Que éste es aquél! ¡Raro asombro!
   Que la Parca no le excusa!
   ¡Que suceda aquesto siempre,
   Como si no fuera nunca!
¡Que pueda el olvido más
   Que el filo que se desnuda
   Que no dé con la advertencia
   Quien no encuentra con la punta!

¡Que hasta la mayor alteza,
   Que a las esferas se encumbra,
   Sus esplendores excelsos
   En desengaños trasmuta!
Detén, cadáver, la voz,
   Que atruena tu lengua muda
   Ve poco a poco, que enseñas,
   Al mismo paso que asustas
Si la sombra y el horror
   Componen tu forma adusta,
   ¿Cómo, siendo horror, adviertes?
   ¿Cómo, siendo sombra, ilustras?
Inanimado, y con alma
   Mi ser a tu ser le juzga;
   Que aunque para ti te falta,
   Para el que te ve te dura.
El dolor por boca y ojos
   Salga, ya en ardor, ya en lluvia;
   Que el llanto del desengaño
   Jamás el suspiro enjuga.
Así del grande ARMENDARIS
   Cuando el fiel amor dibujan,
   Arden, y lloran las luces,
   Que ciegan con lo que alumbran.
FRANCISCO DUQUE DE PARMA,
   Es el que yace. ¿Qué dudas,
   Caminante, si a tu fama
   Ves postrada la fortuna?

De don José de Alzamora Ursino.
SONETO.
Lloró Parma a FRANCISCO, y de su llanto
   El amargo raudal el orbe llena,
   Notoria haciendo su crecida pena,
   Y el motivo fatal de su quebranto.
Lloró el Rimac, y con undoso espanto,
   Con líquido coral bañó la arena,

Hielo mortal corrió por cada vena,
Ahogando corazones dolor tanto.
La fama triste, y desgreñada pase
Oí la trompa a sordina dolorosa,
Que fúnebre gemido nos traspase.
Y en esa pira lástima piadosa,
Escriba mejorando el *Aquí yace*
El gran duque de Parma, aquí reposa.

Del mismo.
SONETO.
Temida sombra de la Parca esquiva,
Que inexorable siempre, siempre fiera
Alimentas la vida, porque muera,
Y a que llore su fin quieres que viva.
Ya de la augusta, a quien cedió la oliva
Minerva en Parma, (su ducal) esfera,
Cortó el estambre tu fatal tijera,
Segó la planta tu segura altiva.
Ayer la adoración (gran duque) al verte
Brillante luz de alientos coronada,
Eterno aseguraba merecerte.
Hoy al mirar tu alteza real postrada,
Mostrando en esa pira la muerte,
Que es humo, que es ceniza, polvo, nada.[19]

De don Antonio Sancho Dávila Bermúdez de Castilla,
capitán de infantería del batallón de esta ciudad.
ROMANCE.
No ya, Piérides sagradas,
Buscó vuestras armonías,
Si hay asuntos, en que basta,

---

[19] This last line imitates Góngora's famous sonnet that begins "Mientras por competir con tu cabello," and ends with "en tierra , en humo, en polvo, en sombra, en nada." Sor Juana Inés de la Cruz also imitated Góngora in the sonnet "Este que ves, engaño colorido,..." which ends with the line "es cadáver, es polvo, es sombra, es nada."

Lo que ellos mismos inspiran.
¿Qué más influencia? Que tanto
　　Como un desengaño dicta,
　　Aun habla con el silencio,
　　Aun con la sombra ilumina.
Este trágico suceso,
　　Que hoy representa a la vista
　　Una grandeza en cadáver,
　　Un astro todo en cenizas.
Parece arte, en que la Parca
　　Con muda elocuencia explica
　　Una ciencia, en que los ojos
　　Se instruyen de lo que admiran.
Ese difunto esplendor,
　　Que poco ha se percibía,
　　Animando entre sus rayos,
　　El imperio de los días.
Perpetua noche en la esfera
　　De Parma, y Placencia haría,
　　Si como en su aurora el llanto,
　　No fuese la luz precisa.　　·
Allí por nieblas de pena,
　　Real oriente se divisa;
　　Porque, como en las fortunas,
　　Hay su estrella en las desdichas.
¿Qué mucho? si de la excelsa
　　Majestad que se deriva,
　　Son el dolor, y el reparo,
　　Hijos de una causa misma.
En ISABEL desde Iberia,
　　Luz el cielo prevenía,
　　Que en tanta pérdida estaba
　　Hecho cargo de la ruina.
¡Oh, cuánto la providencia
　　Se muestra a Parma propicia,
　　Pues halla deidad el culto,
　　Aun cuando el numen peligra!

En la entidad del remedio
  La del daño se perciba;
  Que mal, que en la voz no cabe,
  No hay idioma que le diga.
Tan extático el asombro
  Quedó a la ominosa herida,
  Que parece que produce
  El horror de que se excita.
Fénix del pavor pudiera
  Ser, o que lo es acredita;
  Pues para hallar existencia
  En lo que asusta se anima.
Preocupada la atención,
  Y a yerta apariencia asida,
  Mas que de lo que repara,
  Teme, de lo que medita.
Lo que ha de ver experiencia
  En reflexión vaticina;
  Y a lo que ha de persuadir
  El tiempo; ella se anticipa.
Hasta el miedo es advertencia,
  Si en idea persuasiva
  Se transforma; y él empieza,
  Porque el discurso prosiga.
Mucho aviso es el estrago
  En alta soberanía;
  Pues se pone, para caer
  Más profundo, tan arriba.
Bien en su llama se advierte,
  No que previene, que obliga
  A que la razón conozca,
  Que alumbra como que guía.
¡Que no comprende el sepulcro!
  Si aun el ejemplo, a que aspira,
  Para quedar inmortal,
  Ha de sacar de él la vida.
En el FARNESIO que yace

Sólo la virtud no expira,
Pues superior a la muerte
Allá con el alma habita.
Aun se venera en su fama,
En quien le sucede aun brilla;
Sin duda que se ha heredado,
O está como reflectida.
Logre en gloriosa mansión
Eternidad merecida,
Siendo imitación al mundo,
Desde donde amparo viva.
Y pues en ella tan grande
Héroe se inmortaliza,
Conságrese la memoria
Más a su honor, que la pira.

De D. Miguel de Mudarra y Roldán, primogénito
del marqués de Santa María, y capitán de infantería,
del batallón de esta ciudad.
En elogio del celo del Ex.mo señor
marqués de Castelfuerte, virrey de estos reinos.
SONETO.
No Aníbal, ni Scipión el africano
Dieron más lustre a Marte en la campaña,
Que el héroe, cuya cuna, que Ebro baña,
Si el Tiber fuera, de él pendiera Jano.
Terror del alemán, y del britano,
Pudo en Villaviciosa en una hazaña,
Infundiendo su sangre vida a España,
Animar la corona con su mano.
Emula a Marte astrea generosa
De aciertos su bastón rigió fecundo
En Cerdeña, y Cantabria belicosa;
Mas su amor a Felipo es sin segundo,
Pues su celo en sus glorias no reposa,
Y a sus penas consagra un Nuevo Mundo.

Del mismo.
SONETO.

En esa ardiente luminosa pira,
  Que emula de su luz al sol compite,
  Es cada antorcha un eco, que repite
  Luciente elogio a la virtud que admira.
Túmulo es de FRANCISCO, que respira
  Esplendor, que en su ocaso solicite
  Triunfos, de que a lo eterno resucite,
  Y a erigirse ara el monumento aspira.
De la atroz Parca la alevosa mano
  Con su ley grave, en lo mortal precisa,
  Ejecutó en su vida lo inhumano.
Mas la memoria de su real ceniza,
  Como en la vida superó lo humano,
  En su horóscopo ya se inmortaliza.

De D. José de Vivar y Rocha.
SONETO.

¿Murió FRANCISCO? sí, lo sé, y lo dudo.
  (Común afecto en casos no esperados)
  Si alguno mereció privilegiados
  Fueros de no morir, ¿quién mejor pudo?
De su tijera Cloto al filo agudo
  Maldice ya, y sus hilos mal cortados.
  Luto visten los hados lastimados,
  Y arrepentidos forman dolor mudo.
¿A quién no toca el llanto? Llora Astrea;
  De cólera guerrera llora Marte;
  Llora Parma a su duque sin segundo,
Llora España, y Perú; porque se vea,
  Que, aunque el dolor al orbe se reparte,
  Sobra dolor para otro Nuevo Mundo.

Relación del auto de fe celebrado por el Sagrado Tribunal del Santo Oficio de la Inquisición… en el día 12 de julio del año de 1733

PROLOGUE

> Mi cargo es escribir, y así no puede ser censura el escribir.
> *Lima inexpugnable*

FROM DOCUMENTS THAT VICEROY Castelfuerte (1724-1736) entrusted to Peralta to write a tribute to his government, Peralta produced what may be considered his most socially responsive historical work, *Relación del estado de los reinos del Perú que hace el Excmo. Señor don José Armendaris, marquis de Castelfuerte*, contained in *Memorias de los virreyes que han gobernado el Perú*. The *Relación del estado* provided an intimate, unique look at the problems of governing a large colonial kingdom and its territories; the report was to be passed on to successive regimes. Peralta collated Castelfuerte's materials and tailored the text under Castelfuerte's direction. As the regime's spokesperson, Peralta lent a certain dramatic flair to the numerous historical and social issues of that complicated government. The *Relación del estado* detailed problems such as quelling tenacious disputes between rebellious nuns over the election of a new mother superior; uprisings by disobedient magistrates; riots in Oropesa instigated by the mestizo Alejo Calatayud, which led to his death by dismemberment; corruption in the Inquisition tribunal and numerous skirmishes that Castelfuerte had with members of that body; the emotional events leading to the execution of José de Antequera in 1731; and answering complaints lodged against subaltern administrators.[1]

---

[1] Excoriation and scorn were reserved for those who trafficked in illicit commerce

During his viceregency Castelfuerte was highly critical of the Inquisition, whose workings he called into question and before which he defended his authority. Of those grave conflicts Peralta voiced: "No hay suceso más molesto en un gobierno que el encuentro de las jurisdicciones porque no hay otro más delicado ni más recio. Cada una, como si el mandar no fuera carga, quiere extender su espacio y hace privilegio del hombre la distancia. Esto se ha manifestado en algunos casos que se han ofrecido durante mi gobierno" (*Relación del estado* 85). One such case involved Castelfuerte's successful role in correcting an order of excommunication that Fr. Luis de Cabrera, an agent of the Holy Office, ordered against a magistrate of Huamanga in an act that ignored the treatment that royal laws stipulated be observed in proceedings against judicial ordinaries.

Another was a noisy case in which an agent of the Holy Crusade threatened a priest of Quiquijana, in the bishopric of Cuzco, with excommunication because, when the former was forbidden to use the chapel to celebrate mass, he had the priest arrested and deprived of his parish. The Santo Oficio sided with the priest in citing that secular agents of the crown could neither arrest nor subject to excommunication any ecclesiastical personage, while the Tribunal of the Holy Crusade cited that priests could not attach to themselves priviliges not extended to them by the Santo Oficio. The

---

which ruined the economy, and for the aristocracy, whose vices set bad examples and contaminated every level of society.

Peralta provides an extensive account of this sensational but by no means unique rebellion that took place in 1730 when in opposition to a majority of votes cast in favor of reelecting Mother María de las Nieves Fernández Maldonado as abbess, archbishop Morcillo intervened, nullified the election, and hinted at a schism. He favored the election of Mother Cueva. The two nuns squared off with their separate camps on each floor of the building, locked the doors to all traffic, including food purveyors, and in doing so impeded the ingress and egress of numerous servants. The political intrigue lasted for two more years and came to an end with the installation of a new abbess in 1732, but only after the archbishop had petitioned Viceroy Castelfuerte for infantry and for mounted soldiers to open the barricaded nunnery. Luis Martín's detailed account (1983, 270-79) of this power struggle differs from Peralta's interpretation (*Relación del estado* 1736, 3:74-75).

Jorge Juan y Santilicia and Antonio de Ulloa (1978, 171-72 and 1953, 347-48) offer an analysis of Antequera's fate and Castelfuerte's response, as does Peralta (*Relación del estado* 1736, 3:294-318).

matter was adjudicated before Castelfuerte and despite a royal edict issued in September 1729, the case was further complicated by a volley of missives between the disputing parties and the viceroy and between Castelfuerte and the king, before it was finally settled in 1732. What that case exemplified was the bitter rivalry that existed between religious and secular bodies, and particularly the religious institutions themselves. It also represented a precedent for which Castelfuerte took credit: "Fue ésta la primera vez en que por mi cuidado se estableció esta sala, dejando a este real gobierno fundada la nueva regalía de esta superioridad: determinóse en ella el caso a favor de la jurisidicción real" (102).

In triumphing the cause of royal privilege and patronage, Castelfuerte had his will upheld by another series of royal edicts, including extant laws covered in the Recopilación de Indias, that granted him permission to check the conduct, nomination, and salary of prelates, despite the protests of the bishop of Huamanga. Of his heated contest with priests, Castelfuerte wrote: "No advierten cuanto se quitan de la autoridad resistiendo la del Rey... Así he conseguido conservar intacto el derecho del Real Patronato para cuya observancia es tan grande el rigor que se manda aplicar; manifiéstalo así la misma ley que concluye sus órdenes con estas palabras: 'Y nuestros virreyes, audiencias y justicias reales procedan con tanto rigor contra los que faltaren a la observancia y firmeza de nuestro patronazgo'...." (110).

Inquisitors had reason to fear the viceroy's wrath for they had not forgotten how he had imposed his presence in the tribunal chamber for the 12 July auto. That auto was celebrated against the backdrop of said enmity between the viceroy and the Holy Tribunal. Castelfuerte sought to revive the precedent of the viceroy maintaining a seat on the tribunal as royal representative to the Inquisition; the custom had been ignored for many years before his arrival. This action he saw as a way to remind the tribunal members to render fair justice as ordered by the Council of Trent and to recognize "la superioridad y facultad que para ello tiene el vicepatrón, como lo hicieron a veces mis antecesores; a pesar de lo cual les coge muy de nuevo y se les hace intolerable el yugo de esta sujeción" (Relación del estado 1736, 69). Citing the lack of adequate funding to hold the auto in the plaza, as was customary, the inquisitors thought to convene a private trial. The fiscal's reply that the auto-da-fe would indeed take place at the Church of Santo Domingo and not in the plaza because of financial concerns only encouraged the viceroy's desire to be present. When the exact date of the auto was made known to Castelfuerte, he responded that he would attend and offered to send a squadron of militia and the Audiencia. Castelfuerte was invited to this closed ceremony but was asked to appear incognito and to witness the trials behind shutters, which he refused to do: "determinó asistir al referido, acompañado de él mismo y de los demás tribunales nombrados en la citada ley, con la más pública y más majestuosa ceremonia que se ha practicado en semejantes sagradas ocasiones" (*Discurso isagógico*, fol. 30). Armed infantry were dispatched to guard the church against the unruly crams. Castelfuerte arrived amidst much pomp and ceremony, accompanied by his pages, secretaries, and a private army of halberdiers, along with the Audiencia, the Cabildo, and the members of the Treasury in tow; he was preceded by richly clad soldiers bearing arms, soldiers on horseback who carried rifles and bayonets to contain the curious onlookers who had gathered outside of the church, and a parade of priests. Prisoners were entered in rows of twelve. The pomp and circumstance was nothing compared to the hostility the viceroy engendered when he appropriated one of the three red velvet seats reserved for the senior inquisitors (Medina 1887, 2:287-89).[2]

Determinó después el Santo Oficio celebrar un auto público de fe en la iglesia de Santo Domingo, y advirtiendo mi celo el tiempo que había

---

[2] Mendiburu, without documenting his sources, recounted this event in a different light. He stated that no only did Peralta actually appear before the Tribunal but that Castelfuerte accompanied him with infantry and two canons and placed a watch on the table to mark a one-hour interval, at the conclusion of which his infantry had been instructed to lay siege to the building if he had not emerged. There is no documentation to support this fanciful claim.

The role of the viceroy was specified in chapter 26 of a series of legal accords reached in 1610 between Inquisition and civil officials.

Y porque en el Perú, cuando hay auto de la fe, siempre se ha acostumbrado que el virrey ha ido acompañado de la Audiencia, ciudad y caballeros, y entre en el patio de la Inquisición, donde están aguardando los inquisidores, y allí toman el virrey en medio, cuando hay dos inquisidores, y si uno solo va el virrey a la mano derecha y el inquisidor a la izquierda, y por el mismo orden se asientan en el auto, y acabado, vuelve el virrey con los inquisidores hasta la Inquisición, y dejándolos en el patio de ella, se va a su casa con el mismo acompañamiento. Y mi voluntad es, y mando, que esta orden se guarde de aquí adelante, así en el Perú como la Nueva España, no embargante que en la Nueva España haya habido diferente costumbre. (Boleslao 1950, 81)

pasado desde la última asistencia pública de los virreyes hasta el presente, haciéndola solamente secreta dentro del tribunal portátil, que llaman jaula, cuyo transcurso era tanto que no se hallaba memoria en los que actualmente vivían de fundición semejante; habiéndose consecuentemente borrado la de la preeminencia debida a la representación real, y dispuesta por la ley de la concordia, me pareció muy conveniente asistir en público al auto referido, haciendo con esta solemnidad una nueva concordia de majestad y religión, de veneración al Santo Oficio en obsequio de la fe, y de superioridad en la representación en testimonio de la regalía. En cuya relación no me detengo aquí, pudiendo V. E. servirse de velar, con toda individualidad de sus circunstancias, en las que formalmente hice imprimir y poner en el archivo del Real Acuerdo. Con cuyo acto se manifestó por mí y por la Real Audiencia cuan distante ha estado siempre el deseo de conservar la jurisdicción real del de disminuir la del santo tribunal; y al contrario, cuan cerca han vivido el derecho y el efecto en nuestros ánimos. (*Relación del estado* 117-118)

Despite the fact that Castelfuerte had sanctioned Peralta to write the *Relación del auto* ("Y que sería muy conveniente que quedase a la posteridad, al lado de la gravedad del mismo hecho el recuerdo de la ceremonia"), two inquisitors, Cristóval Sánchez Calderón and Diego de Unda, who had for some time before its publication been under scrutiny for their heavy-handedness in prosecuting cases and for ordering unprecedented numbers of autos to be held, thought that they had been the target of criticism in the *Discurso isagógico*. The inquisitors, who also took exception to being upstaged by Castelfuerte when he displaced their seating arrangement to favor himself, sought to block distribution of the *Relación del auto*, in part because it did not carry the approbation and endorsement of Inquisition and church officials. The statements expressed in the *Discurso isagógico* that engendered inquisitorial wrath read:

Comúnmente se juzga en estos actos que sólo es memorable lo terrible; y aquel fuego que devora los cuerpos es el que perpetúa las noticias… Mas no es esto lo que quiere la fe. Más bella está serena que irritada, y no está menos plausible con la vara con que perdona que con el rayo con que aterra. Ojalá que esta acción sea tan eficaz en el ejemplo que no sea necesario el ejemplar. Y esto es lo que el alto dictamen de S.

E. ha deseado en esta *Relación...* Si he pasado los términos del mero hecho, podrá perdonarse al celo de la pluma (fol. 65).

The inquisitors saw fit to question the tone of the *Relación del auto* and what they adjudged to be disrespectful references to their authority. When the tribunal members returned the *Relación* to Castelfuerte, they presented their weak case against Peralta in a letter dated 18 November 1733. In part, it read: "Y aunque en él [el cuaderno] se contienen algunas proposiciones que se han hecho reparables, no ha sobrevenido denunciación de ellas, en medio de que hemos oído han causado alguna disonancia;... no hallamos en determinación de mandarlo recoger.... Que dejen correr el impreso de la relación, y que si hubiere denuncia, se reciba y se dé a calificar, y hecho, se vea y vote, y sin ejecutar se remita" (Medina 1904, 2:372-73). However, it was later decided best not to proceed with bringing a case against Peralta, in light of the "pernicious consequences" that might occur were Castelfuerte to vent his wrath and in the belief that the public might misinterpret the charges as having been pressed in envy of the author's fame.

> Pues, con ocasión de haberse notado en la *Relación* algunas proposiciones que 'se habian hecho reparables' estuvo a pique de ser encausado, debiendo su salvación sólo a que por haber trabajado de orden del virrey, los jueces no se atrevieron a procesarlo, teniendo se siguiesen 'perniciosas consecuencias, por no haber de persuadirse se hacia por causa de las proposiciones, sino en odio de que corran públicos sus simulados aplausos.' (Medina 1887, 2:299)

The Holy Tribunal deemed that the charges against Peralta were strong enough to have them submitted to Madrid for further examination: "En el Consejo se ordenó, sin embargo, que las proposiciones se calificasen y votasen, y sin pasar a vías de hecho, se enviase el expediente a Madrid." However, the viceroy intervened in the matter and the impending case against Peralta was dropped. The decision not to ban the book was restated in a letter dated 13 August 1734.

On yet another occasion in 1738, when Peralta no longer enjoyed Castelfuerte's protection, he was brought before the Inquisition and directly faced Calderón. Calderón was one of the inquisitors who examined Peralta's *Pasión y triunfo de Cristo* (1738) and who saw in it collective affirmations that were "escandalosas, falsas, blasfemas y heréticas." In that work, Peralta had placed quotation marks around certain phrases as if they were the true words of Christ. Since his was an æsthetic liberty, he was critized for not being a theologian and, although menaced with prosecution by having his case sent for examination to Madrid, ultimately saw charges against him suspended. The Inquisition opted to correct ambiguous expressions and to permit the book to be published. Calderón was one of the three inquisitors who narrowly found in Peralta's favor.[3]

The centrality of Calderón and Unda in Inquisition proceedings that preceded and postdated the 1733 trials is perhaps best exemplified in a celebrated case that occurred only three years later, which centered around María Francisca Ana de Castro, an accused "judía judaizante," who was the last prisoner and Jew burned at the Inquisition stakes on 23 December 1736. Of the thirty-four autos-da-fe solemnized in Lima between 15 November 1573 and 17 July 1806, before the Inquisition was abolished in 1812, her trial has been the most celebrated in the historical annals of the Inquisition of Peru.[4] Her controversial trial was tainted by the documented official misconduct of

---

[3] The Yale University Beinecke Library copy of this rare book carries the handwritten inscription "Corregido, expurgado, y enmendado por orden del Santo Tribunal de la Inquisición. Año de 1788," along with corrections and deletions in the margins of text. Riva-Agüero maintained that Peralta's convoluted prose came under inquisitorial scrutiny "no por espontáneo y sincero sino por presunción retórica y afectadísimos encarecimientos… que parecían coincidir con vestustas herejías griegas, contra el querer e intención del mismo escritor y el contexto de la obra" (1962, 2:214-15).

[4] Much of what was known about her cause was the subject of Pedro Bermúdez de la Torre y Solier's *Triunfos del Santo Oficio peruano* (1737), and was culled from documents that predated the burning and sacking of the archives at the Biblioteca Nacional del Perú during the Chilean occupation in 1821 and the fire in 1943, as well as from the national archives of Chile, Peru, and Madrid. Bermúdez used as his model Peralta's 1733 *Relación del auto*. Speculation within the historical records that had surrounded her case was lifted by a critical study and publication of an obscure manuscript entitled *Relación del auto grande de la Inquisición que se celebró en la plaza grande de Lima el día 23 de diciembre del año de 1736* (see Williams, "A New Text in the Case of Ana de Castro: Lima's Inquisition on Trial," forthcoming in *Dieciocho: Hispanic Enlightenment*) that provided an eyewitness account of the trial and intimate details about Castro's life and the circumstances that surrounded others who were prosecuted with her.

Calderón and Unda. What is known authoritatively about Castro is that she was a native of Toledo, twice married, nearly 50 years of age, beautiful, cultivated, and an accused Jew. Her beauty earned her the sobriquet *la bella española* from noblemen, and *Madama de Castro* from townsfolk. Indeed, it was alleged that she had even marketed her favors to one of the viceroys, and that her arrogance was such that she celebrated mass from the street inside her carriage. One of her dissatisfied lovers was said to have seduced her maid and introduced a crucifix underneath Castro's mattress, for which he denounced her before the Inquisition for the crime of whipping an image of Christ. Representatives of the law were dispatched to her home and found the image in question among her bed linen. When Castro's case was reported to the Supreme Council of the Inquisition in 1726, she was voted to relaxation with torture and held until the 1736 auto. During her years of imprisonment, she was given 20 audiences in order to confess but was ultimately led to the secular arm of the Tribunal and its flames for execution amidst public applause. Despite Castro's cries and her many confessions, Calderón, in an act of uncompromising severity, had his disposition prevail and even enjoined viceroy Villagarcía, Castelfuerte's successor, from interfering in the proceedings. Her case and that of two Jesuit priests, Francisco de Ulloa and Juan Francisco Velasco, who were burned in effigy, revealed that the Inquisition in eighteenth-century Peru was not only rife with corruption, but was also challenged by public opinion and viceregal authority.[5]

---

[5] Although Ulloa died in November 1709 in Santiago, he was nonetheless labeled a practitioner of Molinism. He had a following of 30 devoted nuns, all of whom were denounced and prosecuted on 14 June 1710 by the Tribunal. Ulloa was accused also of being a dogmatizer of Luther and Calvin. Ulloa's trial is covered in full in Medina (1887, 2:331-75). The notoriety of Castro's case was equated with the political trial of Peruvian patriot José de Antequera and the infamous prosecution of Portuguese Jews in Lima a century before, notably Manuel Bautista Pérez and his brother-in-law, Sebastián Duarte, in 1635 (see Medina 1887, 2:47-165 and Boleslao 1950, 135-52).

In 1635 the Inquisition began a repressive campaign of sequestrations and forfeitures against Jewish merchants of Portuguese descent. It culminated in the great auto of 1639, known as the *complicidad grande*, in which all but two of the accused 63 prisoners (61 men, 2 women) were Portuguese Jews. Manuel Bautista Pérez, a prominent esteemed merchant and a native of Seville of Portuguese extraction, arrived in Lima between 1620 and 1622. In addition to being a cultured patron of the arts, bibliophile, and donor to the University of San Marcos, he was also the spiritual leader

The Castro affair was but the beginning of many legal and political troubles for Calderón. Although little is known about his private life, he did appear before the Inquisition to argue a lawsuit that involved two family members: *Representación que por vía de recurso hace Sánchez Calderón, inquisidor más antiguo en el Tribunal... al Supremo Consejo de la Inquisición... para el más pronto remedio por medio de sus sobrinos* (1733?). The 1736 auto occurred at a time when Calderón and Unda caused a scandal by sleeping with Magdalena and Bartola Romo, daughters of the town jailer, Francisco Romo Angulo, who is cited in the *Relación del auto*, folio 43. Calderón and Bartola had several children; he educated three daughters (known as "las inquisidoras") in the convent of Santa Catalina. This private scandal notwithstanding, the receiver Ilarduy accused Calderón and Unda of mismanaging funds and profiting from the fines they imposed as inquisitors; Ilarduy tried to bring about Calderón's downfall by sending to Spain his son-in-law Felipe de Altolaguirre with 100,000 pesos in bribes. Other charges against Calderón were that he had spent 5,000 pesos decorating his rooms, that he failed to inspect the jails as required, and that he distributed gifts in patronage to undeserving friends of questionable character. Both inquisitors were upbraided by the Supreme Council and threatened with dismissal if they did not follow inquisitorial procedure and continued to scandalize the honor of their offices. The inspector general appointed to settle the matter, Pedro Antonio de Arenaza, was himself accused with Altolaguirre of trafficking in foreign goods and slaves, yet they were supported by the Jesuits, who held Calderón in contempt for his actions against the good names of Ulloa and Velasco. Arenaza arrested both Unda and Calderón and searched their dwellings for sequestrated property; the latter sought to have Arenaza relieved of his post and threatened to shoot him. After

---

or *capitán grande* of Lima's Jewish community. In Lima he established a clothing emporium that enjoyed worldwide trade and became a major co-distributor of imported goods with his partner and brother-in-law Sebastián Duarte. When the partners had their goods sequestrated, their fortune had already reached 462.615 pesos before the Inquisition paid their creditors. Bautista was seized on 11 August 1635 and protested his persecution by presenting more than 30 witnessed who testified to his origins as a natural baptized citizen of Spain and asked that he not be included with Jews and converts under the Inquisition laws. At age 46, he was relaxed along with Duarte and several relatives, but not before he tried to commit suicide in his cell. On the way to the gallows he gave Duarte an "ósculo de paz" but never confessed to his accusers.

Calderón tried in vain to bribe Arenaza, the viceroy Count of Superunda gave Calderón 10 days to leave town. Calderón and Unda were reinstated in April 1747 and reentered the city in triumph. After Superunda met with Arenaza, Calderón, and Unda, the sequestration was lifted. Unda died on 27 May 1748 after a visit to the Romo daughters; Calderón refused to attend the funeral. Arenaza and Amusquíbar both invoked the Ulloa case in prosecuting Calderón and Unda. The Supreme Council, guided by Amusquíbar's prosecution, suspended Calderón until he answered charges of improper conduct in handling the cases of Castro and the Jesuits. By 1762 the Supreme Council had finally revoked the charges against Velasco, and by 1764 Calderón was dead.

Calderón served as an "esteemed" inquisitor during a number of autos. In *Triunfos del Santo Oficio peruano*, Bermúdez de la Torre y Solier placed him as a central magistrate of the Holy Tribunal, whose importance he defined as: "Es hoy un vigilante Argos de muchos ojos, un fuerte Briareo de cien brazos, y un respetuoso Gerión de tres unidos cuerpos en los muy ilustres señores doctor don Gaspar Ybáñez de Peralta, del Orden de Calatrava, don Cristóval Sánchez de Calderón, y don Diego de Unda y Mallea [señor inquisidor fiscal]; hacen que se veneren a un tiempo en cada uno el Hector y el Eneas del poderoso imperio de la fe" (1737, 38).

Perhaps the strongest testimony on record of Peralta's intense feelings about the inconsistencies of official censorship and the frustrations it created for writer and reader alike are best reflected in certain revealing lines found in the prologues of *Historia de España vindicada* (1730) and *Lima fundada* (1732). In the former text, Peralta was aware of the criticism that he would attract for undertaking such a monumental work, particularly if it were judged to fall short of its aim. He knew that he was to be at the mercy of strangers whose approbation he needed, and believed that censorship placed both critic and writer in an untenable situation.

> Pero conózcase también, cuanto necesita el que juzga de acertar, que no es menos difícil   censurar juicioso, que escribir perfecto. Imaginan, que van libres de riesgo, los censores, sin advertir, que parte la crisis de arduidad con la obra, y que el juez es muchas veces reo de la causa. Nunca me he persuadido que he de agradar a todos, que sería pensar que podía conseguir el genio lo que hasta ahora no se ha conseguido la razón. Sólo deseo que me pase en cuenta de servicio el celo, y que en la cumbre inaccesible de la perfección, se me perdone, por la nobleza de aspirarla,

toda la debilidad de no obtenerla… Si no fuera por la grandeza del asunto, huyera más del aplauso que de la censura, porque aquél es peligro y ésta puede ser paciencia… Y así cada uno atienda a lo que se dice, no al que dice; y vamos juntos; que yo soy el primero a quien me escribo, y el primero que me leo. Sobre todo, pido a los que me acompañaren una misericordia de crisis, para darme un perdón de devoción. (*Historia de España vindicada* 15)

Thus, a writer's climb toward perfection exposed him to the fragility of thought of censors who were themselves more prisoners of the system they defended than those they prosecuted.

Peralta knew the vague principles by which censors operated. When he wrote the following lines about the need for self-censorship, it was as if he had been able to foresee the censorship of *Relación del auto* and *Pasión y triunfo de Cristo* after their publication:

Que no hay quien pueda entender a los censores, pues los mismos que juzgan que no puede haber sublimidad con muchas reglas quieren que no pueda haberla sin cumplirlas todas: Que a un mismo tiempo lo llano les es bajo y lo sublime es afectado, y les disgusta de la misma manera lo seco y lo fecundo. Y viendo que este horror iba a poner impedidos los ingenios y a dejar viudo el mundo de las musas, vencí el terror y emprendí la obra. Y porque en el recuerdo de las leyes ya expresadas no habré hecho más que ponerme a acusaciones, si no las he cumplido, iré dando razón, no del acierto sino del deseo. (*Lima fundada*, prólogo)

In the end, Peralta scoffed at the use of censorship as a means to protect history from crises: "En muchos es un asilo de la debilidad, que pasa a las obras su imposible; un recurso de la emulación, que les afea su hermosura; o una superstición de la delicadeza que les condena hasta el acierto" (*Lima fundada*, prólogo). In combating the terror of censorship, the author recognized that he left himself open to criticism but argued that to refrain from writing would be the greater fault. Prudent and moderate criticism was a means between error and impossibility; the greatest human perfection was no more than one imperfection less erroneous than another. Both writer and the public could content themselves with flaws contained in a work as long as the message was not lost. Even in Homer, reasoned Peralta, one could uncover imperfections that were hidden by his brilliance. As a writer his dissatisfaction with reprobatory mandates could be said to have obeyed "a moral-didactic impulse" (Bloom 1979, 21) which led him to call upon the censors' conscience and sense of justice.

The *Discurso isagógico* pleaded the case for viceroy Castelfuerte's authority and royal mandate in the face of inquisitorial discontent and presented reasons why the Inquisition tribunal should be subordinate to his authority. Peralta depicted Castelfuerte as a pious politician who was guided by his unwavering obligation to govern, the purity of his faith, and his belief in God and in his subjects, from whom he derived his true power. He was above all else a defender of Catholicism who compared favorably with other rulers before his time—notably Sisebutus, Flavius Suinthila, Siculus, El Cid, Minaya, the monarchs Ferdinand and Isabella, and Charles V—whose actions repelled the advances of impure faiths and infidels to safeguard their kingdom and whose deeds had been celebrated by ancient and modern historians, in particular Joannes Vasaeus in his *Chronici rarum memorabilium Hispaniæ* (1552). Spain had set the example for other Catholic nations by use of force in impeding its shores from being contaminated by foreign doctrines and had to its credit given birth to a singular list of great saints who had battled heretics as well as outstanding heroes such as Cortés, Columbus, and Pizarro who had conquered a New World to extend Spain's religious campaign, where "México y Cuzco son lámninas de sus victorias y oblaciones de su protección." Those soldiers of the cross in Peralta's view were in part responsible for the birth of twins: the New World and Spain's Inquisition. The Holy Tribunal was the fortress of Catholic faith presided over by devout ministers who, like shepherds, shielded their flock of believers from the stray wolves who inhabited the wild kingdom of infidelity. The Inquisition was thus born against the very backdrop of heresy which had pitted Athanasius against Arius, Saint Cyril against Nestorius, Saint Jerome against Origen, and modern theologians against Luther, Calvin, and Jansen. As an arm of the faith, the Inquisition exacted obedience and did not need to resort to threats to have its intention prevail. Thus, Peralta not only invoked the names of defenders of Christianity and Roman Catholicism to reinforce Castelfuerte's authority, but also stressed the viceroy's steadfast loyalty to the new Bourbon monarchy, which itself sought greater control over the Inquisition.

It was the seemingly quiet nature of the 1733 auto that Peralta chose to stress and the fact that punishment for the twelve accused did not end in their death but rather amounted to whippings, exile from three to five years, confiscation of property, and being paraded through the streets wearing a *coroza* or cone-shaped cap as part of their ultimate shame. The auto stood apart and was to be memoralized in history by Peralta's pen for having achieved two feats: the viceroy's act of reclaiming before the Inquisition the legal authority "según lo dispuesto por la ley ya citada" that belonged to his office, and the exemplary nature of the sentences. Ten of the prisoners abjured de *levi*, one de *vehementi*, and the other was absolved ad *cautelam*. Of the seven men and five women, 5 were *mestizos*, 3 *negros*, 2 *mulatos*, and the remaining two a Spaniard and a Genoese; 6 were accused of polygamy and 6 of some form of sorcery or witchcraft.[6] In brief, the prisoners, their crime, and abjuration were:

María de la Cruz, alias la Fijo, de *casta negra*, age 36; witchcraft (*de levi*); formerly processed in 1717 for the same crime.

Joseph Nicolás Michel, Spaniard, grammar instructor of children, over 28; the use of black magic and having said mass 40 times without license (*de levi*).

Pedro Sigil, *mestizo*, laborer, age 40; idolatry and sacrifice of llamas to his idols; (*de levi* but absolved ad *cautelam*).

Calixto de Herazo, *mestizo*, farmer, age 30; poligamia (*de levi*).

Juan Domingo de Llano, alias de Espinola, of Genoa, age 33 años, surgeon; polygamy (*de levi*).

María Atanasia, *negra criolla*, slave, age 29; polygamy (*de levi*).

Manuel de Jesús, alias Zahoga, *negro de Guinea*, slave, over 70; sorcery (*de levi*).

Juan Joseph de Otarola, *cuarterón de mulato*, freeman, over 40, embroiderer; polygamy; (*de levi*); processed in 1715 for false testimony.

Juana Caldera, *cuarterona de mulata*, freewoman, over 30, tradeless; superstition and witchcraft; (*de levi*).

María de Fuentes, *mestiza*, over 36, weaver; polygamy (*de levi*).

Francisco de las Infantas, *mestizo*, over 40, farmer; polygamy (*de levi*).

Sebastiana de Figueroa, *cuarterona de mestizo*, over 60, spinner; heresy, evildoing, murder (*de vehementi*).

---

[6] Teodoro Hampe Martínez (1998) presents data showing that between 1700-1749, the majority of crimes were for witchcraft (84 cases), bigamy (70), and heresy (68). Witchcraft was a crime of the lower classes while heresy was practiced mainly by the white population of *criollos* and Europeans; bigamy, he asserts, resulted from social mixing. Also see Levaggi (1997, 157-230).

As explained by Bermúdez de la Torre y Solier (1737):

> La abjuración *de vehementi* y la *de levi*, son convertibles y recíprocos los términos de violenta y vehemente; y por esta razón, no estando ya en uso la de violenta sospecha, sólo se practican las tres, y de éstas la abjuración en forma es la que hacen los que se hallan convictos y confesos del crimen de la herejía. La abjuración *de vehementi* hacen los que cometieron tan grave delito por que el mismo hecho causa vehemente sospecha de haber incurrido en el de la herejía. Y esta abjuración tiene el mismo efecto que la formal, en cuanto se sujeta el que la hace a que, si repite el delito, se le ha de castigar como relapso. La *de levi* es la que hacen los reos por delitos que introducen leve sospecha de herejía con actos semejantes a los que suelen hacer los que la siguen, como son los polígamos, los rebautizados, los que celebran sin órdenes y otros semejantes (*Triunfos del Santo Oficio peruano*, 81).[7]

In Peralta's view the 1733 auto was a triumph of faith in which mercy over condemnation to death had prevailed and in which the grave nature of punishable crimes was met with compassion. The proceedings and the outcome underscored the inconsistency of how crimes were adjudged and penalties inflicted, particularly when compared with the cases of Ana de Castro, Manuel Pérez Bautista, and others trials that had attracted undue attention and had passed into the annals of Lima's Inquisition. When Peralta's account is studied against the backdrop of the cases against Ana de Castro, Sánchez Calderón, and Pérez Bautista, it also underscores the grave nature of a problem from which the Inquisition could not escape: "the image of the Lima tribunal as relatively inactive and inefficient, detached from vigilance in matters of faith and oriented instead toward promoting the commercial and financial interests of its own members" (Hampe Martínez 1996, 43). The auto of 1733 was proof that not only was the Inquisition in Peru more concerned with the correction of evil practices (and failed to ideologically unify the country), but also sought to enforce jurisdictional over viceregal authority in civil and ecclesiastical matters.

---

[7] Millar Carvacho (1998) notes that the Tribunal often imposed sentences of *de levi* on those who abjured *de vehementi* (250).

RELACION

DEL AVTO DE FE

CELEBRADO POR EL SAGRADO TRIBUNAL
del Santo Officio de la Inquisicion de estos Reynos
EN LA MUY NOBLE, Y LEAL CIVDAD DE
Lima, Capital de esta America Austral, en el dia 12.
de Julio del Año de 1733.
A QVE ASSISTIO EN PVBLICO
Con la Precedencia de su Real Representacion,
EL EXCELENTISSIMO SEñOR
DON JOSEPH DE ARMENDARIZ, MARQUES
de Castelfuerte, Comendador de Montizon y Chiclana
en el Orden de Santiago, Teniente Coronel del Regimiento de las Reales Guardias Españolas de S. M. Capitan General de sus Reales Exercitos, Virrey, Governador, y Capitan general de estos Reynos del Perù, Tierrafirme, y Chile: Con la Real Audiencia, y el Cabildo, y Regimiento de esta Ciudad.
Escribiòla de orden de S. E. conforme à las noticias que
se dieron por el del mismo Santo Officio, con vn Discurso Isagògico sobre la Gloria de la Fè.
EL D. D. PEDRO DE PERALTA BARNVEVO Y RO-
cha, Contador de Cuentas y particiones de esta Real Audiencia y
demas Tribunales de esta Ciudad por S. M. Cathedratico de
Prima de Mathematicas en està Real Vniversidad, y Contador de esta Santa Iglesia Metropolitana.

Impresso en Lima: Por Francisco Sobrino, en la Calle
Real de Palacio, Año de 1733.

Relación del auto de fe celebrado
por el Sagrado Tribunal del Santo Oficio
de la Inquisición…
en el día 12 de julio del año de 1733.

[fol. 2] Costumbre ha sido tan plausible como necesaria en todas las repúblicas, y en todos los siglos, escribir las acciones singulares que han tenido; como que éste es un orden que mira a los dos fines de publicar a los presentes su noticia y su ejemplar a los futuros. Así se hacen unas leyes de estilo que a un tiempo son hechos, son testigos, y sentencias en las causas de la fama y de la imitación. Y si es tan útil aun en aquéllas que sólo tocan a la grandeza de un estado, ¿qué será en las que pertenecen a la grandeza y a la religión? ¿Y qué será en aquéllas que no sólo pertenecen a la grandeza y a la religión sino que, siendo de esta clase, se hallan tan olvidadas que parece que en ellas la distancia del tiempo se hace carencia del suceso, y esta misma, duda de la práctica? Por esto, no habiendo en los que hoy viven ni en los que han vivido muchos años ha, memoria alguna de los autos de fe solemnizados con la asistencia de señores virreyes, Real Audiencia y Cabildo, no del modo de su individual ejecución en muchas circunstancias de ceremonias no prevenidas por la ley real que de ellos trata (donde sólo se pone lo absoluto de las principales), las cuales todas dispuso nuevamente S. E. como se dirá; ha parecido a su alto dictamen ordenar que se hiciese esta *Relación* para que se logren tan loables, [fol. 3] tan necesarios y superiores fines como los referidos. Y respecto de que funciones de fe tan especiales, y tan poco vistas en partes tan poco antiguas en el orbe católico, respecto de sus primitivos moradores, parece que requieren mayor expresión, debiendo con tres proporciones de razón corresponder a la singularidad del hecho la de la narración, a la pompa de la solemnidad la extensión del discurso y a la naturaleza del país la exaltación del asunto; ha parecido también hacer el exordio que precede a la misma *Relación*. Muchas veces es conveniente al fervor lo que es menos necesario a la noticia. No hay cosa más sabida que la ley, y ninguna hay más precisa que la exhortación. La oración más larga no sale de los términos del ruego, ni la ofrenda más numerosa desagrada a el ara. ¿Qué daño hace el dardo el aguzar la punta, ni al fuego el añadirle combustible? ¿Qué prejuicio se le sigue al altar por extenderle el templo? En fin, si con todo esto se juzgare prolija la pluma, sobre poco diestra o tal vez poco propia en los vuelos, súfrasele el buen celo y hágasele a la fe este otro obsequio de hacerle también captiva la paciencia.

DISCURSO ISAGOGICO, O PREVIO.
GLORIA DE LA FE
I

En los negocios del gobierno de los hombres siempre ha sido el de la religión el superior de sus cuidados. Deidad y adoración fueron inseparables en su creación: y así nació la fe en la cuna de la omnipotencia, y el hombre al mismo tiempo que fue hechura, se hizo culto; su misma inspiración fue su noticia y el mismo hacerlo imagen lo hizo ofrenda. La desgracia fue, que a aquella ceguedad feliz de creer trastorno la infeliz ceguedad de quebrantar, de donde le siguió, que del altivo deseo de saber fue castigo la vil miseria de ignorar y del apetito de ser dioses fue permisión el olvido del mismo verdadero.

[fol. 4] Siempre ha estado diciendo Dios y publicando, que es; y las tres leyes han sido tres clarines de su eterna existencia, conque imitando la religión a la deidad, ha sido su fe en unidad de Iglesia una trinidad de adoraciones. Pero aun demás de esta divina luz, obscurecida ya en los hombres, quedó en ellos aquella natural con que ni en las más rudas gentes el conocimiento de la mayor de las esencias los condujo aprestarle el mayor de los respetos, de suerte que el traslucirse de la divinidad fue el origen del diseñar el culto. Principio es este inmortal de los mortales. Ven el mundo como un inmenso padrón de su hacedor, de que ellos mismos son letras vivientes, y aquella interior ciencia de no haberse ellos hecho se les hace noticia del autor con que la evidencia de ser se les forma introducción de conocer y en ellos se hace prueba la nada de la omnipotencia. Así quedó en los hombres el interior conocimiento de aquel Dios, sabido e ignorado, hallado y no tenido, impreso y no leído, unido y separado. Esta es aquella claridad que, aunque admirable, no acaba de ser luz en Platón, estuvo nublado en Cicerón y permaneció inútil en Séneca: ingenios cuyo aplauso es un lamento de la admiración. Esta es aquella adoración que daba Atenas al dios no conocido, en que el apóstol de las gentes halló eficaz arma con que herirlos, valiéndose de la ignorancia para la noticia, como ellos se habían valido de la noticia para la ignorancia, esto es, de una confusa luz para una incierta fe; ignorancia excusable, si la tuvieran de lo incomprensible y no la mantuvieran de lo cierto, siendo el culto de un numen inmenso una ciencia de adorar, cuyo primer principio es no saber. Por esto han sido siempre el horror de la naciones y los siglos los que ignoran o niegan a la deidad. Tales fueron aun a los mismos étnicos los impíos Diágoras y Teodoro, los detestables Luciano y Lucrecio, y el infeliz Protágoras Abderites, que indagó de suerte a los de Atenas que ni su país sufrió su persona, ni el fuego perdonó sus libros.[8] Humanos, que son los brutos de los hombres y los salvajes de los réprobos. Conocieron el mismo término y las sendas con que el mundo perdido, a fuerza de credulidad, se halló sin fe. No le quedó al demonio estrella en la esferas, inventor en la artes, héroe en las naciones, ni aun bruto en los campos, o sabandija en las malezas en que no escogiese para hacer su imagen con que con una transformación de infierno hizo tinieblas de las mismas luces, engaños de las mismas virtudes y, al contrario, de las más bajas abominaciones altos númenes. Así Apolo se veneró dragón en Delos y lobo en Licia: Júpiter fue carnero en Libia, y Serapis buey en Egipto. Tal vez en Africa fue numen el can, y en Persia el gallo; y en estas partes apenas quedó visible objeto que no fuese venerable ídolo. No hubo operación la más común del hombre, a quien no le tocase su deidad pues hasta en el sembrado y el barrido tenían el arado y la escoba sus altares, como lo fueron los

---

[8] Diagoras of Milos, Greek philosopher, flourished during the second half of the fifth century. Cicero referred to him as an atheist because of impious remarks in his works in prose, although others redeemed him as a blasphemer of Providence since he only ridiculed gods and popular mysteries, and later proposed a theogonic doctrine.

Theodore, Greek philosopher of the IV century, believed that religion and morality were a matter of pure convenience and social utility, and that moral categories were a man-made convention to control passions.

Lucian of Samosata, Greek author of satires and libels such as *Dialogue of the Dead*, *Dialogue of the Gods*, and *The Sale of Lives*.

Titus Lucrecius Carius (c.99 B.C.-c.55 B.C.), poet and philosopher, author of *De rerum natura*, a didactic and lyric exposition of the Epicurean system. He proposed that there was no reason to fear death or the gods because "man is lord of himself."

Protagoras of Abdera, Greek sophist who held that "man is the measure of all things," that all truth is relative to the individual who holds it and has no value beyond him, thus denying the possibility of relative knowledge and refusing to differentiate between reason and sense. Serapis, Egyptian god who later became identified with Pluto or Jupiter.

de su Scia y su Verrunda.[9] [fol. 5] Y andando por extremos, por imperarle todo aquel ambicioso de extender su averno, pasó desde el ignorar hasta el saber e introdujo sus hombres aun en los mismos resplandores de las ciencias. A la física y la astrología natural, magníficos palacios de la naturaleza, los hizo infames depósitos de la falsedad, y a los hombres; con las mismas hachas con que iban a penetrar aquellos camarines, los llevó a inculcar estos buhíos cuyas alhajas, colgadas por mano del pacto y del embuste, fueron los encantos, los sortilegios y las supersticiones. Artes, que sólo tenían por objeto al vulgo, que no entiende engaño alguno, y por maestro al demonio, que entiende de todos: famosas con el lustre correspondiente a sus autores, esto es, a un Cham maldito, a un Zábulo infame, a un Paseres ladrón, a un Simón blasfemo, a un Apolonio embaidor, y a toda la gran familia de estos impostores de que a carcajadas de fuego se ha reído tanto el mismo infierno.[10] Así quitó el demonio la honra a la sabia magia, deformándole el nombre, que sólo era de noble ciencia natural con la significación del vil error diabólico, y de la manera que de los ángeles formó demonios, de magos hizo encantadores. Tan lejos se desgaritó la adoración, que fue a dar más allá de las locuras y tan veloz se despeñó la memoria del criador que cayó más abajo del olvido.

¿Qué fuera, pues, del mundo, si Dios no hubiera mirado por su culto, conservando siempre la estirpe de su triunfante fe en la constante familia de sus justos, y en el divino imperio de su religión?

Pecó el hombre y fue arrojado del paraíso; pecaron después todos y fueron arrojados de la tierra. Apiadado Dios, dispuso en el primer castigo el seno, que después se llamó el de Abrahán en el abismo; y en el segundo el iris de las nubes en el cielo. Y como que a la tercera vez le iba todo el honor a su divinidad y toda la gloria a su bondad, paró en la indignación y se manifestó su misericordia de infinita. Dispuso, no el seno de Abrahán, sino su propio seno para enviar desde

---

[9] Scia, a small town in Euboea, probably in the territory of Eretia.

Verrunda (perhaps Berrundia), a mountain in the province of León which is abundant with bears.

[10] Zebulun, son of Jacob, who gave his name to one of the twelve tribes of Israel.

Simon Magnus, Samaritan sorcerer and founder of a Gnostic sect, who attempted to buy spiritual power from Saint Peter and the apostles. Hence the term "simony" for the buying or selling of any spiritual benefit for a temporal consideration.

Apollonius, governor of Coele-Syria and Phoenicia under Seleucus IV. He oppressed the Jews and was killed by Judas Maccabaeus.

él a su unigénito, no el iris de las nubes sino el iris de sus esplendores; y en competencia de diluvios, llovió en un justo inmenso una inmensa inundación de gracias y dio principio a la tercera fe. La sugeción de los elementos, la sanidad de las enfermedades, la resurrección de los muertos, la expulsión de los espíritus y en fin, toda la naturaleza declaró con su obediencia su dominio. El conducirle por su mano del sepulcro al mundo lo publicó el dueño de la vida, y el subir por sus pasos a la cumbre del cielo lo manifestó el dueño de la eternidad. No pudo dejar de ser fuerza infinita la que venció a la muerte, y vuelo inmenso el que saltó al empíreo. Así dejó a su fe en el archivo de la cruz poderes de milagros y testimonios de martirios, privilegios de dones y títulos de sabiduría, autorizados con los sellos de la santidad. Y así quedó la fe de [fol. 6] Cristo superior a la fe de Abrahán y a la de los profetas, como divino original de estas dos copias. Pero no sólo fue ésta anunciada por la voz de sus figuras sino que también tuvo sus predicciones entre las mismas gentes, siendo bien verosímil que dispusiese Dios que aquella fe que había de pasar tan plenamente a ellas se previniese a su noticia y que tuviesen el crepúsculo las que habían de tener el día, pues era el sol de la salud que, desde David, les estaba amaneciendo a todos. Así lo fueron los enigmas de las Sibilas y pudieron serlo los prognósticos de los oráculos, entre quienes el templo, que fabricado por los argonautas, contenía en su frente el de su consagración al humanado Verbo; la respuesta, que dio el de Delfos, de haber enmudecido por su nacimiento y el grito, que de la isla de Paxis oyeron los navegantes de haber muerto el gran Pan (autorizados por graves escritores), pudieron ser anuncios obligados de su fe.[11] Así aun la vaticinaron los poetas; no habiendo sido todo lo que cantó del mayor de los latinos de su Polión más que una predicción involuntaria de su religión, tan clara que, sin saber su lira lo que se cantaba, salió tan cabal en las voces, como no penetrada en los sentidos.[12] Aquel decir, (1) *que sucedía ya la edad prevenida por la Sibila; que nacía ya un grande orden de los siglos; que venía una virgen y volvían los felices reinados; que se enviaba del Cielo una progenie nueva; aquel invocar el divino favor para hacer, que naciese un niño en que fenecería la edad de hierro y se levantaría en todo el mundo una gente de oro; y que se librarían las tierras del*

---

[11] Paxi, two small islands (Paxo and Antipaxo) on the western coast of Greece, located between Coreyra and Leucas.

[12] Gaius Asinius Pollio (B.C. 75-A.D. 4), Roman poet, orator, and historian, established the first public library at Rome, made new works available to the general public, and wrote a history of the Civil Wars.

perpetuo horror de sus delitos; ¿no fueron tan propios vaticinios de la celestial
Virgen, del Hijo divino, de los siglos de gracia, de la nueva progenie de la iglesia,
de la gente de oro de sus justos, y de la redención del universo, que más que
predicción futura, parece realidad decantada de la fe? ¡Feliz canto de ignorante
Musa! Así, en fin, trasladada ésta del hebraísmo que la repelió incrédulo a las
gentes, que la recibieron resiguadas, fundó en su adoración todo su imperio.

Es, pues, la fe católica, en cuanto [fol. 7] es la virtud de las virtudes, el
aurora de la eternidad porque en ella es oriente de merecimiento lo que en ésta
es medio día de felicidad. Es la gloria de la tierra porque en ella se goza creído
lo que en el cielo declarado. Enigma conocido, obscuridad luciente, ceguedad
perspicaz y sugeción triunfante. Es a un tiempo la guía, el camino y la puerta de
la inmortalidad. Ella fue la energía con que la humildad de doce pescadores
convenció la altivez de infinitos filósofos, y el valor con que la debilidad de los
mártires superó el poder los tiranos, la vida de los justos y la doctrina de los
sabios; y la que sin armas rindió a los valientes y sin coronas venció a los
monarcas. Tan grata es a Dios, que a su título viven aun sus mismos enemigos,
sustentándose a cuenta del mérito el delito, y durando a expensas de la verdad
el mismo error. Pues de otra suerte, ¿para qué había de mantener tanto impío
aquel supremo autor, que anegó el mundo y abrazó un país, porque no halló
aun dos familias que lo adorasen ni cinco Justos que lo compadeciesen? Así toda
la prosperidad de la paz de Augusto le vino a merced del nacimiento de Jesús,
y todos los dichosos sucesos de Roma gentil fueron a cargo de la reciente iglesia.
La maravilla de la inmovilidad de los estandartes y de la caída de sus águilas, que
impidió la rebelión de Scriboniano, efecto fue de la entrada que en ella con San
Pedro hizo la fe.[13] La Britannia y el norte todo conquistado, influjos fueron de
la religión introducida, triunfando a costa de los perseguidos los tiranos. El
templo de Jano cerrado la sexta vez después de la ruina de Jerusalén (sangre
debida a la de Cristo) manifestó (como dijo Orosio, cuyo es lo referido) que hizo
la providencia el mismo honor a la venganza de la muerte que le había hecho
a la celebración del nacimiento.[14] El agua llovida del cielo al sediento ejército

---

[13] Scribonianus (Marius Furius Camilo, m. 53), Roman general and consul with
Domitian and governor of Dalmatia. Around the time of Claudius' rise, he had himself
proclaimed emperor for a while until his rebellion was crushed and he died in exile ten
years later (42).

[14] Paulus Orosius (c.385-420), a Spanish theologian and historian, visited St.
Augustine and chronicled the mistakes of Priscillian and of Origen. When Spain was

de Marco Aurelio y los rayos arrojados contra el enemigo, a los ruegos de un regimiento de cristianos (llamado por esto la legión fulminante), beneficio fueron de la fe; que no contenta con sustentar fortunas y mantener imperios, tejía laureles y labraba milagros a sus émulos: prodigios que hace Dios, o por llenarse de gloria con los que se reducen o por llenarse de justicia contra los que se obstinan. En fin, es la fe el asiento donde logra descansar la mente del reverente afán de no comprender. No habiendo proporción entre la criatura y el creador, entre una nada y un omnipotente, sola ella es la aritmética que aproxima lo inconmensurable [fol. 8] de una finita adoración a un Dios inmenso. Es la visión mística con que se ve Dios en su palabra y se goza en sus obras. Es la concordia de las contrariedades más incomprehensibles. Dígalo el modo con que supo componer en el sacrificio de Abrahán la contrariedad de la promesa del linaje con el precepto del cuchillo donde consiguió hacer una creencia, que sacrificaba, y una obediencia, que creía; y con que sabe unir en el sacramento del altar la contrariedad de la substancia que se adora con los accidentes que se ven; y en el género humano la de la fuerza del auxilio con el arbitrio de la voluntad.

Parece que no se hizo la luz más que para una imagen de la fe. Todo el semblante y todo el aire tiene en su esencia pues es una claridad obscura, que es lo más claro en el uso de sus dogmas y lo más obscuro en el ser de sus misterios. Se goza su esplendor y no se comprende; se creen los rayos que revela porque los dice el sol que los produce; se ven en ella las obras de la gracia y no se alcanzan los movimientos del auxilio; los efectos de sus maravillas son las pruebas de la verdad de sus principios; y en fin si la recibe la humildad, la alumbra; y si la intenta penetrar la presunción, la ciega. Por eso no son por, la mayor parte los herejes más que unos deslumbrados de la fe, que a fuerza de querer ser águilas quedan en búhos; y por juzgar ser linces, se hacen topos. ¡Oh, cuánto es el beneficio de la fe y de su vocación, siendo una gracia adelantada, una felicidad nacida, una ciencia heredada, una elección comenzada y una redención más obtenida!

En Dios, el primer cuidado de su providencia es inspirar esta divina luz, y en los hombres la primera obligación de su gobierno es mantenerla. En los

---

overpowered by the Vandals and Osorius was unable to return, he remained in Africa and wrote *Historiarum adversus paganos libri VII*, a history of the world since Adam until the year 417. The remainder of the history (a supposed continuation of St. Augustine's *City of God*) was written independent of other sources.

reinos, de la manera que debe ser el primer anhelo es esparcirla, debe ser el primer asunto el conservarla. Es el diamante mejor de las coronas y el más brillante broche de las púrpuras; la columna del edificio de una monarquía; el sello con que los príncipes, como primeros ministros de la divinidad, firman el despacho de su mayor gloria porque cuanto le ofende la impiedad que no lo cree, lo exalta la autoridad que lo asegura. (2) Es la correspondencia de los imperantes porque, de la manera que los reyes reinan por Dios, reina Dios por los reyes; el vasallaje que le rinden los soberanos, que en el trono de la religión le ofrecen imperios y le tributan majestades. Es la que le escribe aquel grande título de que tanto se honra, de *Rey de Reyes, y Dominante de los Dominantes*; y es el lazo que [fol. 9] ata la soberanía y la obediencia. De la unidad de la creencia en los pueblos nace la de la potestad en los monarcas. Por eso aun entre los étnicos fue la religión la primera piedra que pusieron los legisladores en la fundación de sus repúblicas, entre quienes fue el más célebre el piadoso Numa, tan acertado que ni la extrañeza del origen ni la dureza del pueblo pudieron alejarle el trono; y el templo que erigió la fe, (3) aunque errado, fue propugnáculo con que afirmó el poder. Veneran los pueblos al príncipe que venera al numen, y obedecen prontos al que juzgan que éste favorece. Así aclamaron al mismo Numa porque creyeron que comunicaba con Júpiter y Egeria; a Licurgo porque el Oráculo de Delfos le declaró el mejor; a Solón porque defendió la causa de su templo; a Pisistrato porque juzgaron que Minerva lo favorecía; y a Sertorio porque pensaron que lo inspiraba Diana.[15] Así

---

[15] Egeria, nymph who received inspiration from Numa Pompilius in an African forest. Her name has come to signify a secret adviser who is listened to.

The Spartan legislator Lycurgus restored order to his country with the authority of a new constitution, the Delphic oracle, and the help of influential citizens; little is known about his life. He was considered the founder of almost all Spartan institutions. The Athenian Lycurgus was one of the Ten Attic Orators and served as treasurer of the public revenue from 338 to 326 B.C. He was esteemed for his honesty and integrity in managing state finances.

Solon (c.639 B.C.-559 B.C.), Athenian statesman and lawgiver who brought an end to serfdom and opened the assembly to all freemen.

Pisistratus, Athenian tyrant whose power was founded on the cohesion of the rural citizens, whom he consolidated.

Quintus Sertorius (d. 72 B.C.), Roman General appointed governor of Farther Spain in 83 B.C. He was summoned back to Spain in later years by the rebellious Lusitani whom he united by founding a senate and a school for their sons, thus fostering

obedecieron a Zaleuco, a Minos y a Zoroastro por el culto que daban, y el favor que creían que les daba el cielo.[16] Tan eficaz es la fe, aunque cerrada, para la firmeza de los reinos: ¿qué hará la verdadera con sus luces, si tanto ha podido la falsa con sus sombras? Al contrario, la diversidad del culto ha sido siempre la ruina de los reinos porque la variedad del respeto al original no puede ser concordia en el afecto de la imagen. No se respeta aquel príncipe a quien los que no son de su creencia juzgan impío: no pueden ser fieles al que imaginan infiel porque para ellos no puede ser lealtad la acusación, ni majestad la culpa. Testigos de esto son los siglos: ¿qué males no causó por esto la discordia entre unos mismos descendientes de Jacob en Samaria, haciendo de sus templos sus baluartes, y oponiendo el de Garizim al de Jerusalén? ¿Qué daños no produjeron después en el romano imperio un Majencio, un Licinio y un Máximo, un Eugenio, que le hubieran acabado si la fe de un Constantino y un Teodosio no hubiera triunfado en ellos de la idolatría, de la herejía y la superstición?[17] ¿Qué sublevaciones no causó en España el mahometismo

---

a stronger national feeling among local leaders. He is regarded by the Portuguese as a patriot.

[16] Zaleucus, Greek lawgiver who codified Greek law. His code embodied the *lex talionis* [eye for an eye] and other severe measures reflected in code of Draco.

Zoroaster (c.628 B.C.-c.551 B.C.), Greek teacher and prophet, founder of Zoroastrianism. His name is derived from the Greek form of Zarathushtra [Zarathustra].

[17] Maxentius (Marcus Aurelius Valerius), d. 312, Roman emperor (306-12), son-in-law of Galerius, and son of Maximian, upon whose retirement he came to the throne. His luxurious lifestyle and inattentiveness to duty resulted in an attempted coup by Serverus and Galerius, and his subsequent overthrow by Constantine I.

Licinius, Valerius Licinianus, Roman emperor born of peasant stock in (new) Dacia, perhaps in 260 A.D., became a close friend of Galerius. On the death of Galerius he and Maximinus raced to acquire Galerius' territories. Licinius obtained those in Europe and faced Maximinus across the Bosporus; war was averted through negotiation. He formed an alliance against Maximinus with Constantine. Maximinus invaded Europe and Licinius defeated him, taking over his Asiatic territories. At Nicomedia on 15 June he informed his subjects that they had agreed on toleration for all religions, including Christianity, and that confiscated Christian property was to be restored. At the time Christian writers considered Licinius a Christian; though he prescribed a monotheistic prayer for the army, his later career shows that he was no convert. Knowing that Constantine would never be happy until he was sole ruler, and suspecting that his own Christian subjects were disloyal, he embarked on a perfunctory persecution. The uneasy peace was broken when Constantine attacked in 324. Licinius

pertinaz?¿Qué tragedias no hizo representar en Hungría, en Bohemia, en Alemania, en Flandes y en Francia la herejía, haciendo tumultuar el norte contra el norte y, vuelto éste en una Farsalia de la Europa, combatir con iguales banderas el cristianismo con el cristianismo?[18] Ruinas todas causadas por aquellos traidores de pluma que con levantamientos de opiniones, obligando a derramar más sangre de almas que de cuerpos, han hecho imitación del estrago temporal [fol. 10] de las repúblicas del sempiterno de las almas.

II

Por eso ha sido siempre el mayor desvelo de la España la conservación de la pureza de la fe y la sangre de los mártires que la regaron; y la doctrina de los concilios que la cultivaron, la hicieron desde el principio la heredad más fecunda de la religión. Así puede decirse, que es mies sin alzaña, campo sin maleza, cristal sin maneha, llama sin humo y, en fin, mar sin escollo en que le choque y cielo sin nubes que le ofusquen. En ella la herejía no hace oir silbos de sus sierpes en los bosques de sus conventículos, ni ocultarse los áspides de sus doctrinas entre las hojas de sus libros, ni ensangrentarse las fieras de sus impíos con los estragos de sus vicios. Primero dejaría de ser España, que pura: antes se despoblaría que se infestase; como se ha visto, cuando sus reyes antes la han querido diminuida que mezclada y antes han resuelto minorar de vasallos que abundar de impuros, confiando, que si faltasen hombres, se harían españoles de los ángeles y pasaría España de monarquía a cielo, y su corona de poder a gloria. ¿De esta suerte, siendo la religión en los monarcas godos sol de fe que brilló más claro después de las nieblas del terror, y creciendo ellos gigantes de celo, apenas

---

surrendered and was sent to Thessalonica, where he was accused of plotting and executed in 326.

Maximin (Galerius Valerius Maximinus), d. 313, Roman emperor (308-13), is also called Maximin Daia. After the death of Galerius, he joined forces with Maxentius and opposed Emperor Licinius and Constantine I. He was defeated by Licinius.

Eugene (d. 394) became Roman emperor in a conspiracy against Valentinian II. Eugene became emperor of the West and Theodosius of the East. His support of paganism caused Theodorius to defeat and decapitate him.

Theodosius I (Theodosius the Great, 346?-395), Roman emperor, was a distinguished military ruler under Gratian. He murdered Valentinian II and condemned Arianism and paganism.

[18] Pharsalia [Pharsala, Pharsalus] was the city where Caesar defeated Pompey in 48 B.C. Lucan in his epic poem *Bellum Civile* described the battle.

nacidos de católicos, desquitaron la arriana mancha con la pureza española de suerte que no permitieron en su reino ni aun la vista de la judaica perfidia. Así lo ejecutó Sisebuto, haciendo que el ardor tocase en el confín de la violencia.[19] Así lo hizo Flavio Suinthila, celebrado por esto de los padres del Concilio Sexto Toletano, que hicieron que esta pureza fuese juramento previo de la majestad[20] Así el más sabio de los Filippos expelió de sus reinos aquella peste mauritana, que los inficionaba; y por no hacer una hoguera de un estado, ya que no quemó un ejército de Apostatas, los fulminó, arrojándolos por rayos de sí mismos con que se privó de trescientos y diez mil vasallos. Ejemplo que siguió el más pacífico Filippo porque lo que se juzgó remedio y escarmiento no fue lo primero porque quedaba el mal, ni lo segundo, porque no quedó el temor; y ni uno ni otro, o porque la clemencia en los que se perdonan los endurece para vengar a los que se castigan, o porque el vicio es flaco de memoria para el rigor, y robusto de fuerzas para el gusto. Por esto arrancó toda la raíz al daño, exterminando del todo aquellos pérfidos que con manos apostatas tapaban con el Evangelio el Alcorán, y disfrazaban la luna con la cruz. Arrojó sobre el Africa sus mismos monstruos, llegando su número a más de doscientas mil personas al costo de otros tantos ducados. De esta suerte perdieron por la fe uno y otro [fol. 11] monarca tantos súbditos porque quisieron más ser menos poderosos que menos católicos; y el ser reyes de infieles les era un desdoro del poder, que sufría, como si algo faltaran, a los que, teniéndolo, faltaban mucho más. Así

---

[19] Sisebutus, Visigoth king of Spain (612-621) and sucessor in 612 to Gundomar, prince of the Burgundians, was aided by Suinthila in dominating the rebellious Basques who, later in 778, stopped Charlemagne in the Pyrenees. Gundomar was proclaimed king of the Visigoths of Spain following the death of Witerik in 609, year in which in Toledo he presided over a Council that carried his name.

[20] Flavius Suinthila (d. 634?), duke and later king (621-631) of the Visigoths of Spain, was one of Sisebutus' best generals. He was elected and ruled for 10 years, after Recared I, son of Sisebutus, had reigned but several months. He is credited with improving the justice system and helping the needy, for which St. Isidore referred to him as the "Father of the Poor." The Franks under their king Dagobert I (629-632) helped Sisenando (631) against Suinthila (621-631), under whose reign the Byzantines were expelled and the Basques subdued, and he later came to occupy Zaragosa.

The Sixth Council of Toledo occurred in 638 after the death of Suinthila. The last four chapters of the Council address the divine power of the king and the punishment of dissenters, and stipulate the innate property and titular rights of the descendants of kings.

puede decirse por nuestra España sin agravio de las demás naciones católicas que no tiene Dios en la tierra mejor trono, ni mejores apartamientos sus ministros, siendo ella aun más iglesia que corona, y sus reyes, más protectores de la fe que soberanos; antes más soberanos como protectores. Toda puede tenerse por un templo cuyos altares son las ciudades y cuyas oblaciones son los hombres. En ella no está el respeto de la Iglesia como cortesía, ni la obediencia sufre la disputa, despreciándose las conveniencias del estado por las atenciones de la religión. En fin, ningún grande vicio hay en ella de carácter propio, habiendo muchas grandes virtudes de genio nativo.

Y aunque en los primeros siglos de su iglesia se infamaron Marcial y Basilides (obispos de Mérida y Astorga) con la nota infeliz de libeláticos (nombre que se daba a los que sin torcer con público paso da Cristo a los ídolos, lo hacían secretamente en el libelo o memorial que presentaban), fue tal el empeño con que depusieron los católicos, que habiendo recurrido a San Cipriano en el África por su consejo jamás, aun penitentes, fueron restituidos, conque fue mayor lustre en ellos la vigilancia de la pureza que desdoro la culpa de los lapsos.[21] Si de España nació un Prisciliano, que bebió del gitano Marcos el veneno gnóstico, fue tan exacta la diligencia en impugnarlo que, como religiosa madre, lo extrañó constante, haciendo que fuese un desvanecer la filiación el repeler el parto, pasando a tanto que el exceso del celo en Ithacio (que obtuvo de Máximo su capital castigo) se hizo entonces exceso de culpa contra la eclesiástica costumbre.[22] Si la infestó la arriana perfidia para esa peste ajena tuvo en sus fieles bastante fuerza el propio antídoto, fue padecida, no incurrida; y fue en ella más el mantener contra el trono infecto el vasallaje puro y dar de un golpe tres grandes santos y un rey mártir (como lo fueron un Leandro, un Isidoro, un Fulgencio y un Hermenegildo) que haber tenido en su país aquel contagio extraño, introducido con la fuerza, y destruido después con la doctrina.[23]

---

[21] St. Cyprian, Father of the Church and bishop of Carthage (c.248), campaigned for the authority of the bishop as the unifying element for the Church of Rome in *De unitate ecclesiae* and against the baptism of heretics or schismatics. His martyrdom was occasioned by his persecution of Valerian.

[22] Priscillian (d. 385?), Spanish statesman, bishop of Avila, suspected of Gnostic leanings. His death was ordered by Roman Emperor Maximus for practicing magic.

[23] Arius, a Greek heretic and writer whose doctrine gave rise to Arianism and subsequently Nestorianism and monophysitism. Arius preached that Jesus Christ was

Ella ha sido la patria de los defensores de la fe, cuyo carácter dejó a sus reyes, en genealogía de católicos, la sangre de aquel rey mártir; y a sus pueblos, en descendencia de santos, la constancia de tantos Justos que la han mantenido. De ella salió antiguamente un Toribio para combatir la referida secta prisciliana; un Leandro para destruir la arriana; y en tiempos más modernos, un Domingo para arruinar en Francia la albigense en cuyo celo vio aquel reino el primer origen que dio al Santo Tribunal, este glorioso progenitor de su instituto cuyo ejemplo hubieron seguido las demás [fol. 12] naciones, a no haber la impiedad restituido este freno a su desorden porque sus errores son ceguedades que huyen el colirio, y sus vicios son llagas que repelen el remedio con que, avenidos los hombres con su estrago, a llama descubierta aman su infierno; y la ambición, el deleite y la obstinación, mantienen lo que han inventado: el despecho, la vanidad y la ignorancia.[24] De España, en fin, salió un Ignacio en quien, de la manera que en tiempos más antiguos produjo Dios grandes santos contra grandes herejes, dio el glorioso ascendiente de los mayores sagrados héroes que han combatido contra aquellos dos lobos del averno, que tal destrozo ha hecho

---

a supernatural creature, not human or divine.

Saint Leander (d. 598?), bishop of Seville and brother of St. Isidore, was exiled by the father of St. Hermenegild but continued to fight against Arianism and for the Catholic unity of Spain.

Saint Isidore of Spain (c.560-636), encyclopedist and bishop of Seville who aided in the extirpation of Arianism among the Visigoths. He is known for two principal works, an encyclopedia of knowledge called *Etymologies* or *Origins* and an early history of Spain, *Historia de Regibus Gothorum, Vandalorum et Suevorum.*

Saint Fulgencio (d.619), Visigoth bishop of Ecija, brother of Saint Leander and Saint Isidore.

Saint Hermenegild, Visigoth prince who came to the throne with his brother Recared in 537. He converted from Arianism to Catholicism and after rebelling twice against his father King Leovigild (m. 586), was beheaded near Tarragona. His life is celebrated on 13 April.

[24] Saint Toribio (d. 563) combated the last manifestations of Priscillianism which espoused asceticism as the true form of life. Emperor Maximus put bishop Priscillian of Spain to death for practicing magic.

The Albigenses, also known as Cathari, were a (heretical) religious sect that flourished in France towards the XII century near Albi, France. Pope Innocent III organized a crusade against it in 1209. They held the coexistence of good and evil, the soul and the body, light and dark, etc., and believed that Jesus only seemed to have a human body.

en el católico rebaño, deteniendo la ruina, que pudiera haber sido mayor en el edificio de la iglesia, y fijando la tiara en la cabeza de la fe. Servicios, que tan gloriosamente han continuado, como lo publican los gemidos del quietismo descubierto y del jansenismo contrastado, siendo sus grandes obras muros de luz contra baterías de tinieblas, y sus desvelos máquinas de terror contra los asaltos del engaño. Por lo cual le puede decir con más razón de esta famosa monarquía lo que cantó el poeta de su Berencintia; esto es, ¡qué brilla ilustrada del séquito de tantos hijos cuantos lucen por la fe habitadores de la eternidad! *Centum complexa nepotes, Omnes Cœlicolas, omnes supera alta tenentes.*[25]

A la fe, pues, es a quien sólo les debe su glorioso imperio, habiendo sido ella la recuperadora de su propio país y la conquistadora de los que se añadió. Ella fue la que se peleó por los Alfonsos, y en las Navas y el Salado les rindió muertos al costo de cerca de veinte españoles, doscientos mil moros. Ella, la que hizo huir de Carlos Quinto en el Danubio al mahometano donde pareció que no había venido su soberbia más que para hacer ver una pomposa fuga, y un temor magnífico. La que con un rapto de celo lo encendió en tan noble furor contra un príncipe que en la Dieta de Augusta habló mal de la religión católica y del Papa, que, tomando el puñal, le dijo: *Que como Carlos y no como emperador, aventuraría su vida y castigaría con aquel puñal semejante desvergüenza.* Cólera heroica, que lo hacía vengador personal de los agravios de la fe. Ella, la que triunfó con el de la herejía sobre el Albis donde el sajón rebelde pagó bien la enseñanza de su torpe heresiarca, y donde un santo crucifijo abaleado le había sido antes tierno espectáculo a sus lágrimas, y valeroso auspicio a sus alientos; tan eficaz, que habiéndole formado la victoria aquella injuria, mejoró la celebrada cláusula del César, diciendo: *vine, vi y Dios venció.* Ella fue la que combatió por el más prudente de los Filippos contra los rebeldes en el escalde y en el mofa, y la que sobre el Sena hizo entrar su socorro a los católicos donde el brazo del grande Farnesio fue el que le fijó el trono en París. Ella, la que le hizo decir, cuando [fol. 13] le aconsejaron la deserción de Filipinas, que *si no bastasen las rentas reales de aquellas islas y Nueva España a mantener una Ermita, (si mas no hubiese, que el nombre y veneración de Cristo conservase) enviaría las de España con que propagar su evangelio; y otras veces*

---

[25] Berencintia, sobriquet given to Cibeles in Frigia because in Mount Berecino she had a particular shrine (*Berencintia mater*); it also refers to the idol carried in processions to favor the fertility of the earth. The Latin reads: "She, surrounded by a hundred relatives, all the heavenly creatures, all containing the high gods above."

que, si el príncipe su hijo fuera hereje o cismático, diera él mismo la leña para quemarle: como que el celo de la Pele era un sucesor de otra corona que tenía jurado allá en la eternidad. Y en fin, ¡qué *sus designios en la guerra y sus ejércitos no se encaminaban a otra cosa que al ensalzamiento de la religión cristiana*: gloriosas fuerzas, armadas con el erario real de la piedad! Ella, la que hizo ver en Flandes tantos milagros militares a sus armas y la que en Lepanto hizo su golfo líquida sepultura de otomanos. Ella, la que al Piadoso Tercero le hizo triunfantes los auxilios que prestó a la Alemania católica contra la herética; la que en Praga hizo trofeo al palatino de sus tropas, y la que le persuadió exterminar los moros de su reino. Ella, la que al Grande Cuarto lo exaltó vencedor en la misma Alemania de Suecia donde hubiera sido toda Europa reliquias de las reliquias de Gustavo, si Nortlinguen no hubiera desquitado a Lipzic, haciéndolas despojo de su sacro hermano.[26] Y ella, en fin, la que al más invicto de todos los Filippos le adornó la corona, que le había colgado de los laureles de Villaviciosa, la que en el Africa le celebró en Centa las vísperas de Orán, y la que allí le dispone el día de la Mauritania porque sus armas desquiten en un quinto lo que malograron los elementos a otro quinto, haciéndolo el Scipión de los reyes castellanos con el mejorado renombre de africano con que hará tan fecundas de palmas las arenas de la Libia, como tiene de tesoros las minas de América. En fin, ella ha hecho a los monarcas españoles vencer lo más poderoso, rendir lo más inexpugnable, defender lo más débil, socorrer lo más desesperado y expeler lo más impío.

Esta es la que les supo dar un Nuevo Mundo, la que navegó con Colón, y conquistó con Cortés y con Pizarro. La cruz fue a un tiempo el norte, y el imán de aquel gran viaje: en la carta del Evangelio se halló el rumbo de aquella gran derrota, y sus primeras islas se encontraron en la altura del empíreo. Así fueron mellizos la Inquisición de España y el nuevo orbe; antes, éste fue parto de aquélla. Y aquel Señor, que da lo temporal por prometido de lo eterno y paga virtudes con intereses de grandezas, correspondió al celo de la fe en Fernando, tan puntual, [fol. 14] que a los catorce años de aquella fundación le dio este imperio. (*)[27] Remuneró con un descubrimiento a otro, con la diferencia de descubrir el uno errores (que eso es inquirir) para mantener purezas, y el otro haber descubierto regiones para trasplantarlas. Por esto ha merecido España

---

[26] Nördlingen was the scene of two battles in the Thirty Years War.

[27] Marginal note: "(*) Fundóse el Santo Tribunal en el año de 1478 y el descubrimiento de las Indias fue en el de 1492."

mayores elogios que otra nación alguna, aun de las plumas extranjeras: testigos, que no tacha la envidia y jueces, que no recusa el odio porque los tiene abonados el desinterés, y los ha privilegiado la verdad. Extraña fue la de Marineo Sículo, y no duda afirmar que es *en ella grande la religión, grande el temor de Dios, grande el culto divino, grande el cuidado en los prelados, y grande la obediencia en todos a la iglesia,* conque en todo el orbe de la tierra le da el voto de la *más cristiana.* (4)[28] Extraña fue la pluma de Juan Vaseo, autor flamenco; y haciéndosele pasión de la verdad, pasa la descripción moral de España a panegírico, ya celebrándola por la más observante de la religión cristiana, *por la que más constante ha mantenido* LA FE CATÓLICA *desde que una vez fue instruida en ella por la enemiga mayor de los herejes, contra quienes, si le ha faltado remedio, lo ha buscado fuera, como lo testifican las epístolas de San Cipriano; ya ponderando el celo con que destruyó los que la pretendieron estragar; ya exaltando el valor con que sus hijos resistieron las tempestades de las persecuciones que los intentaron separar de la firmeza de la* FE CATÓLICA *de que quedaron por padrones sus numerosos mártires, y sus concilios, esto es, el toletano segundo, el tarraconense, el de Lérida, el de Girona y el de Zaragoza; y ya afirmando ser tal la pureza de la fe en España, que conoció algunos, que llenos en otras partes de malas opiniones, se convirtieron en ella y detestaron sus errores.* (5)[29] Extraña fue, en fin, la pluma del más ilustre de los sacros intérpretes modernos, el célebre Cornelio; y haciendo gloria de su apóstol la gloria de la fe de España, y alabanza de España la alabanza de su mismo apóstol, aplaude *la obligación con que le debe el haber permanecido constante hasta hoy en la verdadera y ortodoxa fe de Cristo, de suerte que justamente se llaman católicos sus reyes, y ella es [fol. 15]* LA BASA Y APOYO DE LA FE *y la que ha propagado con eterna gloria de su nombre la fe de Cristo por las Indias de Oriente y Occidente.* (6)

III

Esta católica creencia, que floreció siempre en España, subió a su mayor auge con la instrucción de un tribunal en que se hizo custodia lo que era atención, y se formó empeño lo que era cuidado. Fue un sol, a cuyo cuerpo se

---

[28] Lucius Marineus Sicullus (¿1460-1533?), a Sicilian humanist who lived in Spain, taught at the University of Salamanca and composed *Historia del reinado de los Reyes Católicos.*

[29] Joannes Vasaeus (d. 1550) was the author of *Chronici rerum memorabilium Hispaniae* (1552).

redujo la luz, que antes vagaba esparcida en la esfera de la religión. Es este Santo Tribunal el propugnáculo de la fe, y la atalaya de su pureza; el tabernáculo en que se guarda el arca de su santidad; la cerca que defiende la viña de Dios, y la torre desde donde se descubre quien la asalta; (7) el redil donde se guarda la grey católica para que no la penetren el lobo del error, ni los ladrones de la verdad; esto es, los impíos y herejes que intentan robar a Dios sus fieles. (8) Es el río de Jerusalén celeste que, saliendo del trono del cordero, riega con el agua de su limpieza refulgente el árbol de la religión, cuyas hojas son la salud del cristianismo. (9) Sus sagrados ministros son aquellos ángeles veloces que se envían para el remedio de las gentes que pretenden dilacerar y separar los sectarios y los seductores. Cada uno es el que con la espada del celo guarda el paraíso de su inmarcesible doctrina, y el que con la vara de oro de la ciencia mide el muro de su sólida firmeza. Y si es lícito, que sirva a lo católico de símbolo lo que los étnicos fingieron realidad; puede decirse que todo lo que creyeron falso de su Hércules, de su Teseo, de su Argos y su Júpiter se halla en cada uno verdadero y excedido, admirándose con mejorado aplauso el vigor con que destrozan monstruos de enormes apostatas, la destreza con que penetran laberintos de enredadas herejías y, en fin, la vigilancia con que guardan la pureza, y la severidad con que fulminan el error.

[fol. 16] Descendiente ha sido del cielo este sagrado Tribunal: todos los demás son derivaciones comunes de la providencia en su gobierno; éste ha sido imitación de la divinidad en su erección. Y el mayor de los ángeles fue el primer delegado que, en el auto general que celebró la omnipotencia de su fe, convenció a los apostatas del cielo, desde cuyo castigo pasó de fuego en fuego la sucesión de incendio a las hogueras. Aun en la tierra fue el mismo Dios el juez supremo que hizo la Inquisición del mayor vicio, diciendo que *descendería a inquirir en persona el delito, que lo había denunciado el clamor, que llegaba a su dosel* (10) con que el mayor fuego que ha visto el orbe, ejecutó el auto de cinco ciudades. ¿Qué otra cosa fueron después los gobernadores y profetas de Israel sino mistios inquisidores de sus idolatrías? ¿Qué otra cosa hizo Moisés cuando quemó el becerro y degolló veinte y tres mil apostatas, que impactó de la mayor fe, donde condenó al fuego al mismo ídolo y relajó a la potestad de los levitas (11) a los reos? ¿Qué otra cosa hizo Elías cuando reduciendo a prueba de milagros la causa de Dios y formando del altar el tribunal, hizo que entre el fuego y el cuchillo se repartiesen la aceptación del sacrificio y el castigo de la idolatría, devorando el uno, grato, la fiel víctima y haciendo el otro, indignado, otra segunda de los reos (12), quedando cuatrocientos y cincuenta falsos ministros por escarnio de su Baal, para quien aun no fueron cenizas de su altar risible.[30] Ídolo sin vergüenza y demonio de piedra, que ni oyó los gritos de su invocación ni hizo caso de su propio culto. Incendio fue aquél que se prendió del corazón de Elías; que subió exhalación de celo y bajó llama de gloria; que ascendió fe y descendió evidencia. No fue menos solemne la función del campo de Sennacherib en que se relajó un ejército de asirios a la jurisdicción de un ángel, (13) que haciendo una garganta de las de ciento y ochenta y cinco mil idólatras, la cortó de un golpe, siendo a un tiempo el ministro y el cuchillo.[31] Ni fue menos famoso el acto del lago de Daniel [fol. 17] donde se vio entregado un consejo de sátrapas al brazo de los leones: (14) fieras de razón que, haciendo justicia de unos hombres fieras, con talión del estrago destinado a aquel grande profeta, fueron ejecutores del castigo de la impiedad y pregoneros de la fe del juez.[32] No fue inferior, como más universal y más durable, aunque menos sangrienta, la acción en que, condenada la nación judaica por su reincidente apostasía a perdición de reino y a prisión de pueblos, fue Babilonia la cárcel de Jerusalén: pena que ya había llevando antes en Nínive donde perdidas las diez tribus, fueron cenizas vivas esparcidas al aire del olvido: que así pagaban con las ruinas del estado las erecciones de los ídolos y con la servidumbre a reyes bárbaros el servicio de bárbaras deidades. ¡Oh, proterva nación, estirpe de la obstinación y reino de la ingratitud notada de dura cerviz por vuestro mismo dios: que justamente velan sobre vosotros estos sagrados Argos! Pues la que antes tantas veces fuiste ingrata a los beneficios y milagros, eres ahora pertinaz a los milagros y misterios. Ni el mar bermejo canteado en murallas de cristal, ni el fuego labrado en columna de esplendor, ni el agua tejida en pabellón de nubes, ni las nubes fundidas en urnas de maná, ni el aire hecho depósito de codornices, ni los montes vueltos en acueductos de peñascos, ni el sol fijado en orbe de oro, ni el Jordán cortado en estanque de plata, pudieron contenerte en las

---

[30] Elias [Elijah], Hebrew prophet who fought to destroy the worship of foreign gods and restore justice, e.g. his contest of faith with the priests of Baal in which he triumphed.

[31] Sennacherib [Senherib], king of Assyria (705-681 B.C.), known for waging many wars to defend his empire against the Chaldaeans and the Elamites. He captured Babylon and later constructed a magnificent palace at Nineveh.

[32] A satrap was a governor of a province (satrapy) in ancient Persia. Darius I gave them extensive powers. Alexander the Great replaced Persians with Macedonians and reduced the satraps' authority to lead troops and to issue coinage.

obligaciones de la fe; de suerte que aprendiendo entonces la misma obstinación de que huías, traías otro Faraón en cada hebreo. ¿Pero qué mucho si al mismo Dios, encubierto y descubierto en niebla al templo, le huiste el rostro y, dándote el precio de su omnipotencia tantas veces, le vendiste a Baal la adoración? Nación, proterva en faltar a la ley y proterva en cumplirla, pues cuando los milagros te la mandaban guardar, la quebrantabas; y cuando te la mandan desamparar, la observas; cuando los profetas te la persuadían constante, los matabas; y cuando te la advierten borrada, los resistes, dándoles mayor muerte en las predicciones que les burlas que en la sangre que les derramabas. Y es que no tienes otra ley que la de tu perfidia; llegando a tal extremo que, ya que no adoras los ídolos, idolatras con el mismo Dios; pues le minas el ara y le pones sobre falso el culto. Antes, y ahora, has sido y eres pertinaz; pero ahora más pertinaz y más infeliz. Antes eras pertinaz contra los milagros de una ley; y ahora contra los de dos. Antes [fol. 18] eras infeliz con las calamidades, pero te recobrabas por las misericordias; ahora lo eres por no existir de pueblo, aun para padecer calamidades, cuanto menos para lograr recobros. Ni la terrible ruina de tu corte, ni la vaga dispersión de tu gente, ni la obscura carencia de imperante (estado en que se ven los tuyos hechos pueblo sin pueblo, habitadores sin morada y vasallos sin príncipe) te avisan de tu culpa: y la profecía del mismo Mesías, que crucificabas, no oída te contuvo, ni te advierte cumplida. ¿Qué castigo es éste que no experimentaste, aun cuando tantas veces delinquiste? ¿Qué vivir es éste que no tienen aun las gentes, que más niega Dios? ¿No ves que tu pecado es preciso que sea el mayor, que no hay otro mayor que el de negarlo que el matarlo, y que el matarlo no pudo ser sino en un Dios hombre? ¡Qué justamente (vuelvo a decir) imita contra ti este sagrado Tribunal los castigos a que te sentenciaba el mismo Dios!

Así ha ejecutado siempre su justicia los más famosos actos de su fe. Hasta entre el gentilismo ha castigado Dios la falsa apostasía de los que o robaron sus templos o se burlaron de la presunta religión. Castigaba a un mismo tiempo la reverencia y el desprecio; la reverencia de lo que no debían creer y el desprecio de lo que creían. Mucho peca el que adora lo que debe despreciar: mucho más el que desprecia el adorar. A todo cuanto puede llegar el demonio es, a volverle contra sí, para exaltarle, persuadiendo para que más lo sigan, a que no lo adoren. ¿Qué pérdida no lloraron los atenienses por haber pretendido sacar de poder de los eginetas las estatuas de Minerva resistentes, con la osadía de tirarlas arrastradas? ¿Qué calamidades no padecieron los focenses por haber saqueado las alhajas del templo de Delfos? ¿Qué escarmiento no dejaron sus capitanes

Filomeno y Orchomeno, precipitando el uno y empalado el otro? ¿Qué estragos no sintieron los senones, conducidos por Breno, no ya por el robo, aun solamente por el intento del robo de las riquezas de aquel mismo templo, que parece que, como fue el blanco de los sacrilegios, se hizo el padrón de los castigos? ¿Qué desgracias no experimentaron Pleminio y sus cómplices por el hurto del tesoro de Proserpina en los locrenses?³³ ¿Qué horror no tuvieron los atenienses a Alcibíades, por haber presumido que había deformado las Hermas o estatuas de Mercurio?³⁴ Tan necesarios han sido siempre en el cielo y tierra, en todas leyes y en todas edades, la Inquisición y el castigo de las ofensas de la fe, pues mientras ha habido soberbia y ceguedad, han sido consecuentes rebelión y error. [fol. 19]

IV

Nació la Iglesia, y nació a su lado la herejía, o por mayor ilustración de la fe, o por mayor merecimiento de los fieles, o por mayor abatimiento del error. Si no hubiera combate, no hubiera triunfo; y si no hubiera triunfo, no hubiera exaltación. ¿Qué hubiera hecho el valor sin enemigos, fuera un esfuerzo retirado, de quien no hubiera sabido la fama? ¿Qué hubiera hecho la constancia sin contrastes, fuera una firmeza ignorada que no hubiera parecido de provecho al Mundo? Al roble, si no hubiera huracán, oculta se le quedara su solidez en la raíz. Al escollo, si no hubiera embates, callada se le estuviera su resistencia en el océano. La fe es muro a quien el vaivén, que lo sacude, lo asegura; nave a quien la tempestad, que la fatiga, la conduce. Así ha resistido, así ha permanecido, así ha triunfado, siempre robusta, constante y gloriosa. Así ha

---

³³ Pleminuis Quintus was put in charge of Locri Epizephyrii by P. Cornelius Scipio Africanus after its recapture in 205 B.C. He committed atrocities against the citizens and plundered the temple of Persephone. A dispute with two military tribunes led to his being almost murdered by Roman soldiers. Scipio left him in charge after an inquiry whereupon he tortured and executed both the tribunes and those Locrians who had complained to Scipio. In 204 the Locrians exonerated Scipio but Pleminus and his accomplices were sent to Rome for trial. In one version he died before the trial could take place, in another he was executed in 194 after plotting to commit arson in Rome and thus escaped from prison.

³⁴ In 415 B.C., while preparing for the expedition to Sicily as army commander, Alcibiades (450-404) was charged with attempting to overthrow the Athenian constitution by mutilating the busts of Hermes. He escaped to Sparta and later returned to Athens. Socrates, his teacher and lover, accompanied him in battle.

RELACIÓN DEL AUTO DE FE

querido Dios que el contraste de la falsedad haya sido una de las mayores notas de su certidumbre; habiendo sido cada herejía que se ha levantado una persecución de los entendimientos en que han sido los heresiarcas los tiranos, y los tormentos los errores. El demonio, que no podía hacer negar la santidad ni los milagros del Señor, pretendió disputarle los misterios. Ya que no podía ser ídolo, quiso quedar de maestro; y ya que no podía tener ara, abrió escuelas en que se hizo un heresiarca de todos.

Apenas le quedó vana agudeza, extraño delirio, ni torpe desorden de que no compusiese sus principios; y, lo que es más raro, haciendo a sus discípulos contrarios, los unía; y de la misma antinomía de los dogmas formaba los comprobantes del error. Así pretendió hacerse con las falsedades soberano de los entendimientos. Conocía que se fundaba contra él un imperio, que iba a destruir el suyo, tanto más poderoso que el de la antigua ley, cuanto iba de crepúsculo a día y de figura a original: que contra aquélla no había necesitado tantas fuerzas porque poseía de ordinario lo más de sus dominios en que sus pueblos, cada día rebeldes a su dueño, le daban la obediencia; y que en la nueva monarquía de la fe cada vasallo había de ser una provincia de virtudes poblada de propugnáculos de dones; y así avivó el furor y multiplicó las herejías. Sentir es de Cornelio, donde da la razón de haber sido éstas más numerosas en la ley de gracia que en la escrita. (14) Sus [fol. 20] principales jefes fueron la soberbia y la ambición y en casi todos los grandes heresiarcas, del despecho de no exaltarse, hizo principio de perderse, formándoles la cumbre no obtenida un precipicio pretendido con que a ciencia y paciencia de infierno se hicieron luego demonios adrede. ¿Qué impulsos despeñaron a Valentino, a Novaciano, a Arrio, a Aecio, y a Uviclef, si no los obispados que no consiguieron, pues como si la fe fuera la causa de su poco mérito, repelieron los misterios porque fueron repelidos de los puestos?[35] ¿Qué manos precipitaron a Teobutes, a Marción, a

---

[35] Valentinus, founder of the Gnostic sect of the Valentinians, flourished between 135 and 160.

Novation, Roman priest and antipope who opposed the election of St. Cornelius as pope and set himself up instead. He wrote *On the Trinity* as a refutation to the Gnostics.

Aecius the Atheist was born in Antioquia and died in Constantinopla in 336. Son of a soldier, he labored at many crafts (coppersmith, physician, philosopher, theologian) until he became a bishop. He was a supporter of Arianism, denied the existence of free will, and maintained that the actions of men were directed by fatality. Based on diverse

Montano, y a Lutero, si no las prerrogativas que no merecieron, vengándose de la repulsa con hacerse más dignos del desaire, y desquitándose de no obtener el premio con merecer la pena? Para levantar éstos, el primer empeño del demonio fue contra su mismo vencedor, el Hijo de Dios, negándole ya la divinidad con Cerinto, con Ebión, con los nazarenos y otros, ya la consubstancialidad con el Padre con Arrio; ya las dos naturalezas con Eutyches; ya las dos voluntades con los monothelitas; ya la encarnación y la resurrección con los procliniates; ya la realidad del cuerpo humano con los barulianos, que lo hacía celeste; y ya el alma con los apolinaristas.[36] Ya le afirmaba dos personas con Nestorio, ya le vale

---

beliefs of Jewish sects of his time, Theobutes formed a body of doctrine.

Marcion (d.160-170), Christian bishop and founder of the Marcionites whose heresy rivaled Catholic Christianity. His movement later influenced Manichaeism. His *Antithesis* advocated the suppression of Jewish law and postulated that there were two gods and that the creator God of the Old Testament was inferior to the merciful God of the New Testament. His teachings extended to Italy, Arabia, Syria, Armenia, Egypt, and Persia.

Montanism was a prophetic movement among Christians in Asia Minor. It emerged in Phyria, probably c. AD 172. Montanus is a shadowy figure, and his sect owed its growth to the prophetesses Prisca and Maximilla, who proclaimed the approaching descent of the New Jerusalem near the Phyrian village of Pepuza. Their message seems to have been purely eschatological, with a strong emphasis on the glory of martyrdom, the attainment of ritual purity by rigorous fasts and penances, and freedom from the encumbrances of daily life.

[36] Cerinthus, Jewish-Christian religious leader, whose doctrine reflects Gnosticism, Judaism, and the teachings of the Ebionites. He held that there was a Supreme Being, distinct from a Creator, and he distinguished between Jesus (son of God not born of a virgin but rather of Mary and Joseph) and Christ.

The Ebionites were a Jewish-Christian sect of Palestine, divided into two groups. The Gnostic Ebionites believed that as a spirit God, "Prophet of the Truth," was invisible to men; Judaic Ebionites regarded Jesus within the framework of Mosaic law as a prophet of miracles. The name "ebiom" in Aramaic means "poor."

Eutyches, archimandrite in Constantinople and sponsor of Eutychianism, who opposed Nestorianism and insisted that Christ's humanity was absorbed into his divinity and that to accept two natures at all was Nestorian.

The term *monotelismo* [sic] refers to the seventh century doctrine that admitted the two natures of Christ, divine and human, but only one divine will. In the Council of Calcedonia it established in a general manner the existence of two natures and two wills in Christ.

las otras dos divinas con los theopaschites publicados, que todas tres habían encarnado y padecido.[37] En fin, contrario así mismo, con unos como los manicheos, lo hacia incorpóreo; con otros, como los antropomorfitas, hacía a Dios corpóreo; con unos, como los tritheítas, persuadía tres dioses con las tres personas; con otros, como los deístas, sin tres personas un Dios solo: y así discurrió con otros mil contradictorios desatinos, haciéndolos combatir entre sí para vencer él solo por la seguridad de rendir a los mismos que por él peleaban, y por el deseo de rendir la fe.[38] Pero a él y a todos ha debelado ésta, tan gloriosa, que en sus triunfos sólo por las cadenas se sabe quienes fueron los vencidos. Y aunque duran esas voraces pestilencias del norte, que han hecho infiernos

---

The *procliniates* (*proclianitas*) was the term applied to heretics, residents of Galatia, Asia Minor, who flourished during the first centuries of the Church. They denied the resurrection of the flesh and defended sophistically that the son of God had reappeared on earth like the archangels Saint Raphael and Gabriel, with one apparent but unreal body. Referenced in the works of St. Augustine and Philostratus, they also provided an arbitrary interpretation to the four animals mentioned by Ezekiel.

Peralta's use of the name *barulianos* referred to the sect called Barula, analogous in its doctrine to that of Origen. They espoused that the soul was the first creation, that all souls had sinned at the same time; their doctrine sustained that the Son of God had taken a fantastic form.

Apollinarianism, after its founder Apollinari[u]s (c.315-c.390), bishop of Lacodicea, near Antioch, preached that the Logos substituted for the humanity of Christ but that, although divine, he possessed a human body and soul, not a human spirit.

[37] Nestor, abbot of Antioch, and former pupil of Theodore of Mopsuestia, was named patriarch of Constantinopla by Emperor Theodosius. Nestorianism held that Christ was two separate but united persons. Cyril opposed his teachings. Nestorianism engendered the teachings of Eutyches and Monophysitism.

The term *teopasistas* refers to sixth century sectarians who attributed the passion or suffering of Christ to divinity itself.

[38] Manichaeism, a developed form of Gnosticism founded by the Syriac speaking Babylonian Mani (AD 216-76). His doctrine was a religion of redemption in which dualistic myth provided a rationale for an ascetic ethic. A precosmic invasion of the realm of light by the forces of darkness had resulted in the present intermingling of good and evil, the divine substance being imprisoned in matter.

Tritheism refers to a doctrine based on the Trinity in which not only is there in God three distinct persons but also three essences or natures, and consequently three gods. The resurgence of this ancient heresy during the sixth century was due in part to the teaching of its founder, the philosopher Juan Filipón.

boreales sus provincias, la permisión de su permanencia es un castigo de sus impiedades, no defecto de nuestra pureza; y en la cárcel del mundo no se halla mayor pena del pecado que el pecado; porque las otras castigan temporales y éste solo aumenta las eternas con que en Dios suele ser la mayor indignación el sufrimiento. Así tiene el Señor otro modo de gloria para su justicia, que no diminuye la de su verdad: de suerte que en las herejías, que ha desvanecido, ha manifestado el poder de la fe y en las que tolera, está publicando la fuerza del castigo. Sin embargo, no ha sido tanta la paciencia que no les haya dado la providencia bastantes golpes para contenerlas: lleno está el templo de la fe de sus despojos y más lleno en el altar que toca a España. Y cuando antiguamente Arrio ocupó casi toda la tierra y acabó, mucho [fol. 21] menos dominan Lutero y Calvino hoy, y podrá ser que acaben. El mayor número de las más poderosas monarquías, el esplendor del imperio, la gloria de Roma, el decoro de las ceremonias, la grandeza del culto, la uniformidad de la creencia, la multitud de los santos, la ciencia de los doctores, la heroicidad de las virtudes, y la repetición de los milagros (aunque negados, manifiestos), todo está parte de la fe, a quien aun sirven los mismos herejes; siendo sombras, que en el gran lienzo del universo la relevan, o estímulos, que en la carrera de la inmortalidad la excitan, o impulsos que en el certamen de la verdad la ejercen o, en fin, precipicios a cuya vista se agradece más el beneficio de la guía en el camino de la vocación. ¡Qué gloriosamente se ha opuesto contra ellos la fe! ¡Qué impío género de hombres! Niegan una cabeza y siguen muchos; rehusan las interpretaciones de los santos y admiten las de los más perversos, repelen los concilios y aman los Conciliábulos: murmuran los vicios, que son de las personas; y cometen los que son de las personas y la religión; notan de herejes a los que siguen la unidad y el consentimiento universal (que esto significa la dicción *católico*) y blasonan de católicos, siendo la misma variedad; condenan de ambiciosos a los eclesiásticos, habiendo sido por la ambición herejes y habiéndose hecho los usurpadores de sus bienes. Se juzgan los mejores y son los que más entre si se vituperan habiendo entre ellos mismos herejes de herejes, con un proceso en infinito delirios sin ver cuantas señas tiene de monstruo ley de santos rostros. Son los samaritanos de la de Gracia que siguen a un tiempo a Dios y a Baal, a Cristo y al demonio, y tienen opuesto el Garizim de la predicación, a la Jerusalén de nuestra misa. Son iglesia sin pontífice, junta sin unidad, religión sin sacrificio, establecimiento sin regla, gobierno sin gobierno, orden sin orden. Ya les estuviera menos mal el ser paganos porque menos ofende el que, siendo extranjero, no respeta que el que, siendo vasallo, se rebela: aquél no cree porque ignora; éste, sabiendo, deja de creer. Vean a Jerusalén y vean a Constantinopla como han quedado miserables padrones, la una del castigo de la judaica obstinación y la otra de la herética perfidia; y vean siempre gloriosa a Roma, antes gentil, porque fue mucho mayor delito en aquella desamparar a Dios, creyéndolo, que en ésta el no haberlo creído, no conociéndolo. ¿Qué error más grande puede haber que el de la laicocefalia, en que admiten por sucesor de Cristo un rey hereje, y por sumo sacerdote un laico poderoso, y, lo que es más horrible, una mujer profana?[39] ¿Qué mayor desorden que el que cada persona componga una secta, sin advertir que este poco aprecio de la religión es un ateísmo enmascarado de opiniones? Poco creen que hay Dios aquéllos que no lo creen la verdad, y poco le creen la verdad los que juzgan que está en [fol. 22] partes contrarias; esto es formar una república de Hidras y un reino de Geryones.[40] Tan perversos son estos monstruos de la cristiandad. Si en el infierno hubiera puestos, tuvieran aun en el mundo celos de ellos los demonios, porque son mayores, pues éstos no tienen tanto aliento de llama para blasfemar ni tanta rebeldía de tormento para no obedecer, ni pueden negar como éstos los primeros principios de las verdades prácticas de Dios.

Por esto quiso la majestad divina que, aunque nació al lado de la fe la herejía, naciese también una nueva progenie de Inquisición; que tuviese por su Tribunal toda la Iglesia, y por ministros a todos los santos, dando a cada combate un vencedor. Así excitó contra Arrio un Atanasio; contra Nestorio un Cirilo; contra Orígenes un Jerónimo; contra Pelagio un Augustino; contra Abailardo un Bernardo, contra los albigenses un Domingo; contra Lutero y Calvino, y contra el quietismo y jansenismo los modernos doctores que han hecho y hacen de sus plumas los rayos con que fulminan estos tumultuantes encelados del

---

[39] This terms refers to the (heretical) system of conceding to lay persons the right to govern the church and administer sacraments. The term was prominent in England during Protestant reform when Catholics, faithful to Rome, were obliged to recognize Henry VIII (and later his daughter Elizabeth) as their spiritual leader, and emphasized the incompatibility of ecclesiastical and civil functions.

[40] Hidras, a water snake of Lerna, near Argos, child of Typhon and Echidna, was so poisonous that its very breath was fatal. It had nine heads, one of which was immortal, and for. every head that Hercules (as part of his 12 labors) cut off, two new ones arose.

Geryones was a giant with 3 bodies and mighty wings, who dwelt on the island of Erythea, in the farthest west on the borders of the Ocean stream. He had a herd of red cattle, which were watched by shepherd Eurytion and his two-headed dog Orthrus. He battled with Hercules and was killed by his arrows.

cristianismo.[41] Fue el primer apóstol el primero juez contra el primer hereje, el impío mago a quien, en el aire adonde con un remedo de ascensión volaba siéndole cada aromo un estrago, lo sentenció a la pena de despeño. Desde que subió, comenzó a caer; el que decide que comenzó a crecer, quiso subir. A Ebión condenó San Clemente, y contra sus errores fueron ministros Eusebio, San Augustín, y otros. La iglesia, rebozando de gracias, no respiraba más que mansedumbres (nuevo cielo, que no usaba los rayos del antiguo) y así, como si se viviese sólo de entender, limitó entonces los castigos de los herejes a no comunicar, sin permitir a la potestad secular el castigo merecido porque aun en los que ya habían estipulado la creencia en el baptismo, no quería que pareciese la obligación violencia. Deseaba que la muerte sólo se destinase para testimonio de la fe, no para pena del error. Hallábase de huésped la fe en el universo y como no le conocían todo el rostro, no quería que la juzgasen menos bella, ni que lo pudiera ser enojo en los propios, pareciese ira a los extraños. Los rayos de la fe sólo eran de luz y no de fuego; los golpes sólo eran toques y no ímpetus; los impulsos eran imanes y no cuerdas. Esclarecía, no abrasaba; movía, no hería; atraía, no arrastraba. ¿Qué dijera el infierno, si entonces la fuerza lo domara y se dominara el error por el poder cuando el divino intento había sido y era triunfar por los modos opuestos de vencer, y reinar, por el camino contrario de imperar? Procedimiento fue éste que observó tan exacta, que a Ithacio (obispo de Osonoba en Portugal), porque solicitó con Máximo la muerte del inique Prisciliano, lo tuvieron, como se ha insinuado, los padres por hereje, con quien no volvieron a comunicar. (15) Aunque ya San [fol. 23] Augustín había explicado bien a aquellos perversos el justo motivo de apremiarlos, concluyendo que no debían reprehender el impulso sino atender al término. Así hacía la primitiva fe de sus concilios sus mayores autos en que sólo quemaba los ánimos

---

[41] Athanasius (296-298), Father of the Greek church, bishop of Alexandria, was an ardent defender of dogma related to the incarnation of Christ. At the Council of Nicea (325), he earned the title "Father of Orthodoxy" and was active in Catholic debates against Arianism, to whose founder he refused communion. For that act he was persecuted by Nicodemus and Emperor Constantine.

Saint Cyril, patriarch of Alexandria and Doctor of the Church, was ardent in his opposition to heretics and heathens. In his letter *Ad monachos Aegypti* he opposed Nestor's dogma that the Virgin Mary did not deserve the title of Mother of God because she bore Jesus as a man. His acts included the expulsion of Jews from the city and the conversion of their synagogues into churches.

con el fuego de los anatemas, y no relajaba al de las hogueras más que los escritos, como si fuesen los cuerpos de las falsedades. Así lo habían hecho los apóstoles con todos los que se les denunciaron erróneos o mágicos. Así, habiendo hecho Melecio y Alejandro inquisición de Arrio, fue Nicea el sagrado teatro donde se celebró el primer acto general de fe de todo el orbe en que, siendo el grande Español Osio, el delegado, trescientos y diez ocho obispos los jueces, y el fiscal el divino Atanasio, fue fulminado aquel impío Tifeo contra quien fue una voz sola (*)[42] el Etna que los sepultó. Así Teodosio mandó abrasar los libros de Porfirio. Así el Papa Celestino condenó a Nestorio; y Alexandria y Efeso fueron los Tablados en que, con el concurso de insignes prelados (que en el concilio general de esta última cuidad llegaron a doscientos), fueron doce anatemas, doce artículos de su sentencia en que se le puso el sambenito del título que se le dio del nuevo Judas. Dio entonces cuenta el fuego de sus libros y después, en llama substituta, abrasaron su lengua los gusanos. Dos sínodos celebraron luego en Constantinopla otras dos funciones de fe contra el tenaz Eutyches, que pasando la raya del celo con que batió a Nestorio, de contrario de las dos personas que éste deliró en Cristo, pasó a serlo de las dos naturalezas con que a fuerza de defensor sei hizo enemigo porque las verdades son cumbres de que no se puede subir sin despeñarse. Y dejando otros sagrados actos de aquella primera antigüedad, en España, Zaragoza y Toledo, vieron los dos en que se condenaron aquellas dos terribles sectas de Prisciliano y Arrio, de que triunfó tan gloriosa su pureza.

V

Así fueron siempre los obispos o juntos en sínodos, o solos en sus tribunales los propios y ordinarios jueces para la Inquisición de los delitos de la fe. Al mismo tiempo aquella protección [fol. 24] de su poder, que tuvo su dolor en Constantino, se propagó de suerte que logró en los demás emperadores un linaje de amparo que produjo generaciones de respeto, en las constituciones imperiales, que establecieron contra los herejes y quedaron por láminas legales de su culto en ambos códigos. Habíase ya vencido la soberbia con la mansedumbre, y era tiempo de vencerla con la pena. Habíase sojuzgado el error con la razón y era tiempo de sojuzgarlo con la fuerza. Habíanse disipado las nubes con la luz, y ya debían romperse con el rayo; aunque ni esto quiso jamás la iglesia hacerlo por su mano cuando ya tenía en los príncipes quienes la

---

[42] Marginal note: "(*) La de *Omousios*, que en griego significa *Consubstancial*."

amparasen, pues para eso había gastado con ellos todos sus milagros. De suerte que juzgándose en un tribunal del delito y en otro de la pena, cogidas las dos puertas de ambas potestades, no podía tener salida la herejía. Con la división del imperio en el octavo siglo creció el apoyo del desorden de manera que fue preciso tolerar lo que no se podía reducir; que a veces es arte de triunfar, no combatir; y el sufrir el contraste es guardar la victoria, no dejarla. En la tormenta, donde no puede la nave mantener el rumbo, el ceder a las ondas es vencerlas. Sin embargo, no cesaban los papas y prelados de enviar contra estos impíos ya predicadores que los convirtiesen o, ya delegados, que los castigasen. Habíase hecho Constantinopla la selva de la herejía, y el propugnáculo del Cisma, y en Florencia quedó talada la una y arruinado el otro por el concilio que allí se celebró. Después pasaron los errores de Uviclef de Inglaterra a Bohemia, donde los connaturalizaron Joan de Hus y Jerónimo de Praga; pero el concilio de Constancia estrenó en el norte el fuego con que estrenaron también ellos el eterno. Ya a este tiempo había infestado a la Francia la herejía de los albigenses y ésta fue la que allí dio el último golpe para que clamase la fe por su remedio a Dios. Como si quisiera aquellos inicuos cerrar a los hombres todo el cielo, negaban los tres más necesarios sacramentos, quitándoles las dos tablas del mortal naufragio en el baptismo y penitencia (afirmando que ni en el uno el agua lavaba los pecados ni en el otro los sacerdotes podían absolverlos) y derogando a la eucaristía la presencia de Cristo. En que no detenidos, pasaban a ofender a su divina madre con blasfemias, que horrorizarían aun al mismo que las inspiraba. Informado de tan terrible daño Inocencio Tercero por el ilustre don Diego, obispo de Osma, y el glorioso Santo Domingo, que de canónigo reglar le acompañaba (porque debiese la fe a España hasta este timbre), los despachó para que, autorizados de un cardenal Legado, desvaneciesen aquella tormenta. Aquí fue donde la religión, después de haber vencido [fol. 25] con las armas por el brazo del conde de Monforte, el ínclito Simón, que con mil y ochocientos hombres derrotó cien mil, venció con la jurisdicción, comenzando en Domingo con especial establecimiento la del Santo Oficio para que, formado de un trofeo un tribunal, naciese sobre los despojos el que había de vivir triunfo. Hízole alcuña, que se propagó luego en sus hijos porque la fe que se engendra en el oído se educase en la palabra; y los predicadores defendiesen de jueces lo que persuadían de oradores, siendo hachas encendidas para alumbrar a un tiempo y abrasar. Parece que debió dar principio esta sagrada fundación en el glorioso fundador del Rosario porque fuese el Miguel de la fe de Jesús Cristo el que era el segundo Gabriel del Ave de María; y comenzase a destruir errores el que empezaba a recitar misterios. Corrió triunfante así este alto ministerio en Francia, donde después detuvo el paso; corrió en Italia, donde no logró tan llano el suelo porque le estaba reservado en España el capitolio. Fundólo en ella sobre más firmes basas (esto es, sobre más perpetuas y ventajosas estatutos) aquel gran rey católico, a quien esta erección dio el mejor buril para gravarle en la corona el título. Fue así el Noé de esta arca en que la pureza del culto se salva del diluvio del error; y el Solomón de este templo, en que está colocado el santuario de la fe. ¿Qué elogios no ha tributado la fama a esta ínclita acción para quien no le alcanzara el grito, sino le pide fuerzas al empíreo y entonces aun no tendrá bastante espacio si no le extiende al orbe sus confines? No ha habido rey que mereciese más historiadores como que había dado más ejemplos; ni acción que éstos más exaltasen, como que había dado más blasones. Asunto en que se interesaron los autores que escribieron del rey y el Tribunal, (16) como que en una compañía de fe ambos partían de la gloria. Entre todos es sublime el elogio del elocuente Blancas, (17) en que, después de otros encomios, da a los Reyes Católicos el de *haber ejecutado un establecimiento, cuya vitalidad y cuya conveniencia ha conocido de universal consentimiento, no sólo la España sino todo el orbe cristiano, principalmente en aquellos mismos siglos en que se despeñaba la herética perfidia más allá del abismo de los vicios. Y que así habiendo erigido tan brillantes monumentos de su fe y su culto, sólo le pudo el universo decretar en el título de Católico el mayor triunfo de su religión.*

[fol. 26] Siguiendo tan heroicos huellas sus augustos postores, parece que en un certamen de piedad se han competido de protectores de este Sagrado Tribunal, de suerte que pudiera decirse que ellos mismos son unos inquisidores coronados de quienes todos los reinos son ministros. Tales privilegios les han concedido que parece que los han escogido entre todas las gracias del poder. Prerrogativas, que en un círculo de veneración nacen de su fe, para exaltar la fe. Todo lo que sale del trono para el ara, lo hace más crecido. La fe es muy correspondida, y cuando no pagase sus obsequios en dichas, tiene con que satisface en inmortalidades. ¿Pero cuándo no paga con fortunas, si tiene ella todo el tesoro de los bienes? Con la uniformidad de su creencia se asegura la quietud a los pueblos, la obediencia a los reyes, la veneración a la iglesia y el culto a Dios. Así el tiempo se ensaya para eternidad y la tierra se allana para camino real del cielo. Así el gobierno, y la religión van de concierto, y las ofrendas en el templo se forman cornucopia en la campaña. La sugeción se hace poder, y libertad la sumisión. La paz dentro de casa se hace fuerza afuera; la suavidad en el centro es terror en la circunferencia porque no se gasta en las ciudades lo que se necesita en las fronteras. Conque una república que así se rige, se hace una monarquía universal de respeto, compuesta del amor de los propios, y el temor de los extraños. ¿Si tanto hace la fe, cuán importante debe juzgarse que es un tribunal, que sólo cuida de la fe? Con el ardor de su celo y la profundidad de su sabiduría se han ejecutado el aparato de los sínodos, y el costo de las convocaciones. En un auto se condena hoy un heresiarca, que antes había menester todo un concilio, y tanto asunto no se consigue más que a fuerza de respeto. Los errores son unos descarados que nunca le tienen y pocas veces temen; y no temen si no ven que otros veneran, con que la reverencia de los buenos viene a ser terror de los perversos. Así los que aun no temen al Juez Supremo, que no ven, se horrorizan del tribunal que experimentan. No es bien que todo lo haga la pena; mucho se ha de dejar a la veneración: ésta remedia suave, adelantada; aquélla, severa y padecida. El respeto es el rigor de la clemencia, y huye del rigor aun más que la malicia. Es un grande artífice de la obediencia que, sin necesitar de la amenaza, sabe labrar la prontitud. Todos tienen por sumamente riguroso al Santo Oficio y es cierto, que no le viene del castigo porque, prescindiendo del secreto, a que conducenisus exactitudes, no se halla en otro tribunal mayor piedad. La dilación es parto preciso de la madurez. La infamia lo es de la materia en que la sublimidad de la obligación trae consigo la ignominia de la falta. Conque todo el terror es una admirable producción de su respeto. Las naciones, que tanto han resistido ver colgadas en [fol. 27] sus ciudades sus doseles, no lo han hecho por la dureza de la pena sino por la licencia de la culpa. Se han quejado de que les faltase el exceso del delito, no de que les sobrase el del castigo. No les era intolerable la Inquisición, sino la fe. Consultarles el consentimiento en este punto es preguntar si quieren pastores a los lobos. No gustan de Argos, que guarden, sino de Mercurios que adormezcan. Dichosa mil veces España, que tanto ama y tanto respeta los que tanto cuidan; y gloriosos sus reyes, que tanto cuidan y tanto protegen lo que tanto los exalta.

VI

Fundado, pues, así en España este Sagrado Tribunal, y recibido por presente del Cielo el Nuevo Mundo, fue preciso que con la fe que le fue descubridora, se trasladase también a él, y cargase con sus fueros a sus climas. Había concedido a sus reyes Alejandro Sexto el título de su dominio; y les fue necesario colocar aquí donde guardarlo. Fue la fe para quien se preunía tan inmensa habitación: y así fue necesario que se lo pusiese tan excelso muro. De otro ningún estado es más propio un tribunal que de aquel que trabaja en la razón de su derecho. Aun ha sido mayor su precisión pues si tanto ha cuidado la fe de su pureza en su escogida España, donde es celestial planta, que fuertemente arraigada en el terreno de los corazones, no teme los huracanes de la impiedad; ¿cuánto deberá velar por ella en estas partes, donde apenas transplantada, no pudiera resistir a los vientos del error, si no se le pusieran los resguardos de la vigilancia? Donde tanto dista la España americana de la europea, requiere mucho mayor desvelo para su integridad. Camina la fe mucho, y ha menester mayor aliento. Defiende mucha plaza y necesita de más fuerzas. Las riquezas de estas regiones han servido y sirven a un tiempo de un imán de oro a la codicia y de un norte de opulencia a la pobreza conque de infinitos dirigidos se forma un concurso de ansiosos en que suelen venir muchos, más extranjeros de religión que de corona; y si al tiempo que se siembra la fe en ellas, también se esparce la cizaña, preciso es que se pierda la cultura. Este ha sido el motivo en los pontífices y los monarcas, de haber hecho de contrabando el Nuevo Mundo al otro. Pero no habiendo puertas para el campo de un orbe, ha sido necesario ponerlas con el celo a la pureza. Por otra parte la multitud precisa de unas gentes en que la Etiopía añade a las Indias su rudeza, y la mezcla de su oscuridad es símbolo de la confusión de sus tinieblas; haciéndose la cultura del campo maleza en la ciudad, pide más necesario el desvelo de la instrucción de su doctrina y el cuidado [fol. 28] de la limpieza de su fe. No porque comúnmente no floresean ésta y la virtud en Lima en tan supremo grado, que con razón puede llamarse el santuario del culto y la escuela de la devoción; siéndole cada templo un sagrado Perú, más rico aun de adoraciones que de riquezas, y viéndose delante de cada sagrario un ejército de almas, que conquistan el cielo, tan numeroso, que, con un exceso gratísimo al vencido, supera tal vez al número de las sacrosantas hostias en las píxides el de los penitentes en las rejas sino porque sin derogar a esta universal gloria, no dejarían de oscurecerla las sombras del error y de asaltar esta mística viña los que pretendían, como tantas veces lo han pretendido disiparla, si el sol de este Sagrado Tribunal no deshiciese aquéllas, y la vigilancia de sus guardas no ahuyentase éstos. Sin embargo, de la integridad de la fe de esta ciudad es prueba el fervor de su culto conque siendo éste el más ardiente que se reconoce en todo el orbe, no puede dejar de ser aquélla la mayor. Es producida de la de España pero tan apurada que no procede como fruto, sino como extracto. De ella puede decirse lo que Vaseo celebró de España, esto es, *que en otras partes no se permite obrar de la impiedad; en éstas, ni aun imaginar. En otras se extirpan los errores producidos; en éstas, aun antes de sembrarse se sofocan.* Y yo añado que otras son campo abierto para la entrada de los impíos; éstas vergel cerrado a que no llegan tan frecuentes.

Así se ha experimentado siempre en el activo celo con que este Santo Tribunal ha defendido la pureza en estos reinos en tantos autos, que han sido otros iguales triunfos de la fe. Y así se reconoce esta deudora a los sagrados árbitros que hoy le constituyen, siendo el primero como lo es el ilustre señor doct. don Gaspar Ibáñez de Peralta, tan mayor en el lugar como en el ánimo: pues aun excede su desvelo a toda la vastidad de su jurisdicción a cuya perspicacia quedan ojos para mayor campaña, aun siendo ésta inmensa, y a cuyos hombros quedan fuerzas para mayor esfera, aun siendo ésta la de un orbe. Sus virtudes no le componen, le forman, porque todas se unen de suerte que se identifican. En fin es el mayor apoyo sobre que descansa el cuidado de la fe de España para estos vastos reinos, y una de las mayores glorias y de los mayores bienes de su patria porque cuanto la ilustra la aprovecha. De ambos señores inquisidores puede decirse con razón muy justa lo que dijo el citado Vaseo, de los más celosos de la España, esto es, *que observan con tal fe y con tal integridad y vigilancia cumplen la obligación de su alto oficio que ninguno pueda atreverse ni aun a respirar aliento alguno contra los sacrosantos estatutos de la Iglesia.*

[fol. 29] VII

En consecuencia, pues, de tan alto ejercicio había resuelto el Santo Tribunal ejecutar un auto de fe en que habían de salir condenados varios reos. Dio parte de ello el excelentísimo señor marqués de Castelfuerte, virrey de estos reinos y el señor inquisidor fiscal doct. don Cristóbal Sánchez Calderón, pidiendo a S. E. que se sirviese de concurrir a todo lo que pudiese contribuir al más honorífico esplendor del Santo Oficio y más reverente exaltación de la fe. A que habiendo respondido S. E., significando el deseo con que estaba dispuesto no sólo a prestar todo el auxilio necesario y a ordenar la asistencia de las milicias convenientes a la solemnidad de la función, sino a protegerla con su presencia, acompañado de la Real Audiencia. Pasó el siguiente día el señor inquisidor don Gaspar a ponderar a S. E. su reconocida gratitud a la afectuosa atención al Santo Oficio con que correspondía al real carácter y a su propio celo, y a expresar que a las funciones a que habían solido asistir los señores virreyes en acompañamiento solemne, eran las de los autos que se celebraban en la plaza mayor; que, no hallándose el Cabildo secular (a cuyo cargo corren la limpieza de aquélla, y la erección del tablado) en estado capaz de semejantes gastos sobre los atrasos que padecía, se había determinado hacerlo en la Iglesia del Convento de Santo Domingo de esta ciudad, y que en estos casos habían acostumbrado los referidos señores virreyes asistir con la Real Audiencia como incógnitos dentro de los canceles que vulgarmente llaman jaulas. Hallábase el ánimo de S. E. con dos guías, que con una y otra mano conducían su celo a la resolución de su asistencia pública, esto es, con la decisión de la ley real que la ordenaba, (*)[43] y el fervor que se la influía. A la primera dio motivo aquel empeño de la real protección con que los monarcas católicos, o inspirados o correspondidos a su título, han esmerádose en hacer gloria de su obsequio a la fe. Así también ésta por su parte ha querido siempre formar este enlace del culto con la majestad, y que en una mutua causalidad de poder y en un circulo de veneración se esclarecía el esplendor del trono por el ara, y la gloria del ara por el trono; conque de ambos se componga una exaltación recíproca de iglesia y reino. Y [fol. 30] aquel Señor, que no vino a quitar los de la tierra, cuando daba el del cielo quiso que sus apóstoles obedeciesen a los mismos príncipes que iluminaban. Así tuvieron estas solemnidades su solar en la del mayor auto de la fe que vio Nicea en su Concilio en que el piadoso Constantino no sólo dio su palacio para teatro sino su preferencia para autoridad, para que el cetro se hiciese brazo de la jurisdicción y la corona apoyo del concurso. Reconocía por su parte S. E. el dilatado espacio de años que había pasado desde la última acción de fe en que los señores virreyes habían asistido a su celebración; que el tiempo había casi borrado en la memoria de estos pueblos la noticia de ella; que esta concurrencia era tan importante a la gloria de la representación real como el honor del Santo Tribunal, y a la edificación del público; que la renovación de estas funciones enciende en los buenos la llama de la fe, y en los inicuos esparce el horror de los delitos; que todo lo que su asistencia daría de respeto al acto, aumentaría de terror a los errores. Y que sería muy conveniente que quedase a la posteridad, al lado de la gravedad del mismo hecho el recuerdo de la ceremonia. Y así el día siguiente a la visita del señor inquisidor don Gaspar tuvo acuerdo S. E. sobre este punto. Y habiéndose reconocido que la insinuada ley real (que es la célebre de la concordia entre las jurisdicciones del Tribunal del Santo Oficio y de las justicias reales) imponía la precisa necesidad de la asistencia de los señores virreyes en todos los autos con aquellas palabras absolutas, *Cuando hay autos de fe*, en que no distinguiendo entre plaza y templo, entre público y particular, no deja al árbitro la facultad de distinguir. Con parecer de todo el real senado, determinó asistir al referido, acompañado

---

[43] Marginal note: "(*) En la ley 29 del tit. 19 del Lib. 1 de la *Recopilación de las Indias*."

de él mismo y de los demás tribunales nombrados en la citada ley, con la más publica y más majestuosa ceremonia que se ha practicado en semejantes sagradas ocasiones. Es la repetición de estas solemnidades una restitución de su instituto y una resurrección de su noticia. Es el alimento de que se mantiene la inmortalidad, y el reparo que recobra las fuerzas del respeto. La música repite los pasos para avivar las melodías; la pintura reitera los golpes para imprimir los rasgos. Nuestros célebros son como de cera para borrarse y como de metal para esculpirse. Remitió luego S. E. un trasunto de lo determinado al Santo Tribunal y, habiéndose éste conformado con la resolución, pasó segunda vez el señor inquisidor doct. don Gaspar Ibáñez a dar segundas gracias a S. E. por un favor, que todo era ejemplo. Agradeció el señor don Gaspar la solución de su reparo y agradeció S. E. el mismo reparo; porque cuanto aquélla ilustró superando, exaltó éste superado.

Hasta ahora había ejercitado S. E. el más heroico [fol. 31] valor en los combates, la más firme constancia en los contrastes, la más acertada prudencia en los dictámenes, la más frecuente facilidad en los despachos, la más tierna devoción en los cultos, y la más generosa liberalidad en las piedades con que había sabido unir los caracteres de un grande capitán, de un gran gobernador, y un gran cristiano; pero ahora ha logrado ejercer el más encendido celo de la religión y la más postrada reverencia de la fe. Hasta aquí había representado a su soberano, como al más grande monarca de la tierra: ahora lo ha representado, como al más católico. Hasta aquí lo había copiado, como al dueño de dos mundos, ahora lo ha copiado como el protector de la fe. Hasta ahora le había efigiado la majestad, y hoy le efigia la veneración: le había copiado el poder, y hoy le copia la misma religión. Lo había imitado, como a quien ha excedido los Alejandros y los Cesares y ahora le imita, como a quien ha vencido los Constantinos y Teodosios; y, lo que es más, como al heredero de los Recaredos y de los Alfonsos, de los santos y católicos Fernandos, y de los católicos y grandes Carlos, y Philippos. Muchas veces formó S. E. y asistió a los triunfos de su invicto rey pero en ésta dispuso y asistió al de Dios; allá condujo prisioneros los enemigos del estado y acá aprisionados a los de la fe, y su católico corazón fue el carro a un tiempo y el conductor de su grandeza. Le dirigió toda la pompa y le autorizó toda la reverencia. Allá venció con armas, acá brilló con rendimientos, tanto más poderosos cuanto más reverentes con que hizo a la misma fe su fama y dejó al cuidado de la religión su ejemplo. Y si el más famoso de los emperadores españoles, el grande Carlos V. dijo (habiendo acabado de reducir a la fe de que se había desviado a un elector sagrado) que, cuando no hubiese logrado en su viaje a Alemania (que fue el tercero) más que haber tenido aquel suceso, quedaría contento y pagado de toda su fatiga, como que había hecho un negocio de la fe; con igual razón pudo decir, como lo ha expresado S. E. que ha tenido esta acción por la mayor felicidad de su gobierno, como que actuó en ella una asistencia de las más ejemplares de la fe, y de las más soberanas a la majestad. Este celo es el último colmo de sus cualidades, pues con él ha imitado a aquellos grandes capitanes que siempre vencieron por la fe. Todas las leyes son testigos de esta verdad. Un Abrahán triunfante de poderosos [fol. 32] reyes, protegiéndolo Dios, que hizo vencedora una familia de cinco coronas; un Josué, cogiendo de la mano al sol para que le cuidase de las horas; un Gedeón, haciendo de sus clarines y sus hachas batallones; un Barac, teniendo contra Sisara por aliado al cielo, que le puso escuadrones de las estrellas; (18) un Sansón, haciendo de sus fuerzas sus ejércitos; un Jefte, un David y un Macabeo, por quienes tantas palmas vio Israel: todos vencieron (19) por la fe. Pero aun vencieron más felices los que mirando al autor de la fe y a su consumador Jesús, (20) se coronaron de laureles, que no los deja marchitar la eternidad. Un Constantino, teniendo pendiente del cielo por lábaro la cruz; un Teodosio, arrojando por mangas a los vientos; un Heraclio, teniendo contra los persas robadores la imagen de Cristo por auspicio para recobrar la cruz: y (lo que hace a nuestra España más gloriosa que todas las naciones de la tierra) un Pelayo que, siendo el Teodosio de los españoles, vio peleando los vientos y fulminándose por él los montes; un Ramiro, por quien se hizo general de su ejército su apóstol; un Fernán González, que en compañía del glorioso Emiliano le mereció por auxiliante, mandado por tropas caballeros que se habían cruzado en el empíreo; un Alfonso, que en la purpúrea cruz vio adelantado su laurel; un Cisneros, que siendo el Josué de los cristianos, puso al sol de reserva en la batalla; y en fin, entre los más antiguos adalides, un Cid, un Minaya, un Garcilaso y otros muchos; y de los consecuentes un Córdoba, un Toledo, un Farnesio y otros innumerables capitanes que tantas glorias han dado a la España: todos han triunfado por la fe, o debelando al mahometismo, o sojuzgando la herejía.[44]

---

[44] Peralta refers most likely to Saint Ramiro, a monk in the monastery of San Claudio de León, in the defense of which he became a martyr. Ramiro I (d. 1063) was the first king of Aragón (1053-63).

Alvar Fañez de Minaya was a cousin to El Cid and figures in the epic poem. His exploits as a warrior included conquering Cuenca, defending Toledo, and as the great

¿Cómo, pues, había de haber seguido tan grandes héroes y excedido a muchos S. E. si no se les pareciese en el aire más vivo de su honor? ¿Como podía estar en tan famoso capitán la virtud del valor sin el celo de la fe, si derivados ambos de sus ilustres ascendientes, fueron la sangre del espíritu que pasó a las venas de sus prendas para hacerlo tan grande de católico como de fuerte? Es el ara la cuna del esfuerzo y la firmeza de adorar es el solar del no temer. La primera de las cualidades de un héroe es el valor, y la primera de las virtudes es la fe. Conque en consanguinidad de ánimo están en primer grado de gloria y llevan un mismo apellido de virtud, [fol. 33] pues una y otra así se llaman. Bien lo ha probado S. E. en la mayor parte de sus combates y bien lo vio España cuando se halló hecha teatro de una marcial tragedia en que el mayor número de sus actores eran aun más enemigos del nombre católico que de la monarquía. Y aunque esta guerra fue de estado, fue inseparable en ella la causa de la religión de la del rey. ¿Qué importaba que el término fuese el trono si en el camino se pasaba pisando por el ara? ¿Qué importaba que fuese el duelo del poder si era el padrino la impiedad? Valerse de ella para un reino católico es sin duda ir a coger con la inmundicia la pureza y subir a una cumbre de luz, dando la misma oscuridad la mano. Por eso puede decirse que S. E. combatió con un celo, que fue a un tiempo una fe ardiente a Dios, y al rey, que lo ofreció a hacerse una víctima del altar y la corona.

No ha resplandecido menos su religión en los empleos de la paz. ¿Qué otra cosa han sido sus piadosas acciones que obras todas de fe? Pues su más enardecido culto es a aquel divino sacramento que es el misterio de la misma fe porque sólo con ella se conoce y con ella se goza: (21) su más afectuosa devoción es a aquel glorioso CORAZÓN, que fue el centro de la fe. Pues si el nuestro es la tabla donde el apóstol la considera escrita, si es el asiento donde nos gana la justificación (22), ¿qué será el de la reina de todos los creyentes de cuya sangre se formó el autor mismo de la fe y que es el trono donde se nos decreta la inmortalidad? Si comúnmente es el corazón de un buen católico (según el más dulce de los sagrados padres) un castillo fuerte que, asaltado por todas partes, se defiende con la vigilancia de la fe, que lo arma con justicia (23), ¿qué será el de quien tiene el suyo aun más glorioso por el interior celo que su título por el externo lustre, aunque tan grande? Siempre ha sido su corazón un CASTILLO FUERTE que se ha levantado sobre los cimientos de la fe, como lo es según el mismo melifluo doctor aquél en quien entra JESÚS y [fol. 34] se

---

chieftain of Alcarria.

defiende con el muro de la continencia: *Quod est autem boc* CASTELLVM, *nisi* COR *humanum: Iam ponitur murus continentiæ, antemurale patientie: (24) Surgit autem hos opus a fundamento FIDEI.*[45] Por eso con una sagrada simbolización de culto a numen sirve al divino CORAZÓN, de quien dio el virginal castillo en que entró JESUS, y fue la habitación en que le hospedó llena de gracia. (25) Por eso adora a aquel CORAZÓN que ha sido sólo el debelador de todas las herejías del mismo universo, especial título con que la Iglesia decanta sus glorias y título en que no se contenta con que se dijese que las convenció, como maestra; que las desterró, como señora; o que como juez las condenó sino que canta que les dio la muerte: *Cunctas hæreses sola interemisti in universo mundo,*[46] acción que siendo propia del valor y siendo el corazón su trono manifiesta, que ha sido el de MARA SANTÍSIMA el que las ha hecho perecer. Sirve a un CORAZÓN, que ha sido siempre el terrible enemigo de la fe, esto es, de barbaros y sarracenos. Dígalo la militar piadosa pompa en que el griego emperador Juan hizo entrar en su corte sobre carro triunfal su sacra imagen, pisando los despojos que le servían de trofeo. Díganlo los devotos vasallajes de haberle dedicado la corona del búlgaro vencido, haberle señalado anuo tributo y hecho acuñar moneda de oro con la imagen de Cristo, y su inefable nombre. ¿Cómo no había de dar baratas las victorias si se le compraban a precio de triunfos los laureles? Y si ha sido la verdadera Diana de la iglesia, como hija del Jove omnipotente, como reina de la virginidad y la pureza y como triforme divina dominante en el cielo, en la tierra y el averno (analogías de graves intérpretes), ¿cómo podía faltarle la de [fol. 35] vencedora de las fieras heréticas y mahometanas en las selvas del engaño? Por esto ha favorecido tan singularmente a su querida España, siempre en defensa de la fe, aun cuando no ha sido en causa suya. Bastante hace por el dueño el auxilio que asiste a los dominios, que a corona, que toda es altar; el amparo, es todo interés de la deidad.

¿A qué otro culto más simbólico podía dedicarse la devoción de un corazón grande guerrero y gran católico que a aquel celestial, de quien, como espíritu de gloria, se han difundido a España todas las acciones y todos los triunfos de su fe? De cabo a cabo coge a su cristiandad este blasón, y desde su

---

[45] "What is actually this CASTLE if not the human HEART? A wall of continence has been laid out, a fortification of patience; and in reality this work emanates from a foundation of FAITH."

[46] "You alone destroyed all the heresies in the whole world."

alcuña le viene a su corona este esplendor. Padrón de cielo es aquel pilar en que se declaró esta gloriosísima reina fundadora de su fe. Monumento es de eternidad aquella cueva en que se manifestó recuperadora de su imperio. Aquél, fue la columna sobre que cargó toda su religión; ésta, la mina de que se labró todo el diadema. Y este Nuevo Orbe es templo, en que México y Cuzco son láminas de sus victorias y oblaciones de su protección, fuera de tantas victorias que ha hecho obtener a España en sus batallas en que apenas ha habido encuentro sin auxilio ni triunfo sin milagro. Siendo la solemne fiesta de su patrocinio un testimonio de adoración, que autentica el favor y el reconocimiento. Este ardiente esmero de la devoción y fe de S. E. es el que continuamente se le está manifestando en aquella indefensa prontitud con que asiste a las sagradas festividades públicas, tan religioso que parece que obtiene al pie de los altares las felicidades del gobierno, sirviéndole de asesor el ruego y las inspiraciones de expedientes. Así acaba de experimentarse en el celo con que ha asistido y contribuido generosamente a una de las mayores solemnidades que ha visto el universo, como lo ha sido la de la celebración de la canonización del gloriosísimo hijo y paralelo de Francisco, el Xavier del Occidente, S. Francisco Solano.[47] Acción en que cesa el hipérbole porque no alcanza a la verdad, de que no puede haber bastante fama porque no puede tener bastante elogio, y que no puede ser ejemplo porque no puede tener imitación. Obra de creación porque no tuvo antes otra, ni la tendrá después. Sacro suceso en que desde luego es la mayor gloria de S. E. el haberse comprendido en el tiempo de su gobierno y que en él, al aliento de su fervor, haya logrado ver Lima lo que sabía que podía hacer, y saber que puede hacer [fol. 36] lo que otra ciudad no puede ejecutar.

Hasta las liberalidades de S. E. han sido acciones todas de fe, pues no sólo ha tenido como particular virtud aquel inmortal alimento con que vive por las obras sino como acto de religión aquel celo del culto con que reina en las aras. Si lo dicen los dones y lo muestran los mármoles, ¿por qué lo han de callar las alabanzas y olvidar los siglos? Un monasterio de los más austeros, (*)[48] tan contínuamente socorrido y tan ampliamente dilatado, que debe tenerlo por su fundador, ¿no debe ser padrón perpetuo de su piedad y de su religión? ¿De

---

[47] Francisco Solano (1549-Lima 1610) arrived in Lima in 1590 as a missionary. He served as guardian of the Descalzos, preached in public plazas, and worked with the Indians of Potosí and Paraguay. He was beatified by Clemente X on 25 January 1675 and sanctified by Benedict XIII in 1726.

[48] Marginal note: "(*) El de las religiosas capuchinas de esta ciudad."

cuántas erecciones y cuántas fundaciones tiene tomada la razón la fama, a quienes se les ha dado el título de grandes, con el mérito de mucho menores impensas que las que ha hecho en este monasterio la liberalidad de S. E? No es lisonjear el ánimo lo que es honrar a la virtud. Como no es ella autora de su acción, tampoco es dueño de su ejemplo, y es otra buena obra de la pluma el excitar las de la mano. Así han dado muchas veces grandes santos grandes elogios a excelentes príncipes y capitanes. Así alabó San Ennodio a Teodorico; así San Sidonio Apolinar a Antemio, a Mayoriano, a Avito, y a Ecdicio; y así San Bernardo al conde Teobaldo. Véase (sin hablar de los primeros a quienes hizo formales panegíricos Sidonio) que dijo de Avito, esclarecido príncipe. (27) *Que debía confesarse que había hecho con las máquinas del amor preciosas obras en la iglesia de Arverna, adornándola con oportunas oblaciones y contribuyéndole extendida posesión. Por lo cual corresponda con razón el cielo al mérito de la acción propia, como que era estímulo de las ajenas, haciéndose dignísimo de que Dios premiase la religiosa devoción.* ¿Qué dijo de Ecdicio, valiente y virtuoso capitán? *Que la patria no le había deseado menos antes de nacer que lo que se había gloriado después de haberle producido.* (28) ¿Qué dijo San Bernardo de Teobaldo? *Que entre los muchos blasones de las virtudes, que tanto ennoblecían su dignidad, y tan ilustre y célebre hacían su nombre en todo el orbe, se alababa como principal la fe de su verdad* (29) (¿qué diría de su misma fe?). En cuyas palabras [fol. 37] se ve lo que hoy repetirían el elogio por el paralelo y cuán ajena está la justa alabanza del temor de parecer lisonja, pues da la primera los que no pueden incurrir en la segunda. Mas a la mano del asunto están (como propios del objeto, de la nación y de la representación) los encomios que los Concilios Toletanos discurrieron de su fe a sus príncipes, donde se ve, que los renombres de cristianismo, de ortodoxo, y católico ni se dieron antes a otros que a los Recaredos, a los Sisebutos, a los Gundémaros y a los Suintilas; ni tuvieron otro solar que en los labios de los Leandros, de los Isidoros y otros sagrados elocuentes de la fe. Y si un grande virrey no sólo debe imitar a su rey sino a los que imita su piedad, véase lo que dice la historia del que fue el más católico de los políticos, el heroico Fernando. ¿Qué escribe Sículo de este monarca y de Isabela? *Que no eran menos atentos a las cosas divinas que gobernadores de su reino que parecían más santos prelados que reyes, siendo conservadores, y guardas de la fe y su ley, y solicitando a los hombres la virtud, la paz y la quietud. Que a Dios y a María Santísima su madre no sólo ofrezcan oraciones y sacrificios sino también capillas y monasterios, en que impendieron grandes sumas* (30). Elogios en que concuerdan los demás escritores de aquel tiempo. El público hará la aplicación de lo que en ellos se dice, pues ha visto en las obras lo que se hace.

¿Pero para qué es ocurrir a humanas plumas si también el mismo cielo aplaude sus obsequios, y sus favores son las alabanzas de sus cultos? Hijas han sido siempre las grandes felicidades de la religión y la virtud; y aunque en el concurso de las causas y circunstancias de los sucesos de los hombres no puede dejar de haber en un gobierno peregrinos contrastes que lo aflijan, son como las prominencias de la tierra que no quitan la esfericidad a su figura porque, comparadas a la grandeza de su globo, se hacen insensibles. De esta manera probaran San Augustín y Paulo Orosio, su grande discípulo, con las prosperidades principales [fol. 38] del romano imperio, después de la promulgación del Evangelio, la verdad de la fe y la virtud de la Roma cristiana contra las quejas de la Roma gentil, cuya serenidad corrió siempre sin embarazarse en las tormentas que tal vez la turbaron. Los hombres no hay cosa que más amen ni que más condenen que lo presente, ni que más celebren, ni que menos atiendan que a lo pasado. Pero si hubiera arte de hacer cesar el carro de los siglos para que éste se pudiera hoy poner al lado de aquél, no se verían en los lienzos de muchos de los gobiernos precedentes más que piratas crueles, naves apresadas, costas destruidas, puertos saqueados, pueblos desolados, expediciones inútiles, levas ociosas, erarios consumidos, armadas suspendidas, comercios invertidos, minas agotadas y campos perdidos. Y en la pintura del presente se vería en el mar durmiendo a Neptuno sobre su palabra, las naves cruzándole seguras, las costas caminándose libres, los puertos frecuentados, los pueblos pacíficos, logrado el erario; en el comercio, desvanecido el ilícito y repetidas las armadas; y en minas y campañas contenido el extravío y restituida la cultura; y lo que es más, reducida la capital a santuario. Si estas fortunas no son pruebas de la piedad y de la fe de quien gobierna, no tendrá jamás la tierra medios que ofrecer al cielo para que las manifieste.

Instado de tan piadoso celo, deseó S. E. asistir al auto referido con la pública pompa que convenía a una acción que había de ser un triunfo verdadero del Santo Tribunal, en que habían de salir los errores encadenados al carro de la fe. Señaló éste para su ejecución el día doce de julio, y para sagrado teatro suyo la Iglesia de Nuestra Señora del Rosario en el convento grande de Santo Domingo de esta ciudad, como a lugar que por la descendencia del origen, se había vinculado a la demostración del ejercicio. Cuya *Relación* es la siguiente.

RELACIÓN DEL AUTO

No hay accidentes que se parezcan más a la substancia, ni que al mismo tiempo más se le opongan, que las ceremonias y las precedencias. Son unos entes de prerrogativa que habitan en el reino de la aprehensión. Es el honor un imperio en que, a fuerza de dominarse, no hay dominio. ¿Cuántos graves negocios se han detenido o se han perdido por la competencia con que los hombres, por querer ser más, imperan menos? Lo peor es que está tan inconstante en esto la razón que muchas veces no sabe donde reside la superioridad. No hay lugar más comúnmente recibido por más honorífico que el diestro, y en muchas ocasiones ha sido el inferior. Por [fol. 37] tal le tuvieron los antiguos padres en los Concilios, y aun en las imágenes; y antes los romanos en los auspicios y en las juntas, y el trueno y el averno el siniestro lado les fueron siempre de feliz anuncio. El mismo que por un viso es deslucido es por el otro lo más brillante; el que es diestro en el trono y el altar es siniestro al que venera, y al que adora. Sin embargo, siendo el orden jerárquico el alma del respeto y la vida de la distinción, siempre ha sido preciso que tenga reglados los espíritus de las preeminencias. Gobierno, que es más necesario donde se encuentran dos mayores a dos haces de sublimidad: esto es, dos potestades, que ambas son soles que tienen en su esfera su luz propia, y la mutúan en la ajena. Son concurrencias de astros, que es fuerza que se concuerdan de esplendor. El mismo sagrado apóstol que había dicho que, habiendo de juzgar a los ángeles, podía juzgar a los príncipes (esto es, lo secular), encargó también que todo espíritu se sujetase a su poder, que el que lo resiste, resiste a Dios, cuyo ministro es: que sean súbditos, no por el temor de la fuerza sino por la obligación de la conciencia. Sabido es que la suma potestad sagrada siempre es suma en sí misma conque en ella se salva aquella similitud de sol que justamente se atribuye; más donde su luz brilla reflectida, es preciso que ceda en lo magestativo a otro sol que también es supremo en su carrera, o a su inmediata imagen. Es el reino una nave en quien los mismos pilotos que la conducen van embarcados para conducirse. Es cielo en que el primero mobil de la majestad se lleva consigo todas las esferas del gobierno; y su movimiento dirige al occidente de lo temporal aun a los mismos planetas que caminan al oriente de lo eterno. Esto es, ¿dónde por su autoridad real es su cuidado universal? ¿Qué será, donde por su patronato y su delegación pasa más allá de la común economía? ¿Dónde tiene todo lo que no es ser principio y es ser medio, y dónde la suprema sagrada potestad para cuidar de la manutención del ara le ha concedido la llave del templo? De esta real protección y de la veneración debida al Santo Oficio se forma una mezcla de honor en que ambas se quedan gloriosas. Ambas veneran, la una a la fe, la otra a la majestad. Venera aquélla a la fe por quien reina; venera ésta a la majestad por quien existe. La una no se minora en el obsequio, la otra no descaece en la obediencia. Jamás puede bajar aquél, que en lo mismo que desciende, sube. Nunca puede perder aquél, que con lo mismo que tributa, se agrandece. Jamás deroga a los de más respetos aquella representación real, que por ninguno se deroga porque el de la majestad es un exceso que no diminuye, y una eminencia que no abate. Es altura de astro que no sobresale, si no se eleva; y su celsitud se queda siempre mayor, de positiva. En fuerza de esto, habiéndose ofrecido varios puntos [fol. 40] entre las jurisdicciones del Santo Oficio y de las justicias reales, y celebrádose por orden de S. M. juntas de los dos supremos consejos de Inquisición y de Indias, se expidió la célebre cédula de la concordia, que hoy es la ley real de Indias ya citada. En que por el cap. 26 de ella se dispone el orden que se debe tener en los autos de fe, en que concurren los señores virreyes cuyo contexto es el siguiente.

Y porque en el Perú, cuando hay auto de fe, siempre se ha acostumbrado que el virrey ha ido acompañado de la Audiencia, ciudad y caballeros, y entra en el patio de la Inquisición donde están aguardando los inquisidores, y allí toman al virrey en medio cuando hay dos inquisidores, y si uno sólo va el virrey a la mano derecha y el inquisidor a la izquierda, y por el mismo orden se asientan en el auto y, acabado, vuelve el virrey con los inquisidores hasta la Inquisición, y dejándolos en el patio de ella, se va a su casa con el mismo acompañamiento. Mi voluntad es, y mando, que esta orden se guarde de aquí adelante, así en el Perú, como en la Nueva España, no embargante que en la Nueva España haya habido diferente costumbre.

¿Quién duda que este real capítulo es a un tiempo el mayor testimonio de la veneración debida al Santo Oficio y el padrón más ilustre de la superioridad de la representación real? Pues ni a otro algún tribunal se ha concedido la primera, ni a otra alguna potestad se ha otorgado la segunda. ¿A qué otro tribunal se atribuye la insigne autoridad de ir un virrey, acompañado de la Real Audiencia al lugar, donde la fe recibe por mano de sus jueces este obsequio, esto es, de ir la imagen del príncipe a salir con sus mismos protegidos? ¿Mas qué mucho, si no contenta la regia dignación con la demostración de la ida, pasa a la del lugar, mandando que sea hasta el patio de su residencia? ¿Y a qué otro superior se da la excelsa preeminencia de preceder a un Santo Oficio en el mayor ejercicio de la fe, a quien sólo la majestad misma puede preceder? Así concuerda un rey católico la religión con el imperio. A la primera le da todo el obsequio de buscarla, al segundo le deja todo el blasón de protegerla. Así quiere que se solicite en su dosel a Dios dentro del territorio de su fe, y así se guarda aquella majestad que Dios ordena que se obedezca en la jurisdicción de su dominio. Esta es una mutua reconvención de reverencia en que cada una queda satisfecha. Aquella ida es una oblación del ara que debe rendirle al ara; esta precedencia es un tributo (31) del trono, [fol. 41] que debe darle al trono. Aquélla es un donario de obsequio que pertenece a Dios y se da a Dios; y ésta, una moneda de superioridad que pertenece al César y se da al César (32). Concordia fue que hizo el que era Dios y rey en que el autor del mismo César no dudó dar su censo al César (33); que el que hace la corona le labra el esplendor, y el que hace la púrpura le teje el respeto.

Orden fue que siguió el más religioso y el más grande de los Constantinos, cuando dijo a los obispos: *que ellos lo eran dentro de la iglesia, y él fuera de ella estaba constituido obispo* (esto es, lo que significaba el nombre, que *es celar) también por Dios* (34). Regla fue que explicó San Ambrosio a Valentiniano cuando le advirtió que al emperador tocaban los palacios, y a los sacerdotes las iglesias, a aquéllos muros y a éstos los templos. Composición es ésta que corre también en las imágenes de los respetos y aun si se nota bien la letra, en la imagen del César y no en el mismo César, fue en la que el Señor hizo la concordia: *cuius est imago hæc et superscriptio?*[49] (35) Tan propio es de la real representación lo que se debe al mismo original. Imagen de Dios es también su religión y el tribunal que la mantiene. Así explicó esta correspondencia San Augustín (36): *Imago Cesaris reddatur Cesari: imago Dei reddatur Deo.*[50]

Había antes dispuesto S. E. todo el aparato militar que había de servir al acompañamiento de la solemnidad, y había hecho citar a los señores de la Real Audiencia y al Cabildo de esta nobilísima ciudad. Y de la misma suerte había prevenido el Santo Tribunal la sagrada presencia de la cruz alta de la mayor parroquia, que es la de la Santa Iglesia Catedral, con uno de sus dignos curas y de su grave clero, la asistencia del celoso séquito de sus ministros y la concurrencia del obsequioso decoro de los caballeros, que señaló para padrinos de los reos, a quienes había recibido de familiares con el juramento acostumbrado. La fama, que no necesita de órdenes porque le bastan los

---

[49] "Who is this image and inscription?"
[50] "Let the image of Caesar be returned to Caesar, and the image of God returned to God."

sucesos, dejando a las profanas, [fol. 42] se vistió de sagrado Nuncio, que avisó la alta función a los contornos. No convocaba, como suele, a la curiosidad para el gozo de una pompa humana de que no saca la razón el costo de la vista, ni la virtud el provecho del ejemplo (acciones caducas, que viven de acabar) sino a una de las más religiosas en que la vista se hace toda celo de la Fe, y la admiración es edificación de la piedad.

Había, como se ha insinuado, destinado el Santo Tribunal para sacro teatro de la acción dispuesta la Iglesia de Nuestra Señora del Rosario del Convento de Santo Domingo, la cual estaba ya prevenida de todo aquel aparato correspondiente, y acostumbrado en semejantes ocasiones, como se dirá.

Llegó, pues, el día señalado: apenas había amanecido, cuando se ordenaron las tropas de la infantería y de caballería destinadas, y pasó una compañía de las primeras, que era la de la guarda de casas reales, a cargo de su capitán don Manuel de Caycuegui, del Orden de Santiago, a guarnecer el cementerio y puertas de la iglesia referida, con fusiles y bayonetas en ellos caladas, para contener el pueblo, cuya curiosidad era tan grande que fue necesario resistir lo mismo que se debía celebrar. Dados estos órdenes, y juntos en palacio los referidos tribunales, pasó S. E. acompañado de ellos, en carroza a las casas de la Santa Inquisición y, habiéndose apeado, entró en el patio del mismo tribunal con los señores de la Real Audiencia, Tribunal de Cuentas y el Cabildo, y llegó hasta las gradas del Ante Tribunal del Santo Oficio donde ya estaban esperando los venerables señores inquisidores, el señor doct. don Gaspar Ibáñez de Peralta, y el señor doct. don Cristóbal Sánchez Calderón; y al momento tomaron en medio a S. E. según el orden de la ley. Comenzó luego a pie el acompañamiento en la siguiente forma.

Marchaba en la avanguardia un lúcido trozo de caballería bien montada y adornada de vestidos de paño rico azul con botonadura de plata y charpas o bandas anchas de terciopelo carmesí, rematadas de hebillaje igualmente de plata, con espada en mano, conducido por don Pedro Irurzún, teniente de la compañía de Caballos de la guarda de S. E. Seguían a este trozo dos alas de dos filas de la misma caballería que iban guarneciendo los lados de la procesión a quien cogían en medio. Acompañaba a esta caballería otro igualmente airoso cuerpo de infantería del Callao y de la guarda referida de las Casas Reales. Sucedía la Cruz de la Santa Iglesia Catedral con el doct. don Ignacio Díaz, uno de los curas insinuados y calificador del Santo Oficio, con el concurso de numeroso clero, todos revestidos de magníficas sobrepellices.[51] Seguíanse los familiares y las personas honestas del Santo Tribunal, adornados de sus [fol. 43] veneras y hábitos cuyo séquito, igualmente copioso que honorífico, constaba de eclesiásticos del mismo clero y de todas las religiones a quienes seguían los calificadores, que eran los más graves y circunstanciados varones de ellas en grados, magisterios y cátedras. Sucedían los títulos y caballeros, que iban de padrinos, y otros todos (aun los que lo eran de las órdenes militares) con las referidas insignias del mismo Santo Oficio en quienes la gala, aun siendo la mayor, mutuaba el lucimiento de sus mismas personas, que hacían su mayor competencia su igualdad.

Iban los reos, que esta nobleza apadrinaba, en número de doce, conducidos por el alcalde de las cárceles del Santo Oficio don Francisco Romo Angulo, que llevaba el bastón que es insignia de su cargo, acompañado de don Gerónimo Hidalgo, nuncio de mismo Tribunal. Veíanse aquellos miserables como tristes cautivos de aquel triunfo, encadenados de sus mismos delitos, a quienes aumentaba la confundida vergüenza de la infamia el distinguido esplendor de los padrinos. Sombra de afrenta, que se hacía más fuerte mientras era más clara la luz de la asistencia.

Llevaba luego el estandarte del Santo Tribunal don Tomás Chacón Medina y Salazar, del Orden de Calatrava, su alguacil mayor, a quien acompañaban por uno y otro lado los dos alcaldes ordinarios actuales de esta ciudad, don Antonio Sancho Dávila y Bermúdez, señor de Valero, y don Martín de Zamudio y de las Infantas, marqués del Villar del Tajo, y de Villa Blanca, familiares; que todos iban con sus hábitos, cada uno de los cuales llevaba una de las borlas del sacro estandarte. Cuya decorosa ceremonia, como también la de ir alternados dentro del cuerpo del Cabildo los ministros titulares del Santo Oficio, se debieron a la determinación de S. E. que no contento con cumplir todo lo que era ley, quiso añadir todo lo que podía ser afectuoso celo al Santo Tribunal.

Seguíanse los ministros titulares, que con iguales insignias procedían, como se ha referido, con los regidores del Cabildo, los cuales eran los siguientes, comenzando, como iban, por los menos antiguos.

---

[51] Ignacio Díaz, a Peruvian Indian, served as doctor of theology, rector of Lima's cathedral, and secretary to archbishop and viceroy Diego Morcillo Rubio de Auñón in 1725.

CABILDO Y REGIMENTO DE ESTA CIUDAD

Don Joseph de Aguero, escribano de Cabildo. Don Felipe Santiago Barrientos, procurador general. Don Diego Terrones y Medinilla, regidor perpetuo. Don Antonio Mogolión y Orosco, regidor perpetuo. Don Augustín de Echeverría Solaga, marqués de [fol. 44] Soto: hermoso, regidor perpetuo. Don Manuel Negrón y Luna, depositario general y regidor perpetuo. Don Francisco de los Ríos y Tamayo, regidor perpetuo. Don Francisco de los Santos y Aguero, regidor perpetuo. Don Diego Carrillo de la Presa, regidor perpetuo. Don Enrique Lobatón y Hazaña, regidor perpetuo. Don Lucas de Vergara y Pardo, regidor perpetuo. Don Martín de Mudarra y de la Serna, marqués de Santa María, regidor perpetuo. Don Andrés de Zavala y Vilela, regidor perpetuo. Don Pedro Romero Camaño, regidor perpetuo. Don Antonio de Iturrizarra Fernández de Córdoba, alcalde provincial. Don Martín de Mudarra y Zamudio, alguacil mayor de la ciudad. Don Pedro Lascano y Centeno, alférez real. Don Francisco de los Santos y Torres, oficial real. Don Joseph de Allende Salazar, del Orden de Calatrava, oficial real. *Los dos alcaldes ordinarios iban llevando las borlas del estandare, como queda expresado*. Sucedía la Real Audiencia, en que se comprendía.

EL TRIBUNAL DE CUENTAS DE ESTE REINO
CON LOS SIGUIENTES SEÑORES.

Don Ignacio Manrique y Saldias, alguacil mayor. Doct. Don Juan de Vergara y Pardo, del Orden de Calatrava, contador mayor del juzgado de bienes de difuntos. Don Juan Joseph Robina. Don Gabriel de Echeverría Soloaga. Don Manuel de Feijo y Sosa. Don Joseph de Borda y Chavarría. Don Cayetano de Mansilla y de la Cueva. Don Pedro Camacho del Corro, del Orden de Santiago. Don Augustín Carrillo de Córdoba, regente. Seguíase el regio superior integérrimo senado de

LA REAL AUDIENCIA QUE FORMABAN
LOS SIGUIENTES SEÑORES.

Señor doct. don Pedro Joseph Bermúdez y Solier, alguacil mayor. Señor doct. don Pedro de Santiago Concha, protector fiscal. [fol. 45] Señor don Francisco Ortiz de Foronda, del Orden de Santiago, fiscal del Crimen. Señor don Lorenzo de la Puente, fiscal de lo Civil. Señor don Alfonso Carrión, alcalde del Crimen. Señor don Juan Gutiérrez de Arce, alcalde del Crimen. Señor don Miguel de Comendio, alcalde del Crimen. Señor don Francisco Xavier de

Salazar y Castejón, alcalde del Crimen. Señor doct. don Gregorio Núñez de Sanabria, oidor. Señor don Joseph Ortiz y Avilés, oidor. Señor don Joseph de Ceballos y Guerra, conde de las Torres, oidor. Señor don Alvaro Bernardo de Quirós, oidor. Señor doct. don Alvaro Bolaños y Moscoso, del Orden de Santiago, oidor. Señor doct. don Joseph de Santiago Concha, marqués de Casa Concha, del Orden de Calatrava, oidor más antiguo. Sucedía con el majestuoso carácter de su real representación el excelentísimo señor don Joseph de Armendariz, marqués de Castelfuerte, comendador de Montizón y Chiclana en el Orden de Santiago, teniente coronel del Regimento de las Reales Guardias de S. M., Capitán general de sus Reales Ejércitos, virrey, gobernador, y capitán general de estos reinos del Perú, Tierrafirme y Chile.

Al lado diestro de S. E. iba el señor doct. don Gaspar Ibáñez de Peralta, del Orden de Calatrava, inquisidor más antiguo del Santo Oficio.

El lado izquierdo de S. E. tenía el señor doct. don Cristóbal Sánchez de Calderón, inquisidor fiscal del mismo Santo Oficio, y ambos señores procedían cubiertos de los chapeos o sombreros de ceremonia propios de la dignidad de delegados pontificios, con la autoridad que requería una acción en que con tan suprema significación llevaban en sí la imagen de la fe. Marchaba delante de S. E. la Compañía de Alabarderos de su guarda, conducida por el capitán D. Francisco de Villalta, del Orden de Santiago, maestre de Campo del Batallón de las milicias de esta ciudad la cual formaba, como suele, dos filas a uno y otro lado de la procesión. Seguía a S. E. su noble familia, compuesta de don Joseph de Muxica, secretario de S. E.; don Ignacio de Soroeta, secretario de S. E.; don Francisco de Villalva, secretario de S. E.; don Juan de Aumada, gentilhombre; don Gerónimo de Calatayud, gentilhombre; don Juan Felipe Portú, gentilhombre; doct. Don Silvano Luxan, capellán real.

Cerraba toda esta sagrada regia pompa otro trozo de caballería que marchaba de retaguardia, semejante en aire, lucimiento y armas al que, según [fol. 46] se ha dicho, iba formando la avanguardia, conducido por don Manuel de Izuriaga, capitán de Caballos de la Guarda de S. E. y su caballerizo, cuyo alférez era don Diego Goicoechea.

Todo el cuerpo de esta admirable procesión de fe, compuesto de todo lo más regio y más venerable de todo lo más grave y más decente, y de todo lo más militar y más airoso, formaba una magnificencia que, ocupando una dilatada extensión en longitud que hacía de muchas cuadras una calle de espaciosa latitud (como las que en toda la cuidad pueden llamarse plazas continuadas), era una maravilla de la autoridad no vista en la duración de muchos años; tan grande, que a poder haber padrones para esculpir en toda su magnitud las pompas, el que de ésta se erigiese dejaría a la posteridad uno de los mayores monumentos en que pudieran habitar la admiración, el ejemplo y la veneración. Por entonces tenía ésta de eternidad el que se gozaba toda junta; y de gloria, el que a fuerza de verse dejaba de ser fe su mismo celo. Los balcones y techos parecían otro acompañamiento inmóvil de respeto, desvaneciéndose la material altura con el rendimiento racional.

Entraron así S. E. y los señores inquisidores con la Real Audiencia y demás séquito referido, puestas en ala las milicias en la iglesia que queda expresada, que entonces se abrió. Hallábase ésta tan llena de concurso que parecía ser necesario que en ella, aun siendo tan magnífica, se repitiese aquel milagro que dicen se veía en el templo de Jerusalén, en que los del pueblo estaban en pie estrechos y adoraban postrados sobre tierra en cruz. Sus claraboyas y ventanas no se sabía si lloraban o enjugaban la luz que les lloraba el día. Los altares cubiertos de velos daban ya una sentencia de indignación a los reos que no eran dignos de su vista. Conque parece que la fe hacía allí duelo lo que afuera había sido triunfo. Habíase erigido en el lado del templo de la epístola, delante del altar de Santo Domingo, un tablado o cadalso de competente altura y de dos gradas, cubierto de bayetas negras, cuya frente ocupaba todo el espacio que hay desde la pilastra del púlpito hasta la capilla mayor, igual al diámetro de la cúpula en el crucero. En el presbiterio de la capilla mayor referida, al lado del Evangelio, estaban puestas tres sillas con tres almohadas a los pies de terciopelo verde, debajo de un dosel del mismo género en que se veía pendiente un santo crucifijo de marfil. Delante de la silla de en medio estaba un sitial sin almohadas en que se veía colocado otro santo crucifijo, y a un lado puesta una cazuela guarnecida de sobrepuestos de plata de realce, que en sí encerraba los procesos y sentencias de los reos que se habían de leer, la cual habían traído en medio del paseo dos familiares [fol. 49] delante de los ministros oficiales. Ocupó la si[lla] de en medio S. E. y se sentaron el señor inquisidor doct. don Gaspar Ibáñez de Peralta a su lado derecho, y el señor inquisidor fiscal doct. don Cristóbal Sánchez Calderón al izquierdo, en la forma en que vinieron, según lo dispuesto por la ley ya citada, que manda que ésta se observe también en el asiento. Seguíanse en la misma línea del plano de las sillas referidas, después de las gradas del altar mayor la Real Audiencia y Tribunal de Cuentas, tomando desde allí la precedencia en la primera silla el señor oidor más antiguo, a que sucedía en sus bancas cubiertas el Cabildo y regimiento de esta ciudad. En el mismo lado del presbiterio se sentaron los secretarios del Secreto y Secuestros, que ya se han expresado, en una banca cubierta, algo posterior a la línea de las sillas. En medio de la peaña del altar mayor estaba colocado de firme el estandarte de la fe. En el mismo sagrado presbiterio, al lado de la epístola, tomaron sus asientos enfrente de las sillas superiores los ministros que se habían destinado para la lectura de las causas. Y por el mismo lado, dejando en medio el tablado erigido (en cuyas gradas estaban sentados los reos con las infames señales de sus delitos) corrian después de la pilastra del púlpito los ministros titulares, consultores y calificadores, familiares y personas honestas del Santo Tribunal, con los títulos y caballeros que habían asistido, los cuales se sentaron mezclados con los referidos.

Comenzó en el altar mayor la misa, que dijo el R. P. M. Fr. Blas de Rojas y Melo, del Orden de Predicadores, calificador y comisario del Santo Oficio en esta ciudad, y al mismo tiempo empezó el introito a S. E. el capellán real asistente don Silvano Luján. Acabada la epístola, suspendió el sacerdote el sacrosanto sacrificio y se sentó. Ofreció luego el señor inquisidor más antiguo a S. E. la campanilla, que estaba en el sitial, para que usase de ella y, habiéndola admitido, dio principio a toda la acción con la señal que con ella hizo, y la entregó un rato después al mismo señor inquisidor para que le sirviese en el gobierno de todos los actos individuales que habían de seguirse, con que su superior dictamen concordó su representación real con la conveniencia de esta dirección.

Volvióse luego el señor inquisidor más antiguo a S. E. y para que hiciese el juramento, que en tales casos hacen los mismos reyes en protestación y en defensa de aquella fe, que con tan católico celo lo profesan, dijo así:

JURAMENTO DE LA FE, QUE HIZO S. E.

V. E. jura y promete por su fe y palabra que, como verdadero y católico virrey, puesto por S. M. Católica don Felipe Quinto, defenderá con todo su poder la fe católica, que tiene y cree la Santa Madre Iglesia Apostólica de Roma, y la conservación y aumento de ella; perseguirá y hará perseguir a los herejes y apóstatas contrarios de ella: y que mandará y dará el favor y ayuda necesaria para el Santo Oficio de la Inquisición y ministros de ella, para que los herejes perturbadores de nuestra religión cristiana sean prendidos y castigados conforme a los derechos y sacros canones, sin que haya omisión de parte de V. E. ni excepción de persona alguna de cualquiera calidad que sea. Y S. E. respondió: *Así lo juro, y prometo por mi fe y palabra.* En cuya consecuencia dijo el mismo señor inquisidor a S. E.: *Haciéndolo V. E. así, como de su gran religión y*

*cristiandad esperamos, ensalzará a Nuestro Señor en su santo servicio a V. E. y
a todas sus acciones, y le dará tanta salud y larga vida, como este reino y el
servicio de S. M. ha menester.*

Subió entonces al púlpito el R. P. M. Fr. Nicolás Jiménez, del Orden de
Artes en la Real Universidad de San Marcos de esta ciudad y calificador del
Santo Oficio, a leer el juramento de la fe y de su defensa que, como celosos
católicos, debían hacer los señores de la Real Audiencia y el Cabildo y
Regimento de esta misma ciudad, que fue del tenor siguiente.

JURAMENTO DE LA FE HECHO POR
LA REAL AUDIENCIA

*Nos el presidente y oidores de esta Real Audiencia y Chancillería Real, que
reside en esta ciudad de los reyes, Justicia y Regimento de dicha ciudad, alguaciles
mayores y menores y demás ministros, por amonestación y mandado de los señores
inquisidores que residen en esta dicha ciudad, como verdaderos cristianos y
obedientes a los mandamientos de la Santa Madre Iglesia, prometemos y juramos
por los santos evangelios y la Santa Cruz, que tenemos ante nuestros ojos, que
tendremos la santa fe católica, que la Santa Madre Iglesia Romana tiene y
predica, y que la haremos tener y guardar a todas otras cualquiera personas
sujetas a nuestra jurisdicción, y la defenderemos con todas nuestras fuerzas contra
todas las personas que la quisieren impugnar y contradecir, en tal manera que
perseguiremos a todos los herejes y sus creyentes y favorecedores, receptadores y
defensores, y los prenderemos y mandaremos prender, y los acusaremos y
denunciaremos ante la Santa Madre Iglesia, y ante los dichos señores
inquisidores, como sus ministros, si supiéramos de ellos en cualquier manera.
Mayormente lo juramos y prometemos cuando acerca de este caso fuéremos
requeridos. Otrosí juramos y prometemos que no cometeremos ni encargaremos
nuestras tenencias, ni alguacilazgos, ni otros oficios públicos, de cualquiera
calidad que sean, a ningunas de las dichas personas, ni a otras ningunas a
quienes fuere [fol. 49] vedado o impuesto por penitencia por V. S. o por
cualesquiera señores inquisidores, que en este Santo Oficio o en otro hayan
residido, ni a ningunas personas que el derecho por razón del dicho delito lo
prohibe; o si los tuvieren, no los dejaremos usar de ellos: antes los puniremos y
castigaremos conforme a las leyes de estos reinos. Otrosí juramos y prometemos que
a ninguno de los susodichos recibiremos ni tendremos en nuestras familias,
compañía, ni servicio, ni en nuestro consejo; y si por ventura lo contrario
hiciéremos, no sabiéndolo, cada y cuando a nuestra noticia viniere las tales*

personas ser de la condición susodicha, luego las lanzaremos. Otrosí juramos y prometemos que guardaremos todas las preeminencias, privilegios y exenciones e inmunidades dadas y concedidas a los señores inquisidores, y a todos los otros oficiales, ministros y familiares del dicho Santo Oficio, y los haremos guardar a otras personas. Otrosí juramos y prometemos que cada y cuando por los dichos señores inquisidores, o cualesquiera de ellos, nos fuere mandado ejecutar cualquiera sentencia o sentencias contra alguna o algunas personas de los susodichos, sin ninguna dilación lo haremos, y cumpliremos según y de la manera que los sagrados canones y leyes, que en tal caso hablan, lo disponen: y que así en lo susodicho, como en todas las otras cosas que al Santo Oficio de la Inquisición pertenecieren, seremos obedientes a Dios y a la Iglesia Romana, y a los dichos señores inquisidores y a sus sucesores según nuestra posibilidad. Así Dios nos ayude y los santos cuatro evangelios que están por delante, y si lo contrario hiciéremos, Dios nos lo demande, como a malos cristianos, que a sabiendas se perjuran. Amen.

Acabado este juramento, hizo el pueblo el siguiente, diciendo el legente estas palabras. *Alzad todos las manos, y diga cada uno.*

JURAMENTO DEL PUEBLO.

Juro a Dios y a Santa María, y a la señal de la cruz y a las palabras de los santos evangelios, que seré en favor, defensión y ayuda de la santa fe católica y de la Santa Inquisición, oficiales y ministros de ella, y de manifestar y descubrir todos y cualesquiera herejes, fautores, defensores y encubridores de ellos, perturbadores, e impedidores del dicho Santo Oficio; y que no les daré favor ni ayuda, ni los encubriré; más luego que lo sepa, lo revelaré y declararé a los señores inquisidores, y si lo contrario hiciere, Diios me lo demande, como a aquél o aquéllos que a sabiendas se perjuran. Dijo luego el legente, digan todos, Amen.

Prosiguió inmediatamente después el referido R. P. M. el ejercicio de su lectura, pasando a hacerla del edicto, que de *motu propio*[52] expidió S. Pío Quinto, a que precedió el auto de intimación siguiente.

[fol. 50] *Nos los inquisidores contra la herética pravedad y apostasía en la ciudad y arzobispado de los reyes, con los obispados de Quito, del Cuzco y Guamanga, arzobispado de los Charcas y Río de la Plata, y obispados del Tucumán, Concepción, Santiago de Chile, Paraguay, Arequipa y Trujillo, Santa Cruz de la Sierra, la Paz y en todos los reinos, estados y señoríos de las provincias*

---

[52] "By his own motion."

del Perú, su virreinato, gobernación y distrito de las Audiencias Reales, que en las dichas ciudades, reinos y provincias residen por autoridad apostólica y ordinaria, etc. Hacemos saber al muy excelente señor virrey y capitán general de dichos reinos y provincias, y a los reverendísimos señores arzobispos y obispos de ellas, y a los muy ilustres señores presidentes y oidores de las Audiencias Reales, y a los muy magníficos señores corregidores, alcaldes mayores y ordinarios de todas las ciudades, villas y lugares de los dichos reinos y provincias, y a todos los vecinos y moradores estantes y habitantes de las dichas ciudades, villas y lugares, y a cada uno y a cualquiera de ellos a quien lo de suso toca y atañe, en cualquiera manera: Como N. M. Santo Padre San Pío V. de felice recordación, con el celo que tuvo al servicio de Dios Nuestro Señor y aumento y conservación de nuestra Santa Fe Católica y religión cristiana, con acuerdo de los reverendísimos cardenales sus hermanos, estableció una constitución en favor del Santo Oficio, oficiales y ministros de él, su tenor de la cual en nuestro vulgar castellano es el siguiente.

CONSTITUCION DE NUESTRO MUY SANTO PADRE
PAPA PIO QUINTO,

contra los que ofenden el estado, negocios y personas del Santo Oficio de la Inquisición contra la herética pravedad.

¿Si cada día con diligencia tenemos cuidado de amparar los ministros de la iglesia, los cuales Nuestro Señor Dios nos ha encomendado, y nos los habemos recibido debajo de nuestra fe y amparo, cuanto mayor cuidado y solicitud nos es necesario poner en los que se ocupan en el Santo Oficio de la Inquisición contra la herética pravedad, para que siendo libres de todos peligros debajo del amparo de la inviolable autoridad de nuestra sede apostólica, pongan en ejecución cualesquiera cosas tocantes a su oficio, para exaltación de la fe católica? Así que como cada día se aumente más la multitud de herejes, que por todas vías y artes procuran destruir el Santo Oficio y molestar y ofender a los ministros de él, hános traído la necesidad a tal término que nos es necesario reprimir tan maldito y nefario atrevimiento con cruel azote de castigo. Por lo tanto, con consentimiento y acuerdo de los cardenales nuestros hermanos, establecemos y mandamos por esta general Constitución que cualquiera persona, ahora sea particular o privada, o ciudad o pueblo, o señor, conde, marqués o duque, o de otro cualquiera más alto y mejor título, que matare [fol. 51] o hiriere, o violentamente tocare y ofendiere, o con amenazas, conminaciones y temores, o en otra cualquiera manera impidiera a cualquiera de los inquisidores o sus oficiales, fiscales, promotores, notarios o a otros

cualesquiera ministros del Santo Oficio en sus obispados o provincias, o al
acusador, denunciador o testigo, traído o llamado, como quiera que sea, para fe
y testimonio de la real causa: y el que combatiere o acometiere, quemare o
saqueare las iglesias, casas u otra cualquiera cosa pública o privada del Santo
Oficio, o cualquiera que quemare, hurtare o llevare cualesquiera libros o
procesos, protocolos, escrituras, trasuntos u otros cualesquiera instrumentos o
privilegios, dondequiera que estén puestos, o cualquiera que llevare las tales
escrituras o alguna de ellas de tal fuego, saco o robo en cualquiera manera, o
cualquiera persona que se hallare en el tal combate o saco, aunque esté sin
armas; o fuere causa, dando consejo, favor y ayuda, en cualquiera manera que
sea, de combatir, saquear o quemar las dichas cosas tocantes y pertenecientes al
Santo Oficio, en cualquiera manera que sea; o prohibiere que algunas cosas o
personas del Santo Oficio no sean guardadas o defendidas: y cualquiera persona
que quebrantare cárcel pública o particular, o sacare y echare fuera de la tal
cárcel algún preso; o prohibiere que no le prendan, o le receptare, o encubriere,
o diere o mandare que le den facultad y ayuda o favor para huir y ausentarse; o
el que, para hacer y cometer alguna de las dichas cosas o parte de ellas, hiciere
junta o cuadrilla, o apercibiere y previniere a algunas personas; o de otra
cualquiera manera, en cualquier cosa de las sobredichas, de industria, diere
ayuda, consejo o favor, pública o secretamente, aunque ninguno sea muerto, ni
herido, ni sacado o echado, ni librado de tal cárcel; y aunque ninguna casa sea
combatida, quebrantada, quemada ni saqueada; finalmente aunque ningún
daño en efecto se haya seguido. Con todo eso el tal delincuente sea
excomulgado y anatematizado, y sea reo *lesæ maiestatis*,[53] y quede privado de
cualquiera señoría, dignidad, honra, feudo y de todo otro cualquiera beneficio
temporal o perpetuo; y que el juez lo castigue con aquellas penas que por
constituciones legítimas son dadas a los condenados por el primer capítulo de
dicha ley, quedando aplicados todos su bienes y hacienda al fisco, así como
también está constituida por derechos y sanciones canónicas contra los herejes
condenados; y los hijos de los tales delincuentes queden y sean sujetos a la
infamia de los padres, y del todo quedan sin parte de toda y cualquiera herencia,
sucesión, donación, manda de parientes o extraños, ni tengan ningunas
dignidades; y ninguno pueda tener disculpa alguna, ni poner ni pretender [fol.
52] algún color o causa; para que sea creido no haber cometido tan gran delito
en menosprecio y odio del Santo Oficio, si no mostrare por claras y manifiestas

---

[53] "Crime of high treason."

probanzas, haber hecho lo contrario. Y lo que sobre los susodichos delincuentes y sus hijos hemos estatuido y mandado, eso mismo queremos y ordenamos que se entienda y ejecute en los clérigos y presbíteros seculares y regulares de cualquiera orden que sea, aunque sean exentos, y en los obispos y otras personas de más dignidad, no obstante cualquiera privilegio que cualquiera persona tenga, de manera que los tales por autoridad de las presentes letras, siendo privados de sus beneficios y de todos los oficios eclesiásticos, sean degradados por juez eclesiástico como herejes; y así raídas sus órdenes, sean entregados al juez y brazo seglar, y como legos sean sujetos a las sobredichas penas. Pero queremos que las causas de los prelados sean reservadas a nos o a nuestros sucesores para que, inquirido y examinado su negocio, procedamos contra ellos para deponerlos y darles las sobredichas penas, conforme y como lo requiere la atrocidad de su delito. Y cualesquiera que procuraron pedir perdón para los tales o interceder de cualquiera otra manera por ellos, sepan que han incurrido *ipso facto* en las mismas penas que las sagradas Constituciones ponen contra los favorecedores y encubridores de herejes. Pero si algunos, siendo en mucho o en poco culpados en los tales delitos, movidos por celo de la religión cristiana, o por arrepentimiento de su pecado descubrieren su delito, antes que sea declarado o denunciado, sea libre del tal castigo; pero en lo que toca a todas y cualesquiera absoluciones de los tales delitos y las habilitaciones y restituciones de fama y honra, deseamos que de aquí adelante se tenga y guarde en esta forma. Que nuestros sucesores no concedan ningunas, si no fuere después de haber pasado por lo menos seis meses de sus pontificados, y habiendo sido primero sus peticiones verificadas y conocidas por verdaderas por el supremo Oficio de la Inquisición. Y así estatuimos y ordenamos que todas y cualesquiera absoluciones, habilitaciones y restituciones de esta manera, que de aquí en adelante se hicieren, no aprovechen a nadie, si primero no fueren verificados sus ruegos y peticiones. Y queremos y mandamos que esta nuestra Constitución por ninguna vía ni parte sea derogada ni revocada, ni se pueda juzgar haber sido revocada ni derogada, sino siendo todo el tenor de esta nuestra Constitución inserto en la tal revocación, palabra por palabra. Y más queremos que la tal gracia y revocación sea hecha por cierta ciencia del romano pontífice y sellada con su propia mano: y si aconteciere, que por liviana causa se hiciere la tal revocación y derogación, queremos que las tales derogaciones y revocaciones no tengan ninguna fuerza ni valor. Item mandamos que [fol. 53] todos y cualesquiera patriarcas, primados, arzobispos, obispos y los demás prelados de las iglesias constituidos por todo el orbe procuren por sí propios, o por otras personas, publicar solemnemente en sus provincias, ciudades y obispados esta nuestra Constitución, o el traslado de ellas, y cuanto en sí fuere, hacerlas guardar, apremiando y compeliendo a cualesquiera contradictores por censuras y penas eclesiásticas, pospuesta toda apelación; agravando las censuras y penas, cuantas veces bien visto les fuere; invocando para ello, si fuere menester, el auxilio del brazo seglar, no obstante cualesquiera Constituciones, ordenaciones apostólicas y cualesquiera cosas que parecieren ser contrarias. Y queremos que los traslados de estas nuestras letras sean impresos y publicados y sellados por mano del notario público, o con el sello de otro cualquiera de la curia eclesiástica o de algún prelado; y los tales traslados queremos que en cualquier parte y lugar que fueren publicados, hagan tan entera fe y testimonio como si el propio original fuera leído y publicado. Item rogamos y amonestamos a todos los príncipes de todo el orbe, a los cuales es permitida la potestad del gladio seglar para venganza de los malos, y les pedimos, en virtud de la Santa Fe Católica que prometieron guardar, que defiendan y pongan todo su poderío en dar ayuda y socorro a los dichos ministros en la punición y castigo de los dichos delitos, después de la sentencia de la Iglesia, de manera que los tales ministros con el presidio y amparo de ellos felizmente ejecuten el cargo con tal grande oficio para gloria del Eterno Dios, y aumento de la religión cristiana, porque así recibirán el incomparable inmenso premio que tiene aparejado en la compañía de la eterna beatitud para los que defienden nuestra Santa Fe Católica. Y mandamos que a ninguno sea lícito rasgar o contradecir con atrevimiento temerario esta escritura de nuestra sanción, legación, estatuto, jusión, ostentación y voluntad. Y si alguno presumiere o intentare lo contrario, sepa que ha incurrido en la indignación de Dios todo poderoso y de los bienaventurados San Pedro y San Pablo. Dada en Roma en San Pedro, a primero día del mes de abril del año de la Encarnación del Señor, mil quinientos y sesenta y nueve, en el año cuatro de nuestro pontificado.

Por ende exhortamos y requerimo, al dicho señor virrey y señores arzobispos y obispos y señores presidentes y oidores de las dichas Audiencias Reales, y a vos las dichas personas, y a cada una de vos, mandamos en virtud de santa obediencia que guardéis y cumpláis, y hagáis guardar y cumplir la dicha Constitución, y denunciéis y hagáis denunciar ante nos o ante nuestros comisarios, lo que supiéredes o hubiéredes oído decir cerca de lo en ella declarado; y contra el tenor y forma de ella no vais, ni paséis, ni consintais ir ni pasar, so las penas en [fol. 54] la dicha Constitución contenidas. En testimonio de lo cual, dimos la presente firmada de nuestros nombres, sellada con el sello del Santo Oficio, y refrendada del Secretario del Secreto de él. Dada en la Inquisición de los reyes del Perú, en primero de julio de mil setecientos y treinta y tres años. Doct. don Gaspar Ibáñez. Doct. don Cristóbal Sánchez Calderón. Por mandato del Santo Oficio de la Inquisición. Don Joseph Toribio Román de Aulestia.

Fenecida la lectura de la Constitución referida, que es la célebre dada contra los impedientes de la jurisdicción del Santo Oficio, cuyo contexto comienza en latín con las famosas palabras *Si de protegendis*,[54] y repetida así su intimación para que se repitiesen en los corazones como ecos de su noticia y celo de la fe, y el respeto al mismo Santo Oficio, se procedió a la lectura de las causas y sentencias de los reos, que se había de hacer sucesivamente por los ministros para ella destinados, para cuyo efecto fueron éstos subiendo al mismo púlpito en la forma siguiente.

BREVE SUMARIO DE LOS REOS,
MÉRITOS Y SENTENCIAS DE SUS CAUSAS.

CAUSA PRIMERA.

Leyó ésta el capitán don Joseph Toribio Román de Aulestia, secretario del Secreto del mismo Santo Oficio, la cual perteneció a la siguiente rea.

Fue ésta María de la Cruz, alias, la Fijo, de casta negra, natural de esta ciudad, de edad de treinta y seis años, libre y de estado casada, penitenciada por este Santo Oficio el año pasado de mil setecientos y diez y siete, por delitos de superstición y brujería. Salió en cuerpo al auto en forma de penitente, con las señales de coroza de supersticiosa, hipócrita, maléfica y embustera, de soga gruesa al cuello, y vela verde en las manos: por haber reincidido en los inicuos artes referidas, solicitando personas a quienes dar medicamentos amatorios para ser queridas y lograr fortuna en el infame empleo de dos torpes tratos; haciéndolo ella de lo que así ganaba. Abjuró de *levi*: fue advertida, reprehendida y conminada y condenada, en que saliese el día siguiente por las calles públicas y acostumbradas, en bestia [fol. 55] de albarda donde, a voz de pregonero que publicase su delito, le fuesen dados doscientos azotes (de los cuales se le reveló por justos motivos, saliendo sólo a la vergüenza) y en la pena de destierro de la Corte de S. M. y de esta ciudad, al puerto de Arica, y en algunas penitencias instructivas de los misterios de nuestra Santa Fe y provechosas a su alma. Fue ésta apadrinada de los marqueses de Santiago y Monte-rico, familiares.

---

[54] "If about things to be protected..."

CAUSA SEGUNDA

Leyó luego don Manuel González de Arbulú, secretario del Secreto del Santo Oficio, la segunda causa y sentencia perteneciente al siguiente reo.

Fue éste Joseph Nicolás Michel, español, natural de la ciudad de la Paz en este reino y vecino de la Villa de Oruro, de edad de más de veinte y ocho años, ejercitado en enseñar gramática a niños. Salió al auto en cuerpo y en forma de penitente, con corona de supersticioso, hipócrita y embustero, soga gruesa al cuello y vela verde en las manos: por los delitos de haber dicho número de cuarenta misas, sin tener órdenes algunas y haber usado de malesojos y artes mágicas, con que convertía a la vista en negros a los hombres blancos; y por el de la desesperación con que, desconfiando de la misericordia divina, intentó quitarse la vida varias veces en la misma cárcel, donde se le desató el lazo que se tenía hechado al cuello. Hallósele un envoltorio de varios instrumentos y yerbas de que usaba para sus maleficios. Abjuró de *levi*: fue advertido, reprehendido y conminado, y condenado en la pena de doscientos azotes para el día siguiente, y en la de destierro en la forma que la rea antecedente, al presidio de Valdivia por siete años, con algunas penitencias saludables en el Hospital de San Juan de Dios del mismo presidio, donde fuese instruido en nuestra Santa Fe; y fue inhabilitado perpetuamente para ascender a sacros órdenes. Fueron sus padrinos don Francisco de los Santos y Agüero, y don Joachín de los Santos y Aguero, regidores de esta ciudad, y familiares.

CAUSA TERCERA

Leyó después el doct. don Lorenzo Rizo de Castro, abogado de la Real Audiencia y de presos del Santo Oficio, y secretario del Secuestros de él, la tercera causa y su sentencia, que fue la del siguiente reo.

Fue éste Pedro Sigil, mestizo, natural de la villa de Guancavelica, residente en el pueblo de Atunyauyos en la provincia de Yauyos, de edad de cuarenta años y de ejercicio ladrador. Salió en la forma que los precedentes, con corona de supersticioso y sambenito de media aspa, soga gruesa y [fol. 56] vela verde: por los delitos de haber hereticado y apostatado de nuestra Santa Fe Católica, idolatrando y dando culto gentílico a sus ídolos con sacrificios y adoraciones en su honor, oblaciones de bebidas y frutos de la tierra, y víctimas, que degollaba delante de ellos, de carneros de Castilla y de otros animales de este país, nombrados *llamas*, que ofrecía por medio de otra mestiza, que se había erigido en sacerdotisa de aquellas falsas aras, a quien prestaba suma reverencia; pasando a afirmar que aquellos ídolos eran los autores de todos los bienes, dándoles vida, el sustento y la abundancia de los frutos, y librándolos de las enfermedades y las pestes. Actos idolátricos a que había destinado en las semanas del año el día martes, y singularmente el precedente a las vísperas del Corpus Cristi. La forma de estos sacrificios era la de matar aquellos animales para hacerlos comida de los ídolos, entrándoles el cuchillo por un costado; mientras la sacerdotisa, oculta en un sótano u horno, estaba esperando la sangre vertida de mano de este apostata, que se la entregaba cogida en unos vasos que acá se llaman mates, para que la diese de beber a aquellos mismo ídolos, y después la regase por el suelo donde la referida estaba con el quipo, que es un arado en que los naturales guardan sus trajes y comidas. De que lograba el que los alcaldes de su pueblo le abonasen cien pesos por la cabeza de ganado que mataba para esta especie de sacrificios, y otros. Abjuró de *vehementi*: y fue absuelto *ad cautelam* y condenado en confiscación de la mitad de sus bienes para la cámara y fisco de S. M. y para su receptor general en su real nombre. Fue así mismo advertido, reprehendido y conminado, y sentenciado a que el día siguiente saliese en bestia de albarda por las calles públicas y acostumbradas, desnudo, como los demás, de la cintura arriba, a la vergüenza, y en la pena de destierro de la villa de Madrid, corte de S. M. y de esta ciudad, por cinco años al presidio de Valdivia, y otras saludables. Fueron sus padrinos don Pedro de Arce y don Baltazar Hurrado Girón, familiares.

CAUSA CUARTA

Leyó luego la cuarta causa, y su sentencia el R. P. Prior Fr. Isidro Vela Patiño, del Orden de Predicadores, ministro del Santo Oficio, que fue la del siguiente reo.

Fue este Calixto de Herazo, mestizo, natural de San Juan de Pasto en la Provincia de Quito, de ejercicio labrador, de edad de más de treinta años y de estado casado, residente en Santiago de Guayaquil. Salió al auto en la forma que los antecedentes, con corona, en que estaban pintadas insignias de casado dos veces, soga y vela verde: por [fol. 57] el delito de poligamia o haber contraído segundo matrimonio en la referida ciudad de Guayaquil, viviendo su primera mujer en la villa de San Miguel de Ibarra de la provincia referida. Abjuró de *levi*: fue advertido, reprehendido, y conminado, y condenado, a que el día siguiente se le diesen, en la forma que a los demás, doscientos azotes, y en la pena de destierro de la villa de Madrid y de esta ciudad, por tiempo de cuatro años al presidio de Valdivia, rebajándosele de éstos los de su prisión, con otras saludables. Y en cuanto al vínculo de matrimonio, se remitió al juez eclesiástico ordinario, que de la causa puede y debe conocer. Fueron sus padrinos don Pascual de Prada y don Joseph de Herrera, familiares.

CAUSA QUINTA

Sucedió a ésta la quinta causa y sentencia, que leyó don Francisco Fernández de Valdés, presbítero, ministro del Santo Oficio, la cual perteneció al reo siguiente.

Fue este Juan Domingo de Llano, alias de Espinola, natural de la ciudad de Génova y residente en ésta de Lima, de edad de treinta y tres años, de ejercicio cirujano y de estado casado. Salió en la forma que los precedentes con coroza en que estaban puestas insignias de casado dos veces: por el delito de poligamia o segundo matrimonio que celebró en el pueblo de Corocorillo de la provincia de Bracamoros, del corregimiento de Chachapoyas en el obispado de Trujillo, viviendo su primera mujer en esta ciudad. Abjuró de *levi*: fue advertido, reprehendido y conminado, y condenado, a que el día siguiente saliese por las calles públicas en la manera que los antecedentes, donde le fuesen dados doscientos azotes, cuyo castigo se le suspendió por justos motivos, mandándose que sólo saliese a la vergüenza; y en la pena de destierro de la corte y capital referida por tiempo de cuatro años, al presidio de Valdivia y en otras espirituales y edificativas. Y en cuanto al vínculo de matrimonio, se remitió al juez ordinario eclesiástico, que de la causa puede y debe conocer. Apadrináronle D. Diego Miguel de la Presa, regidor perpetuo de esta ciudad, y don Luis Carrillo de Córdoba, marqués de Conchán, familiares.

CAUSA SEXTA

Siguióse la sexta causa y sentencia, que subió a leer el R. P. predicador Fr. Marcos de Arcaya, del Orden de San Francisco, ministro del Santo Oficio, perteneciente a la siguiente rea.

Fue ésta María Atanasia, negra criolla, esclava, [fol. 58] natural de esta ciudad, de edad de veinte y nueve años, y de estado casada. Salió en la forma de penitente referida, con coroza en que se veían puestas insignias de casada dos veces, soga al cuello y vela verde en las manos: por el mismo delito de haber contraído segundo matrimonio en esta ciudad, viviendo en ella a un mismo tiempo su primer marido. Abjuró de *levi*: fue, como los demás advertida, reprehendida y conminada y condenada, a que saliese por las calles públicas y acostumbradas en bestia de albarda, desnuda de la cintura para arriba, donde a voz de pregonero que publicase su delito, le fuesen dados doscientos azotes; y en la pena de destierro por tiempo de cinco años al lugar que se le asignaría, rebajándole el de su prisión; y en otras saludables y espirituales. Y en cuanto al vínculo del matrimonio, se remitió al juez ordinario eclesiástico, que de la causa puede y debe conocer. La apadrinaron don Francisco de Sosa, y don Manuel Pérez Victoriano, familiares del Santo Oficio.

CAUSA SÉPTIMA

Sucedió la séptima causa y sentencia, que leyó el R. P. predicador Fr. Fernando de los Reyes del Orden de San Francisco, ministro del mismo Santo Oficio, perteneciente al siguiente reo.

Fue éste Manuel de Jesús, alias Zahoga, negro de Guinea, de casta Congo, esclavo de la Hacienda de San Juan, que posee la sagrada Compañía de Jesús en el distrito de esta ciudad, de más de sesenta años de edad, viudo. Salió al auto en la forma de penitencia que los reos antecedentes, con coroza de supersticioso, hipócrita y embustero, soga al cuello y vela verde en las manos: por los delitos de la superstición y la impostura, en cuyos infames artes era famoso maestro, como artífice de singulares maleficios, ejecutados con varias yerbas, cocimientos y fricaciones inhonestas del cuerpo de las personas de ambos sexos, al torpe y engañoso fin de producir a unas fortuna en sus ilícitos amores y a otros de curarlos de los dolores que sentían, por los maleficios que les persuadía que padecían. En cuyas operaciones mezclaba varias cosas y palabras sagradas a los conjuros y santiguos que hacía; valiéndose del sacrilegio auxilio de nombrar a los santos y haciendo señales de la cruz con palma bendita, sobre los cuales mandaba que pasasen las personas referidas; a quienes fricaba los desnudos cuerpos con cuyes (animales semejantes a los conejos) y propinándoles bebidas de ciertas aguas confeccionadas de varias inmundicias y polvos que fingía ser medicamentos de botica; vendiéndose por inteligente en medicina, por haber asistido en su mocedad a la botica de la referida sagrada Compañía para lograr por precio de sus embustes las cantidades que les pedía. Abjuró de *levi*: fue advertido, [fol. 59] reprehendido y conminado, y condenado a que saliese por las calles públicas y acostumbradas en la forma que los demás, donde le fuesen dados doscientos azotes (los cuales no se ejecutaron por justos motivos) y en la pena de destierro por tiempo de seis años al lugar que se le asignaría, y en otras instructivas y saludables. Fueron los padrinos don Matías Vásquez de Acuña, conde de la Vega del Rhin y don Geronimo Vásquez de Acuña Iturgoyen, comisario general de la Caballería y Batallón de esta ciudad, familiares del Santo Oficio.

CAUSA OCTAVA

Siguióse luego la octava causa, que pasó a leer el R. P. predicador Fr. Francisco de Rivera, del Orden Predicadores, ministro del mismo Santo Oficio, cuyo proceso fue fulminado contra el siguiente reo.

Fue éste Juan Joseph de Otarola, cuarterón de mulato, libre, natural y vecino de esta ciudad, de edad de más de cuarenta años, de oficio bordador y de estado casado; penitenciado que fue por el mismo Santo Oficio en el año pasado de mil setecientos y quince, por testigo formal y falso para que cierta persona religiosa y profesa celebrase matrimonio, que desde luego se efectuó. Salió al auto en forma de penitente, con coroza en que se veía insignias de casado dos veces, con soga gruesa al cuello y vela verde en las manos: por el delito de haber contraído segundo matrimonio en esta ciudad viviendo en el pueblo de la Japallanga en la provincia de Jauja su primera mujer. Abjuró de *levi*: fue advertido, reprehendido, y conminado y condenado en la pena de doscientos azotes, que se le diesen por las calle públicas a voz de pregonero que publicase su delito, en la de destierro por tiempo de cinco años al presidio de Valdivia, donde sirva a S. M. a ración y sin sueldo, y sea instruido por el Comisario del Santo Oficio en los misterios de nuestra Santa Fe y doctrina cristiana, y en otras saludables y espirituales. Y en cuanto al vínculo de matrimonio, se remitió al juez ordinario eclesiástico, que de la causa puede y debe conocer. Apadrináronle don Joseph de Llamas, general del Callao, y don Antonio Sarmiento Sotomayor, conde del Portillo, familiares del Santo Oficio.

CAUSA NOVENA

Subió luego a leer la novena causa y sentencia, el R. P. predicador Fr. Cayetano Garrido, del Orden de San Francisco, ministro del Santo Oficio.

Perteneció ésta a Juana Caldera, cuarterona de mulato, libre, natural y vecina de esta ciudad, [fol. 60] de edad de más de treinta años, de estado casada y sin ejercicio alguno. Salió en cuerpo al auto en forma de penitente, con coroza en que estaban delineadas insignias de supersticiosa, hipócrita y embustera, soga y vela verde, por maestra famosa en las artes de superstición y el maleficio con que solicitaba personas, a quienes propinar bebidas amatorias, atractivas de los hombres, así para que éstos las amasen como para que no se apartasen de aquella ilícita comunicación con que lograban las conveniencias del dinero y fortuna que les producía. A que añadía varias aguas confeccionadas de diversas yerbas en que las bañaba con encantaciones y conjuros en que mezclaba palabras sagradas y la señal de la cruz: todo a efecto de vender este maléfico beneficio por la plata que era el precio de su paga. Abjuro de *levi*: fue advertida, reprehendida y conminada, y condenada como los precedentes en la pena de doscientos azotes (que por justos motivos no se ejecutaron) y en la de destierro por tiempo de cuatro años, que hubiese de cumplir en la ciudad de Ica, reclusa en el beaterio de dicha ciudad, y en otra instructivas y saludables. Fueron sus padrinos don Isidro Cosio, del Orden de Alcántara, prior del Consulado de esta ciudad y don Juan Antonio de Tagle, familiares del Santo Oficio.

CAUSA DÉCIMA

Pasó a leer la décima causa y sentencia, el R. P. Fr. Manuel de Mosquera y Figueroa, religioso. Sacerdote del Orden de San Juan de Dios, ministro del Santo Oficio.

Perteneció ésta a María de Fuentes, mestiza, natural del pueblo de la Gloria, de la jurisdicción de Santiago de Chile en que era residente, de edad de más de treinta y seis años, de oficio tejedora, de estado casada y sirviente en el Hospital de San Juan de Dios. Salió en la forma que los reos antecedentes, con coroza pintada de insignias de casada dos veces: por el delito de haber contraído segundo matrimonio en dicha ciudad de Santiago, viviendo su primer marido. Abjuró de *levi*: fue advertida, reprehendida y conminada, y condenada en la forma que los demás, en la pena de doscientos azotes y en la de destierro por espacio de tres años, al lugar donde se le señalase por el Santo Tribunal, y en otras espirituales e instructivas. Y en cuanto al vínculo de matrimonio, se remitió al juez ordinario eclesiástico, que de la causa pudiese y debiese conocer. Fueron los padrinos don Luis de Oviedo y Echaburo, conde de la Granja y don Francisco Hurtado de Mendoza. [fol. 61]

CAUSA UNDÉCIMA

Leyó la undécima causa y sentencia el R. P. Lect. jubilado Fr. Augustín de Gorostieta y Axcaray, del Orden de San Augustín, ministro del Santo Oficio, perteneciente al siguiente reo.

Fue éste Francisco de las Infantes, mestizo, natural del pueblo de Lucanas de la provincia de Otoca, en el obispado de Guamanga, residente en la de Abancay, de edad de más de cuarenta años, de oficio labrador y de estado casado. Salió en la forma de penitente que los demás, con coroza, y en ella insignias de casado dos veces: por el delito de la poligamia, cometido en haber celebrado segundo matrimonio en el valle de Abancay, viviendo su primera mujer en dicho pueblo de Lucanas. Abjuró de *levi*: fue advertido, reprehendido y conminado, y condenado a que se le diesen doscientos azotes, y en la pena de destierro en la manera que los antecedentes, por tiempo de cuatro años, al lugar que se le señalaría por el Santo Tribunal, como lo fue el de la isla del Callao donde trabajase en cortar piedra, y otras saludables. Y en cuanto al vínculo del matrimonio, se remitió al juez eclesiástico ordinario, que de la causa puede o debe conocer. Apadrináronle don Francisco de Paredes y Clerque, marqués de Salinas y don Augustín de Echevarría Zuloaga, Marqués de Sotohermoso.

CAUSA DUODÉCIMA

Subió a leer la duodécima causa y sentencia el R. P. predicador Fr. Juan Hurtado de Mendoza, del Orden de San Francisco, ministro del Santo Oficio.

Perteneció ésta a Sebastiana de Figueroa, cuarterona de mestizo, natural y vecina de la ciudad de León de Guanuco, de estado viuda, de edad de más de sesenta años y de ejercicio hiladora. Salió en la forma de penitente que los reos precedentes, con coroza en que estaban pintadas insignias de supersticiosa, hipócrita y embustera, y con sambenito de media aspa, soga y vela verde: por los delitos de haber hereticado y apostatado de nuestra Santa Fe Católica, dando adoración y culto al demonio y valiéndose de este maestro del engaño para los que ejecutaba y para los diabólicos artes con que pervertía a unos y maleficiaba a otros, con daños que les hacía en sus personas y en sus bienes; y causando a algunos el aborrecimiento a los que amaban: ejercicio, en que por medio de supersticiosos medicamentos adivinaba a otros su próxima muerte, cuya predicción comprobaba lo triste del suceso. A que añadía diversos otros maleficios, haciendo a varias personas fricciones con yerbas prevenidas y con cierto animalillo de color blanco, en cuyo vientre [fol. 62] (que para esto abría) las introducía con alguna plata; sin que por esto muriese el referido animalillo, a quien, hallado después vivo, arrojó a un río. En que no parando sus delitos, pasó a cometer los de quitar a muchas personas la vida y a otros encantos, como al de embarazar la voz a alguno por medio de una espina atravesada en la garganta de un muñeco hecho de cera (figuras de que se le hallaron varias, formadas de hombres y mujeres) y a los de usar de baños confeccionados de diferentes yerbas, que daba a las mujeres para ser queridas de sus galanes o maridos, con el torpe permiso de dejarlas libres para vivir con toda la licencia que deseaban por la infatuación que introducía en aquéllos para que no la advirtiesen, vengándose al contrario de los que resistían semejante libertad con la crueldad de fulminarles graves dolores y una total insensatez a que, después de haber penado mucho tiempo, les hacía poner por término la muerte fuera de otros muchos execrables crímenes que cometía, como secuaz famosa de las apostasía e insigne artifice del maleficio.

Adjuró de *vehementi*: fue advertida, reprehendida y conminada y condenada en consideración de la mitad de sus bienes para la Cámara y fisco de S. M. y su receptor general en su real nombre, y a que el día siguiente se le diesen doscientos azotes en la forma que a los demás (los cuales se lo rendieron por justos motivos) y en la pena de destierro por cuatro años al lugar que se le señalase por el Santo Tribunal, donde fuese instruida en los misterios de nuestra Santa Fe, con otras saludables y espirituales. Fueron sus padrinos don Joseph de Tagle Bracho, marqués de Torre Tagle y don Ventura Lobatón y Hazaña, familiares del Santo O|ficio.

Concluida la lectura de las causas y sentencias, bajaron los reos del tablado donde estaban. Y conducidos al presbiterio de la capilla mayor, se separaron de los demás los dos que tenían sambenito de media aspa; e hincados de rodillas delante de la mesa y asiento de los señores inquisidores, puestas las manos sobre la santa cruz y evangelios que allí estaban, repitieron la abjuración de *vehementi* que les fue leyendo D. Joseph Toribio Román de Aulestía, como secretario del Secreto. Y levantado en pie el señor inquisidor más antiguo doct. D. Gaspar Ibáñez, con estola morada al cuello, recitó en el *Manual romano* las oraciones señaladas a que, habiendo seguido el himno *Veni creator spiritus*,[55] cantando con devota entonación por la Comunidad de los Religiosos asistentes, hizo el referido señor inquisidor a los postrados reos las preguntas de los artículos de fe, en cuyas respuestas manifestaron su creencia y su instrucción. Y pasando a decir el psalmo del *Miserere* destinado a la penitente ceremonia los clérigos que habían acompañado la cruz de la mayor [fol. 63] parroquia, que ya allí se hallaban prevenidos como sacros ministros de la piadosa pena, les herían con sendas varas las espaldas, haciéndose a cada verso los repetidos golpes, ecos de arrepentimiento de las voces de la contrición. Acto a que sucedió la absolución que les dio el señor inquisidor según la fórmula del mismo Manual, y el sacro estilo de semejantes casos. Después de cuya acción, apartados los dos reos referidos, llegaron los demás y arrodillados, pronunciaron la abjuración de levi que les fue leyendo el mismo secretario. Con que habilitados todos por mano de la penitencia a la asistencia del sacrosanto sacrificio de la misa, que había suspendido la presencia de los que antes eran detestables, prosiguió luego en el altar mayor ante cuya peaña, postrados éstos y encendidas las velas que llevaban al tiempo del Sanctus, fue cada uno besando la mano al sacerdote, luego que se acabó la misa, con que se terminó toda la acción del templo.

Así se celebró esta sagrada función de fe. Así se celebró y así se hizo toda la religiosa y real pompa con que fue a sacar y condujo Salomón el arca de la misma

---

[55] "Come, creator spirit."

fe desde la casa o palacio de David o Sión: (36) *Tunc congregati sunt omnes maiores natu Israel: ut deferrent Arcam fœderis Domini de Civitate David, id est, de Sion.*[56] Así fue con caballeros y principales, o títulos de la nobleza: *Cum principibus tribuum.*[57] Así guarnecían su pompa los capitanes de Israel: *et duces familiarum filiorum Israel.*[58] Así la autorizaron los sacerdotes y ministros: *et ferebant ea sacerdotes et Levite.*[59] Así la condecoraron todos los ancianos, o jueces: *Veneruntque cuncti senes de Israel.*[60] Así se juntaron todos y acompañaron la real potestad de Salomón en el mes séptimo, que allá fue el de Etaním y acá el de julio; y en un día de fiesta solemne, que allá fue el de los tabernáculos: *Convenitque ad Regem Salomonem universus Israel in mense Ethanim, in solemni die, ipse est mensis septimus.*[61] Y en fin, allá fue precediendo el rey de Israel y acá la imagen de España: *Rex autem Salomon, et omnis multitudo Israel, que convenerat ad eum, gradiebatur cum illo ante Arcam.*[62] Allá se procedió, no a otra parte alguna sino al mismo templo; y a templo donde se veneraba colocado el oráculo o *Sanctum Sanctorum* del Señor, que era su propio lugar: *Et intulerunt Sacerdotes Arcam fœderis Domini in locum suum, in Oraculum templi, in Sanctum Sanctorum.*[63] Y acá se procedió, o fue acto que se hizo en un templo, y en un templo donde se adoraba el oráculo de Dios, el santuario de su divinidad, María Santísima del Rosario que le da el nombre como a lugar propio de su fe: *in locum suum:* [fol. 64] propio, por serlo de la reina de la fe y de la vencedora de las herejías; y propio por serlo de Domingo, primero fundador de su tribunal y su rosario. Allá se oscureció sagradamente el templo, interiormente cubierto de niebla: *Nebula implevit domum Domini:*[64] y acá se obscureció el de Domingo, y se cubrieron el altar y el Señor de un velo negro; allá por señal de la gloria del Señor y acá por señal de un enojo, que

---

[56] "Then all the elders, Israelis by birth, gathered together to move the Ark of the Covenant of God from the City of David, that is, from Zion."

[57] "With the leaders of the tribe."

[58] "And the leaders of the families of the sons of Israel."

[59] "And the priests and ministers were carry it [the Ark]."

[60] "Also came all the elders from Israel."

[61] "And the entire Israel nation gathered near King Solomon in the month of Etanim, on a solemn day, that is the seventh month." In the Hebrew calendar Etanim is the seventh month, during which time Solomon's temple was consecrated.

[62] "Moreover King Solomon and all the Israeli crowd which had gathered by him was walking with him in front of the Ark."

[63] "And the priests took the Ark of the Covenant of the Lord to its place, to the sacred part of the temple, to the inner circle."

[64] "A cloud filled the house of the Lord."

también era gloria de su fe. Allá fue el primero que dio la señal a principiar la acción
y que ofreció a Dios su fe, el Rey; y acá el primero que dio la señal a comenzar el
acto, y que ofreció la suya en su protección y juramento S. E. Allá estuvo
precediendo a todos el Rey delante del altar a la vista de toda la iglesia y acá lo estuvo
S. E. por su real representación: *Stetit autem Salomon ante altare Domini in
conspectu Ecclesiæ Israel.*[65] Allá se previno la misericordia y la absolución de las
iniquidades con que habían prevaricado los israelitas, en que eran las principales las
de sus apostasías y supersticiones por las cuales le habían hecho reos y míseros
cautivos: *Et propitiaberis populo tuo, qui pecavit tibi, et omnibus iniquitatibus eorum,
quibus prævaricati sunt in te: et dabis misericordiam coram eis, qui eos captivos
habuerint, ut misereantur eis.*[66] Y acá se confirió el perdón y absolución a los que reos
de las mismas iniquidades habían recurrido a la misericordia y, como tales, habían
salido como infelices, cautivos de este triunfo. Allá se dispuso aquella excelsa pompa
para que pasase su noticia a todos los pueblos y supiesen la verdad de la divina
religión: *Ut sciant omnes populi terræ, quia Dominus ipse est Deus, et non est ultra
absque eo:*[67] y acá se ordenó ésta y se publica ahora para que llegue su noticia a todas
estas gentes, y se confirmen en la fe verdadera, y quede a la posteridad su ejemplo.
¡Qué prodigiosa unión de circunstancias! ¡Qué admirable concento de funciones!
Todo es en ellas aun más identidad de la substancia que paralelo de la acción. En
ambas el asunto divino fue la fe; en aquélla significaba por el arca de la alianza o de
la misma fe que guardaba la ley, y en ésta representada por su mismo tribunal que
es la guarda de la religión. En ambas, la real veneración y la real precedencia; el
aparato militar, la asistencia de los nobles, la concurrencia de los ministros, la
condecoración de los tribunales, la precisa asignación del día, la singular elección del
mes, la sagrada destinación del templo, la misteriosa propiedad del lugar, la nublada
obscuración del mismo templo, la regia propiedad en la señal del principio de la
acción y en la protestación a Dios, la augusta sublimidad de la sesión, la clemente
misericordia hacia los reos, y la grave cualidad de los delitos perdonados; todo fue tan
igual que sólo parece este auto relación de aquella acción a aquélla, vaticinio de éste.

---

[65] "But Solomon stood before the altar of the Lord in front of the Israeli
congregation."

[66] "And you will be propitious to your people, who sinned against you, and to all their
iniquities, who did wrong against you; and you will grant mercy to those who held them
captives so that they may have pity on them."

[67] "So that the peoples of the earth may know that the Lord is the God himself, and
that there is no other beside him."

Fenecida, pues, la sagrada ceremonia de este auto salió S. E. y salieron los señores inquisidores y [fol. 65] los señores de la Real Audiencia y demás tribunales y acompañamiento de la iglesia referida. Repitióse para volver a las casas de la Inquisición la procesión, en la forma con que había venido; y repitióse la frecuencia del concurso, y en un círculo de triunfo, repetida la pompa, repitieron su séquito la veneración, el celo y la edificación que la asistían. Llegó así S. E. con todo su acompañamiento referido hasta el patio del Ante Tribunal o portería del Tribunal del Santo Oficio, según lo dispuesto por la ley, donde dejó y se despidió de los señores inquisidores. En quienes allí mismo donde acabó la ceremonia, comenzó la cortesanía; y siguiendo aquella ley de la atención, que forma toda la recopilación de los respetos, salieron acompañando a S. E. hasta la carroza desde donde disuelto y despedido el acompañamiento, volvió con los referidos tribunales a su palacio.

El día siguiente se hizo la ejecución de las penas impuestas a los reos, que unos a la vergüenza y otros al dolor fueron llevados por las calles acostumbradas donde la cabeza y la espalda, sujetas a la coroza y al azote, tuvieron la asistencia de la infamia, del pregón y el golpe que formaban todo el terno del castigo. Salieron por frente costados y espalda los soldados de la compañía de a caballo de la Guarda de S. E. que los precedía, y los ministros ordinarios del Santo Oficio, alcalde, nuncio, y varios familiares, que los conducían, montados en caballos adornados de ricos jaeces, con las insignias de sus varas de justicia. A todos los cuales seguían el alguacil mayor Thomás Chacón y el secretario menos antiguo del Secreto en caballos de manejo con gualdrapas de terciopelo negro.

Así se concluyó este auto de fe, que en la pompa, en el juicio y en la ejecución fue triunfo, fue veneración y fue justicia. A todos los pasados ha excedido en lo glorioso y a ninguno ha sido inferior en lo formal. Comúnmente se juzga en estos actos que sólo es memorable lo terrible; y aquel fuego que devora los cuerpos, es el que perpetúa las noticias, como que sólo los lea la memoria a la luz de la llama que los quema. Mas no es esto lo que quiere la fe: es lo que siente, no lo que desea. Más bella está serena que irritada, y no está menos plausible con la vara con que perdona que con el rayo con que aterra. Ojalá que esta acción sea tan eficaz en el ejemplo que no sea necesario el ejemplar, que en ella sea tan activo el esclarecimiento que el castigo se emperece ocioso, teniendo siempre la gloria en ejercicio y dejando sólo de honor a la amenaza. Pero como los deseos no salen al saneamiento de los casos, es bien que tengan caudal para las prevenciones las memorias. Y esto es lo que el alto dictamen de S. E. ha deseado en esta *Relación*: siendo estas obras los monumentos más sólidos de los sucesos, como que son los bronces de [fol. 66] entendimiento, cuanto menos corpóreos tanto más durables, en cuya formación, si he pasado los términos del mero hecho, podrá perdonarse al celo de la pluma; que, aunque menos sublime, ha querido guarnecerle la lámina al suceso para que tenga más que guardar la reverencia. De esta suerte parece que ha querido S. E. que esta memoria sirva de un ruego ardiente a Dios para que incline al culto de su fe los corazones porque no sólo se exalte esta firme en ellos por su creencia sino que reine viva por las obras, haciéndonos andar a la eternidad por sus caminos, observar sus preceptos, guardar las ceremonias debidas en sus actos, y venerar y defender las sentencias de sus juicios. Así concluyó el más sabio de los reyes el acto ya expresado de la conducción del arca santa al templo; y así concluyó el celo la noticia de éste porque ni aun la circunstancia del fin le falte al paralelo del principio, y hasta lo regio del apoyo sirva de original para lo regio de la copia. (37) *Sed inclinet corda nostra ad se; ut ambulemus in universis viis eius, et custodiamus mandata eius, et CÆREMONIAS eius, et JUDICIA quæcumque mandavit patribus nostris.*[68]

FIN

---

[68] "But bend our hearts toward him so that we may walk in all of his ways, and we may keep his commandments and his CEREMONIES, and whatever JUDGMENTS he gave to our forefathers."

Notas Marginales

(1) Ultima Cum ei venit iam carminis ætas: Magnus ab integro sæclorum nascitur ordo. Iam redit et Virgo, redeunt Saturnia regna. Iam nova progegenies [sic] cœlo demittitur alto. Tu modo nascenti puero, quo ferrea primum Desinet, ac toto surget gens aurea mundo, Casta fave Luciun... Te duce, si quo manent sceleris vestigia nostri, Irrita perpetua solvent formidine terras. Virgil. *Eclog.* 4.

(2) Fides ergo est sigillum, quo obsignamus dicta Dei: credendo enim pro fitemur, et confirmamus illa esse vera et divina, sicut Rex suo sigillo confirmat suas litteras. Cornelius in Joan. c. 3, v. 33.

(3) Plutarc. in Numa.

(4) Quare meo quidem iudicio in Orbe toto terrarum nulla gens est hodie Hispana, ut ita dicam, Christianior. Marin. Sicul. de *reb. Hispan.* lib. 5.

(5) Vaseus. *Hisp. Chron.*

(6) Iacobo debet Hispania, quod a Christo huiusque in vera et orthodoxa Christiside constans perstiterit, et merito Reges eius Catholici cognominentur, ipsa que sit BASIS, ET COLUMEN FIDEI quam cum æterna nominis sui gloria per Indias, tam Orientis quam Occidentis, longe lateque propagarit, et in dies magis magisque propaget. Cornel. in *Acta. Apostol.* c, 12, v. 2.

(7) Homo erat Pater familias, qui plantavit vineam, et sepem circundedit ei: et ædificavit turrim. Math. c. 21, v. 33. ubi Cornel. Mystice turris erant Propheta, doctores, et pastores æque ac Reges et Principes populi: hi enim quasi e turri erant speculatores populi.

(8) Ioann. 10, v. 1, ubi Cornel.

(9) Et ostendit mihi fluvium aquæ vitæ et ex utra, que parte fluminis lignum vitæ: et folia ligni ad sanitatem Gentium. *Apocal.* 22, 1. 2.

(10) Decendam, et videbo, utrum clamorem, qui venit ad me, opere compleverint. *Genes.* 18, 21.

(11) *Exodi.* 32, 28.

(12) *Regum.* 3, 18.

(13) *Regum.* 4. 19. 3.

(14) Cornel. in *Epist. S. Iacobi.* c. 3, v. 14.

(15) Véase esto en mi *Hist. de Españ.* lib. 4, c. 10.

(16) Alvarus Gómez de rebus gest. a Card. Fr. Franc. Ximénez. Zurita lib. 1, c. 49. Alphons. Carrillo in *Annal.* l. 5. Borrellus de præstantia Regis Cathol. Marin. Sicul. et Ioan Vasæus locis citatis. Mariana *Hist. Hispan.* l. 24, c.17. Odofred. In l. 2. Cod. de hæretic. Greg. López in *Monarch. Hisp.* c. 6.

Torreblanca *de Magia*. l. 3, c. 2. Paramo de origine et progress. *Inquisit*. l. 2, tit. 2, c. 2. præter alios quod refert. Solorzanus de *Ind. gubern*. l. 3, c. 24.

(17) Hieron. Blancas Aragonens. rer. in *Ferdinando* 2.

(18) De cœlo dimicatum est contra eos: Stelle manentes in ordine suo adversus Sifaram pugnaverunt. *Judic*. 5. 20.

(19) Qui per FIDEM vicerunt regna, operati sunt justitiam: Fortes facti sunt in bello, castra verterunt ex terorum. B. Paul. ad *Haebr*. 11.33 & 34.

(20) Aspicientes in Auctorem FIDEI, et consummatorem Iesum. Ibidem. 12. 2.

(21) Cornel. in Math. 26. 28. To mys[te]rium fidei, significat primo sanguinem Christi sub speciebus vini latentem, esse rem arcana, qua sola fide cognoscatur et credatur.

(22) Corde enim creditur ad justitiam. Idem. *Ad Romanos* 10.10.

(23) Duobus autem modis vita a corte procedit. Aut quia corde creditur ad justitiam, et justus ex FIDE vivit: Ac si dicat, colendum et custodiendum magis animæ CASTRUM, quoniam æterna ex toto vita procedit. Sed CASTRUM in terra inimicorum sicut undique impugnatur, et idcirco omni custodia, id est, ex omni parte vigilanti solicitudine est muniendum. S. Bernard. in sermonibus parvis, Serm. 46 super illud *Proverb*. 4. Omni custodia serva cor tuum.

(24) Idem. Bernard. *In Assumpt. B. Mariæ* Serm. 5.

(25) Sed quid introisse eum dicimus in CASTELLUM? Etiam in augustisimum Virginalis uteri diversorium introivit. Felix mulier, culus domus, Salvatore suscepto, inventa est munda quidem, sed plane non vacuam: quis enim vacuum dixeris, quam salutat Angelus gratia plena? S. Bern. ubi supra serm.

(26) Clarissimum Passionis Christi speculum effectum erat COR VIRGINIS. S. Laurent. Iustinian. *de Agone Christi*.

(27) Sed quod, fatendum est, diu erectis utrinque amoris machinis, ipse culmina pretiosa posuisti, Ecclesiam Arverni municipioli peropportuna oblatione locupletando, cuius possessioni plurimum contulisti: Itaque tibi cœlitus jure redbibetur tui facti meritum, alieni in citamentum. Quo sit, ut reperiare dignissimus, quem Divinitas sublimet: quæ tamen nec diu distulit religiosam devotionem centuplicatis opulentare muneribus. Sidonius *Epist*. l. 3. Epist. 1.

(28) Qui Patrie non minus desiderii nasciturus, quam gaudii natus feceris. Idem Sidon. l. 3, epist. 3.

(29) Inter plurima quippe virtutum Insignia, que vestram plurimum nobilitant dignitatem, et vestrum per Orbem clarum reddunt et celebre nomen, præcipue laudatur in vobis veritatis constantia. S. Bernar. *Epist.* 38.

(30) Quippe qui nomen minus divinarum rerum cultores: quam regnorum suosum gubernatores erant. Nec Reges magis videabntur, quam sacerdotes sanctique pontifices et humani divinique juris et sanctissima tam legum conditores, custodes et conservatores, Dei semper nomen exaltantes, et hominibus justitiam, pacem, quietemque, et salutem procurantes. Et infra. Deo Optimo Maximo et euis Genitric Mariæ Virgini multisque sanctis non modo supplicationes et sacrificia, sed ædes etiam sacrandas, et nova Templa liberalissime devovebant: et officiose præstiterunt maxis, impensis. Marin. Sical. *de reb. Hisp.* l. 19.

(31) Cui tributum, tributum, cui vectigal, vectigal. B. Pauli *ad Romanos* 13. 7.

(32) Reddite ergo quæ sunt Cæsaris, Cæsari, et quæ sunt Dei, Deo. Math. 22.21. Cornel. Ibidem.

(33) Quod ore locutus est Christus, opere implere curavit, Conditor Cæsaris non cunctatus est Cæsari reddere censum. S. Bernard. epist. 42.

(34) Vos intra Ecclesiam Episcopi, ego extra Ecclesiam Episcopus constitutus sum a Deo. Euseb. in *Vita Constantini.*

(35) Math. 22. 20.

(36) In *Sententiis* Sent. 15. Vide Cornel. in Math. 22.21. [Number 36 is misnumbered as 35.]

(37) Regum loco citato, v. 58.

Bibliography

Adler, Nathan Elker. 1904. *The Inquisition in Peru*. London: rept from American Jewish Historical Society, no.12.

Anderson, W. B., tr. 1963. *Sidonius: Poems and Letters*. 2 vols. Cambridge: Harvard University Press.

Anthon, Charles. 1856. *A Classical Dictionary Containing an Account of the Principal Proper Names Mentioned in Ancient Authors and of the Greeks and Romans*. New York: Harper and Brothers.

Avery, Catherine B., ed. 1962. *The New Century Classical Handbook*. New York: Appelton-Century-Crofts.

Ayllón, Fernando. 1999. *El Tribunal de la Inquisición. De la leyenda a la historia*. Lima: Ediciones del Congreso del Perú.

Basore, John W., tr. 1958. *Seneca: Moral Essays*. 3 vols. Cambridge: Harvard University Press.

Bennett, C. E., tr. 1964. *Horace: The Odes and Epodes*. Cambridge: Harvard University Press.

Bermúdez de la Torre y Solier, Pedro José. 1737. *Triunfos del Santo Oficio peruano*. Lima: Imprenta Real.

Bloom, Edward A. and Lillian D. 1979. *Satire's Persuasive Voice*. Ithaca and London: Cornell University Press.

Boleslao, Lewin. 1950. *El Santo Oficio en América y el más grande proceso inquisitorial en el Perú*. Buenos Aires: Sociedad Hebraica Argentina.

Concolorcorvo [Alonso Carrió de la Vandera]. 1973. *El Lazarillo de ciegos caminantes*. Ed. Emilio Carilla. Barcelona: Editorial Labor.

Cotarelo y Mori, Emilio. 1917. *Orígenes y establecimiento de la ópera en España hasta 1800*. Madrid: Tipografía de la Revista de Archivos, Bibliotecas y Museos.

———. 1934. *Historia de la zarzuela, o sea el drama lírico en España desde su origen a fines del siglo XIX*. 2 vols. Madrid: Tipografía de Archivos.

Danvila, Alfonso. 1952. *El reinado relámpago: Luis I y Luisa Isabel de Orleans (1707-1742)*. Madrid: Espasa-Calpe.

Devillers, Olivier, tr. 1995. *Histoire des Goths*. Paris: Belles Lettres.

D'Ors, Alvaro, tr. 1955. *Plinio el joven: Panegírico de Trajano*. Madrid: Instituto de Estudios Políticos.

Drei, Giovanni. 1954. *I Farnese: Grandezza e Decadenza di una Dinastia Italiana*. Rome: Libreria dello Stato.

Duff, J. D., tr. 1968. *Silius Italica: Punica*. 2 vols. Cambridge: MA: Harvard University Press.

Eichholz, D. E., tr. 1962. *Pliny: Natural History*. 10 vols. Cambridge: Harvard University Press.

Eguiguren Escudero, Luis, ed. 1966. *Lima inexpugnable*. Lima: Editorial Liurisma.

Enciclopedia universal ilustrada europeo-americana. 1958. 70 vols. Madrid: Espasa-Calpe.

Fairclough, H. Rushton. 1933. *Virgil, with an English Translation*. 2 vols. Cambridge, MA: Harvard University Press.

Feijoo, Benito Jerónimo. 1944. "Españoles americanos." In *'Españoles americanos' y otros ensayos*. Buenos Aires: Emecé. 9-25.

Frazer, James George, tr. 1931. *Ovid's Fasti*. Cambridge: Harvard University Press.

Frezier, Amadeo. [1717] 1982. *Relación del viaje por el mar del sur*. Prologue by Gregorio Weinberg. Trans. Miguel A. Guerin. Caracas: Biblioteca Ayacucho.

Guibovich Pérez, Pedro. 1996. "Castelfuerte, Peralta y la Inquisición." *El Comercio* (Lima), 28 de agosto, A3.

Gutiérrez, Juan María. 1874-75. "Doctor don Pedro de Peralta, peruano." *Revista del Río de la Plata* (Buenos Aires) 8:194-211, 331-67; 9:61-101, 441-78, 553-626; 10: 329-81.

Hampe Martínez, Teodoro. 1996. "Recent Works on the Inquisition and Peruvian Colonial Society, 1570-1820." *Latin American Research Review* 31/2: 43-65.

———. 1998. *Santo Oficio e historia colonial: aproximaciones al Tribunal de la Inquisición de Lima (1570-1820)*. Lima: Ediciones del Congreso del Perú.

Heather, Peter. 1996. *The Goths*. Oxford: Blackwell Publs.

Juan, Jorge and Ulloa, Antonio de. 1953. *Noticias secretas de América*. Ed. Gregorio Weinberg. Buenos Aires: Ed. Mar Océano.

———. 1978. *Discourse and Political Reflections on the Kingdoms of Peru*. Ed. John J. TePaske and trans. John J. Te Paske and Bessie A. Clement. Norman: University of Oklahoma Press.

Lanning, John Tate. 1940. *Academic Culture in the Spanish Colonies*. London: Oxford University Press.

Lea, Charles, Henry Charles. 1908. *The Inquisition in the Spanish Dependencies*. New York: McMillan.

Leonard, Irving A. 1936a. "Don Pedro de Peralta Barnuevo (Biografía)." *Revista Histórica* (Lima)10:45-75.

———. 1936b. "El teatro de don Pedro Peralta." *Letras* (Lima): 49-89, 256-93, and 451-88.

————. 1937. "Algunos documentos de Peralta Barnuevo." *Boletín bibliográfico de la Biblioteca Central de la Universidad de San Marcos* (May) 7:21-29.

————. 1964. *Pedro de Peralta*. Lima: Biblioteca Visión.

Levaggi, Abelardo, ed. 1977. *La inquisición en Hispanoamérica*. Buenos Aires: Ediciones Ciudad Argentina.

Levy, Harry L. 1971. *Claudian's 'In Ruffinum': An Exegetical Commentary*. Cleveland: Case Western Reserve University Press.

Liebman, Seymour B. 1971. "The Great Conspiracy in Peru." *The Americas* 28 (October):176.

————. 1974. *The Inquisitors and the Jews in the New World*. Coral Gables: University of Miami Press.

Lohmann Villena, Guillermo. 1945. *El arte dramático en Lima durante el virreinato*. Madrid: Artes Gráficas.

Lynch, John. 1989. *Bourbon Spain: 1700-1808*. Oxford: Basil Blackwell, Ltd.

Martín, Luis. 1983. *Daughters of the Conquistadores: Women of the Viceroyalty of Peru*. Albuquerque: University of New Mexico Press.

Medina, José Toribio. 1887. *Historia del Tribunal del Santo Oficio de la Inquisición de Lima, 1569-1820*. 2 vols. Santiago: Imprenta Gutenberg.

————. 1890. *Historia del Tribunal del Santo Oficio de la Inquisición en Chile*. 2 vols. Santiago de Chile: Imprenta Ercilla.

————. 1897-1899. *Biblioteca hispano-chilena, 1523-1817*. 3 vols. Santiago: Casa del autor.

————. 1904-07. *La imprenta en Lima*. 4 vols. Santiago de Chile: Casa del autor.

————. 1960. *Biblioteca hispanoamericana (1493-1810)*. Santiago de Chile: Fondo Histórico.

Mendiburu, Manuel de. 1874-90. *Diccionario histórico-biográfico del Perú*. 8 vols. Lima: Imprenta de J. F. Solis.

Menéndez Pelayo, Marcelino. 1948. *Historia de la poesía hispano-americana. Vol. 28 of Obras completas de Menéndez y Pelayo*, ed. Enrique Sánchez Reyes. Madrid: Consejo Superior de Investigaciones Científicas.

Millar Carvacho, René. 1998. *Inquisición y sociedad en el virreinato peruano*. Santiago de Chile: Ediciones Universidad Católica de Chile.

Mille Giménez, Juan e Isabel, eds. 1967. *Góngora. Obras completas*. 6th ed. Madrid: Aguilar.

Nascalli Rocca, Emilio. 1969. *I Farnese*. Varese: dall'Oglio, Editore.

Nixon, C.E.V. and Saylor Rodgers, Barbara. 1994. *In Praise of Later Roman Emperors: The Panegyrici Latini*. Berkeley: University of California Press.

Núñez, Estuardo. 1964. "Notas a la obra y vida de don Pedro de Peralta." *Letras* 72-73:86-98.

Palma, Ricardo. 1897. *Anales de la Inquisición de Lima*. 3rd ed. Madrid: Est. Tipográfico de Ricardo Fé.

————. 1899. *Flor de Academias y Diente del Parnaso*. Lima: El Tiempo.

Peck, Harry Thurston. 1965. *Harper's Dictionary of Classical Latin and Antiquities*. New York: Cooper Square Publishers.

Peralta Barnuevo, Pedro. 1714. *Imagen política del gobierno de don Diego Ladrón de Guevara*. Lima: Gerónimo de Contreras.

————. 1715. *Oración... al claustro de esta Real Universidad*. Lima.

————. 1730. *Historia de España vindicada*. Lima Imprenta Calle Real de Palacio.

————. 1732. *Lima fundada*. Lima: F. Sobrino y Bados.

————. 1736. "Relación del estado de los reinos del Perú que hace el excmo. señor don José de Armendaris, marqués de Castelfuerte, a su sucesor el marqués de Villagarcía, en el año de 1736." Vol. 3 of *Memorias de los virreyes que han gobernado el Perú, durante el tiempo del coloniaje español*. 1859. Ed. Manuel Atanasio Fuentes. 6 vols. Lima: Librería Central de Felipe Bailly.

Perrin, Bernadette, tr. 1958. *Plutarch's Lives*. 11 vols. Cambridge: Harvard University Press.

Plautner, Maurice, tr. 1963. *Claudian, with an English Translation*. 2 vols. 3rd ed. Cambridge, MA: Harvard University Press.

Radice, Betty, tr. 1959. *Panegyricus to Trajan*. Vol. 2 of *Letters and Panegyricus*. 2 vols. Cambridge: Harvard University Press.

René-Moreno, Gabriel. 1970. *Biblioteca peruana*. 2 vols. Rept. of Santiago de Chile edition, 1896. Naarden: Anton W. Van Bekhoven.

Riva Agüero, José de la. 1909. "Don Pedro Peralta (Fragmento de un ensayo sobre los historiadores nacidos en el Perú)." *Revista Histórica* 4:104-57.

————. 1910. *La historia en el Perú*. Lima: Imprenta Nacional de F. Barrionuevo.

————. 1912. "Poder para testar de D. Pedro de Peralta al marqués de Casa Calderón, el 11 de abril de 1743." *Revista Histórica del Perú* (Lima) 4:389-95.

————. 1962. "Sociedad y literatura limeñas en el siglo XVIII." *Estudios de literatura peruana: Del Inca Garcilaso a Eguren*. Vol. 2 of *Obras completas de José de la Riva Agüero*. Ed. César Pacheco Vélez and Alberto Varillas Montenegro. Lima: Pontificia Universidad Católica del Perú. 276-337.

————. 1938. "Algunos datos sobre la biografía de D. Pedro Peralta y las influencias francesas en sus obras." *Revista de la Universidad Católica del Perú* 4:241-85.

Salazar y Cevallos, Alfonso Eduardo de. 1735. *Constituciones y ordenanzas antiguas, añadidas y modernas y recogidas del mandato del Excmo. S. Marqués de Castelfuerte*. Lima: Imprenta Real.

Sánchez, Luis Alberto. 1921. "Peralta." *Los poetas de la colonia*. Lima: Ciudad de Lima. 249-64.

————. 1965. *La literatura peruana*. 5 vols. Lima: Ed. de Ediventas, S.A.

————. 1967. *El doctor Océano: Estudios sobre Don Pedro de Peralta Barnuevo*. Lima: Universidad Nacional Mayor de San Marcos.

―――. 1973. *La literatura peruana: derroteo para una historia cultural del Perú*. 3 vols. Lima: P.L. Villanueva.

Savagne, M. A., tr. 1889. *De la succession des royaumes et des temps et de l'origine et actes des Goths*. Paris: Garnier Frères.

Seyffert, Oskar. 1891. *A Dictionary of Classical Antiquities*. New York: Macmillan.

Smith, William. 1873. *A Classical Dictionary of Biography, Mythology, and Geography*. London: John Murray.

Stein, Louise K. 1986. "La plática de los dioses: Music and the Calderonian Court Play, with a Transcription of the Songs from *La estatua de Prometeo*," ch. 2 in *Pedro Calderón de la Barca, La estatua de Prometeo*, Margaret Rich Greer, ed. Kassel: Edition Reichenberger.

―――. 1993. *Songs of Mortals, Dialogues of the Gods: Music and Theatre in Seventeenth-Century Spain*. Oxford: Clarendon Press.

Tocci, Giovanni. 1985. *Le terre traverse: Poteri e territori nei ducati di Parma e Piacenza tra Sei e Settecento*. Bologna: Il Mulino.

Vega, José. 1943. *Luis I de España: el rey silueta*. Madrid: Afrodisio Aguado.

Williams, Jerry M. 1990. "Enlightened Lima: A 1707 Tribute to Felipe V, Calderón, and the Return of the Siglo de Oro." *Dieciocho: Hispanic Enlightenment* 13:90-109.

―――. 1994. *Censorship and Art in Pre-Enlightenment Lima. Pedro de Peralta Barnuevo's 'Diálogo de los muertos: la causa académica.' Study, facsimile edition, and translation*. Maryland: Scripta Humanistica.

―――. 1996. *Pedro de Peralta Barnuevo and the Discourse of Loyalty: A Critical Edition of Four Selected Texts*. Arizona: Arizona State University Press. Center for Latin American Studies.

―――. 1998. "Feijoo and Peralta Barnuevo: Two Letters." *Dieciocho: Hispanic Enlightenment* 21:237-46.

―――. Forthcoming. *"A New Text in the Case of Ana de Castro: Lima's Inquisition on Trial." Dieciocho: Hispanic Enlightenment*.

Printed in the United States
136158LV00003B/12/A